Eckhard Lange

800 JAHRE KUNST AM BAU IN LÜBECK

Dieses Buch verdankt sein Erscheinen einem großzügigen Druckkostenzuschuß der Possehl-Stiftung

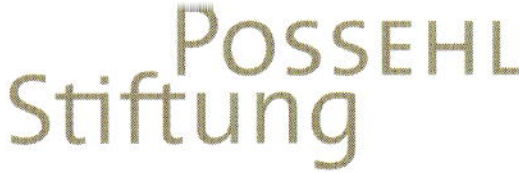

Bibliographische Information der Deutschen Nationalbibliothek
Die Deutsche Nationalbibliothek verzeichnet diese Publikation in der Deutschen Nationalbibliothek; detaillierte Daten sind im Internet über http://dnb.d-nb.de abrufbar.

Impressum

Eckhard Lange – Fliederstr. 4 – 23558 Lübeck
Mail: Eckh.Lange@web.de

Printed in Germany
Gesamtherstellung: Max Schmidt-Römhild GmbH & Co. KG, Lübeck
Gestaltung: Grafikstudio Schmidt-Römhild
ISBN 978-3-7950-5272-0

Inhaltsverzeichnis

1. Kunst am Bau – was ist eigentlich damit gemeint?

Wer über Kunst am Bau berichten will, sollte zunächst einmal klären, wovon im Folgenden die Rede sein soll. Denn wir wollen uns bei unseren Erkundigungen durch Lübeck auf das beschränken, was im Wortsinn Kunst am Bau genannt werden kann. Also, was Häuserwänden und Dächern von außen sichtbar als Schmuck beigegeben ist. Alles, was im Inneren an Wänden, Decken und Fußböden an künstlerischer Gestaltung zu finden ist, bleibt ebenso unberücksichtigt wie etwa Skulpturen, die vor einem Gebäude frei aufgestellt sind, mögen sie kunsthistorisch auch noch so bedeutsam sein.

Doch auch mit dieser Einschränkung bleibt zu klären, was nun im Einzelnen gemeint ist. Man könnte nun sagen: Alles, was keine statische Funktion hat, kann bei entsprechender Gestaltung als Kunst am Bau gelten. Jener berühmte Hausfrauensatz „Ist das Kunst oder kann das weg?" müßte demnach eher lauten: „Ist das Kunst oder muß das bleiben?" Aber Vorsicht, auch hier bleibt Klärungsbedarf! Wenn etwa an einem Fachwerkhaus die Balkenköpfe, die das obere Geschoß tragen, über die Wand hinausragen, hat da allein notwendige bauliche Gründe. Doch wenn nun ein begabter Zimmermann zum Schnitzmesser greift und diesem vorstehenden Holzteil ein menschliches Antlitz oder auch einen Löwenkopf verleiht, dann bleibt der Balkenkopf zwar statisch erforderlich, das Schnitzwerk daran jedoch nicht. Es könnte also weg, ohne das Haus zu gefährden.

Ein anderes Beispiel: Wenn Mauer und Steinmetzen über Fenster oder Türen einen Bogen mauern, um den Druck des darüber liegenden Mauerwerks auf die Tür- oder Fensterstürze abzufangen, muß auch im Scheitelpunkt ein meist größerer Schlußstein gesetzt werden, der den Bogen erst stabilisiert. Aber wenn dieser Stein zugleich künstlerisch gestaltet wird, ist das eben bloßer Schmuck und damit Kunst am Bau. Bei aller Trennung zwischen reinem Schmuck und Funktion – beides kann eben auch zusammenfallen.

Unsere Suche gilt dabei beidem: der bloßen Bauornamentik, also dem Dekor, das ein Gebäude verzieren soll, ohne gleich ein spezielles Kunstwerk zu sein. Aber natürlich auch dem figürlich gestalteten Zierrat, also der Bauplastik.

Aber da gibt es noch den ebenso berühmten Unterschied zwischen Kunst und Kitsch. Und wieder stellt sich die Frage: Ist alles, was einen Bau schmücken oder zieren soll, bereits als Kunst zu bezeichnen? Sicher nicht. Nur – wer zieht hier die Grenze, und mit welcher Begründung? Ich möchte das den Experten überlassen und einfach mit offenen Augen durch unsere schöne Stadt Lübeck gehen und schauen. Gemeinsam mit Ihnen, die dieses Buch zur Hand genommen haben.

Mit diesen Prämissen wollen wir uns jetzt auf den Weg machen, um Lübecks Kunst am Bau zu erforschen, wie sie seit nunmehr rund acht Jahrhunderten überall in der Stadt – und natürlich auch ihre Vorstädten – zu finden ist. Dabei wollen wir uns in der Darstellung an die zeitliche Abfolge halten, wie sie die bekannten Baustile vorgeben. Das bedeutet, daß wie Sie, lieber Leserin, lieber Leser, ununterbrochen hin und her durch Lübeck führen, immer wieder also auch an schon Bekanntem vorbei zu Unentdecktem. Darum sollen allen Beispielen ihre Adresse beigegeben werden – so mag jeder sich seinen eigenen Weg suchen und dabei getrost immer neu durch die Jahrhunderte wandern. Eines kann ich Ihnen dabei allerdings nicht zeigen: Die ersten Jahrzehnte der neugegründeten Kaufmannssiedlung an der Trave, das hölzerne Lübeck. Das hat die Zeiten nicht überdauert, nur die Archäologen können uns davon berichten. Kunst an den lehmbeschichteten Flechtwänden wird es da sowieso nicht gegeben haben.

2. Der Bauschmuck der Romanik

Als die Lübecker 1173 begannen, ihren Dom zu errichten, da hatten sie gerade erst gelernt, Ziegel zu streichen und zu brennen. Schließlich gab es im norddeutschen Raum kein steinernes Baumaterial wie etwa den Bundsandstein im Süden oder den Gotländer Kalkstein im Norden. Dafür hatte ihr Stadtherr, der Sachsenherzog Heinrich mit dem Zunamen ‚der Löwe' Bauleute aus Norditalien angeworben, wo die Tradition des Ziegelbrennens sich aus römischen Zeiten erhalten hatte, fachkundige Mönche meist, bereit, ihr Wissen weiterzugeben.

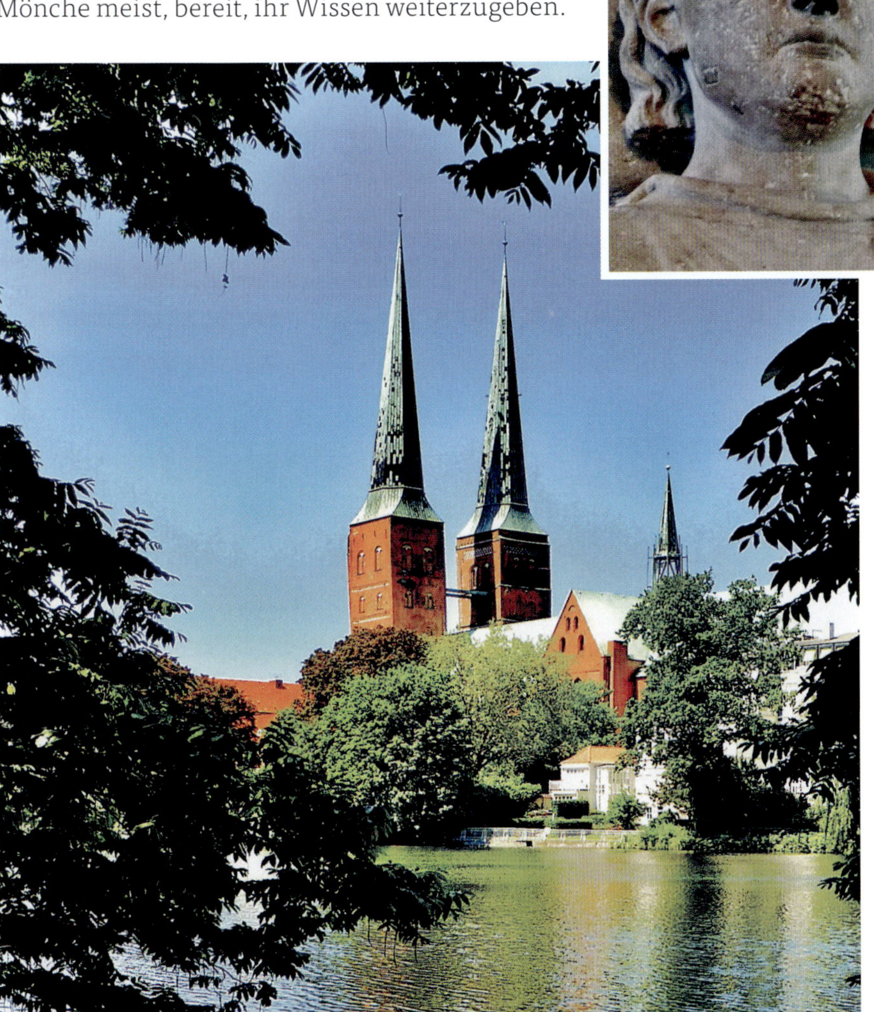

So wuchsen langsam die Mauern aus rötlichem Backstein empor, und vor dem Kirchenschiff das zweitürmige Westwerk. Die einzigen Steine, die man rings im Umland sonst finden konnte, waren die mächtigen Granitfindlinge, die die eiszeitlichen Gletscher dort hinterlassen. Die mochten zwar als kräftiges Fundament dienen und als mühsam behauene Quader die Ecke der Türme verstärken, ein so gewaltiges Bauwerk ließ sich mit ihnen unmöglich schaffen, mochten etwa in Angeln auch kleine Gotteshäuser damit errichtet werden.

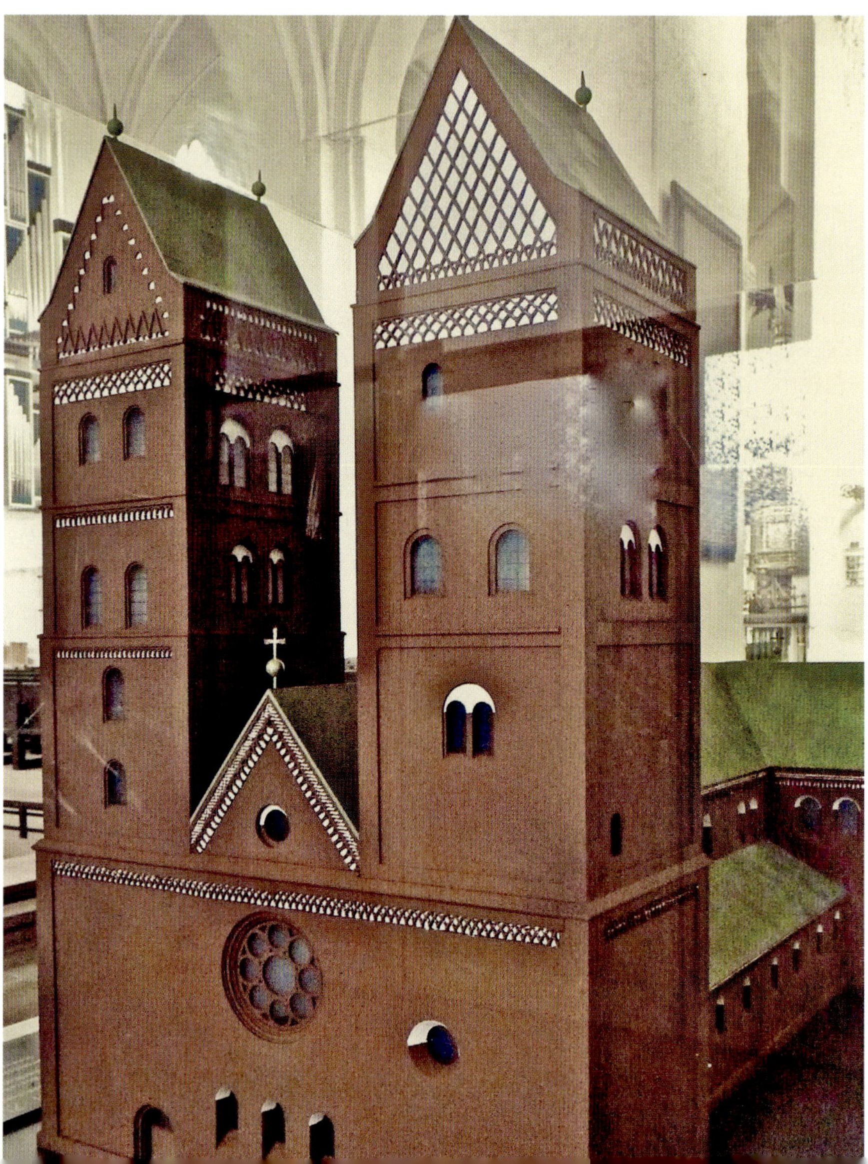

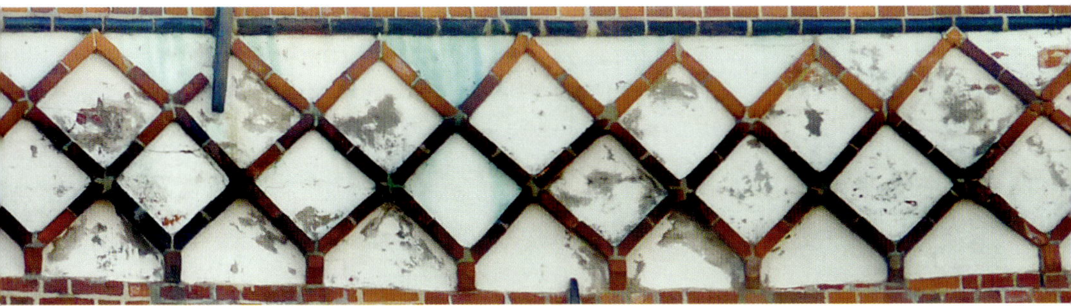

Doch glattes Mauerwerk ist das eine, sein sichtbarer Schmuck das andere. Im Westen und Süden des Heiligen römischen Reiches gab es den zuhauf, gefertigt aus dem weichen Sandstein. Doch wie sollte das mit dem spröden, stets gleichen Quader des Backsteins gelingen, ist er erst einmal aus dem weichen Ton durch Feuer gehärtet! Aber auch hier wollte man nicht ganz auf den Zierat jener anderen Kirchen verzichten, und

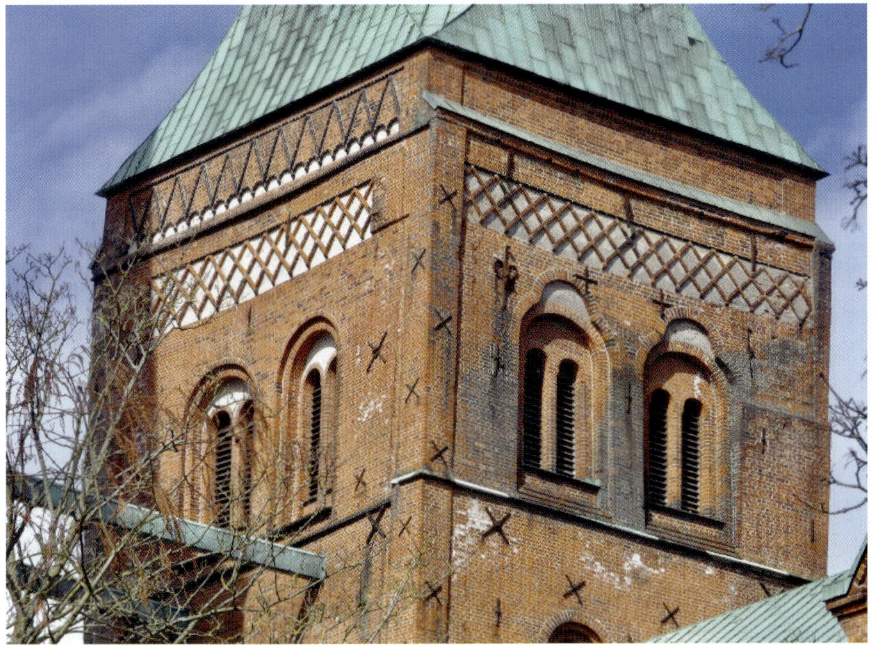

so schmückten sich die Domtürme dann doch mit allerlei Friesen: Wenn die Bauleute hier das Mauerwerk ein wenig zurückspringen ließen und so ein breites, waagerechtes, verputztes Band entstand, konnten sie flacher gebrannte Ziegel diagonal in den Putz einfügen. So entstand ein Zickzackmuster, weithin sichtbar, wenn man den Putz weiß verkalkte. Und war das Band breit genug, ließen sich die Ziegel auch kreuzförmig hineinsetzen und bildeten damit ein Muster aus Rauten. Ein Bauschmuck mit dem Backstein war geschaffen – die erste schmückende Kunst am Bau in Lübeck, bis heute sichtbar am Dom.

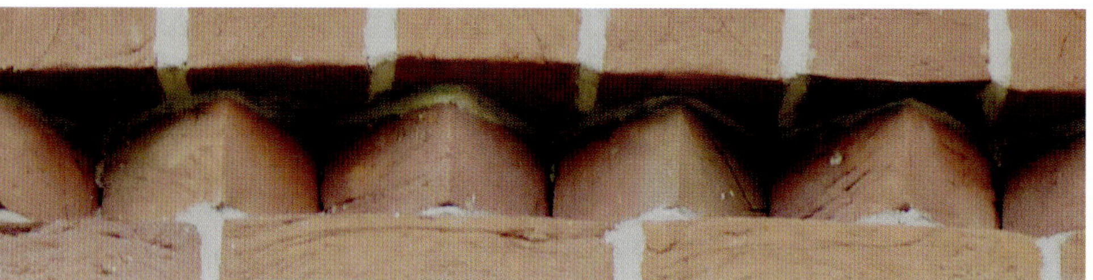

Eine andere Möglichkeit war, einfach eine Reihe Backsteine um 45 Grad gedreht ins Mauerwerk zu setzen, so daß eine Kante jeweils wir ein Zacken herausragte und einen triangelförmigen Hohlraum schuf – natürlich keine Lübecker Erfindung, aber ein gern übernommenes Muster.

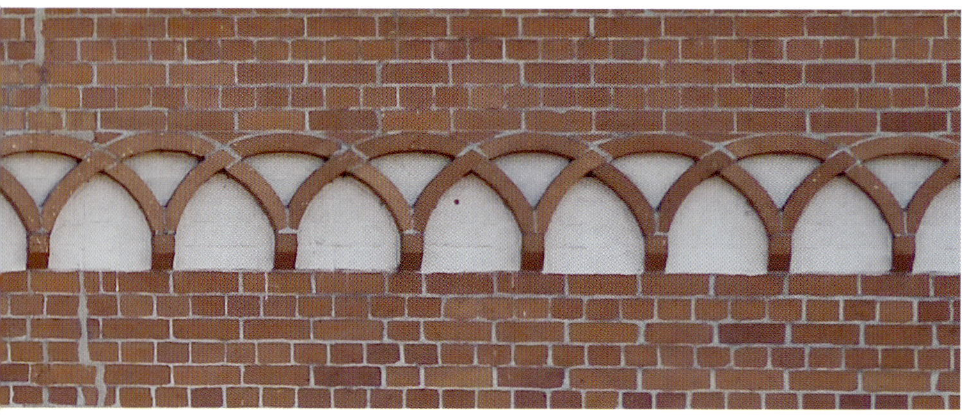

Als Erbe der von Heinrich dem Löwen vermittelten lombardischen Zierfriese in Ziegelbauweise finden sich bald auch andere Formen: etwa der schlichte Bogenfries oder der sogenannte Kreuzbogenfries mit sich überschneidenden Bögen, denn für beides hat man in den ZIegeleien nun spezielle Model entwickelt. Angebracht wurden sie kurz nach 1200, als das Kirchenschiff eingewölbt und die Türme in ihrer Höhe vollendet wurden.

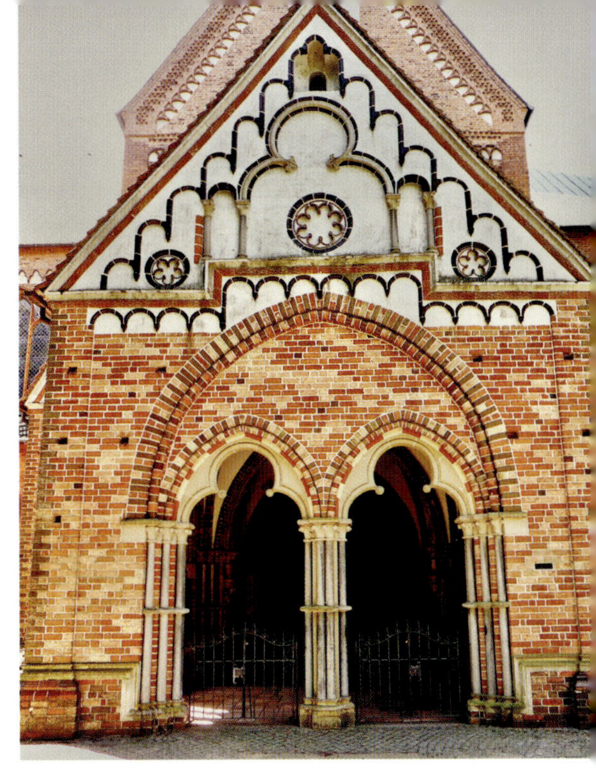

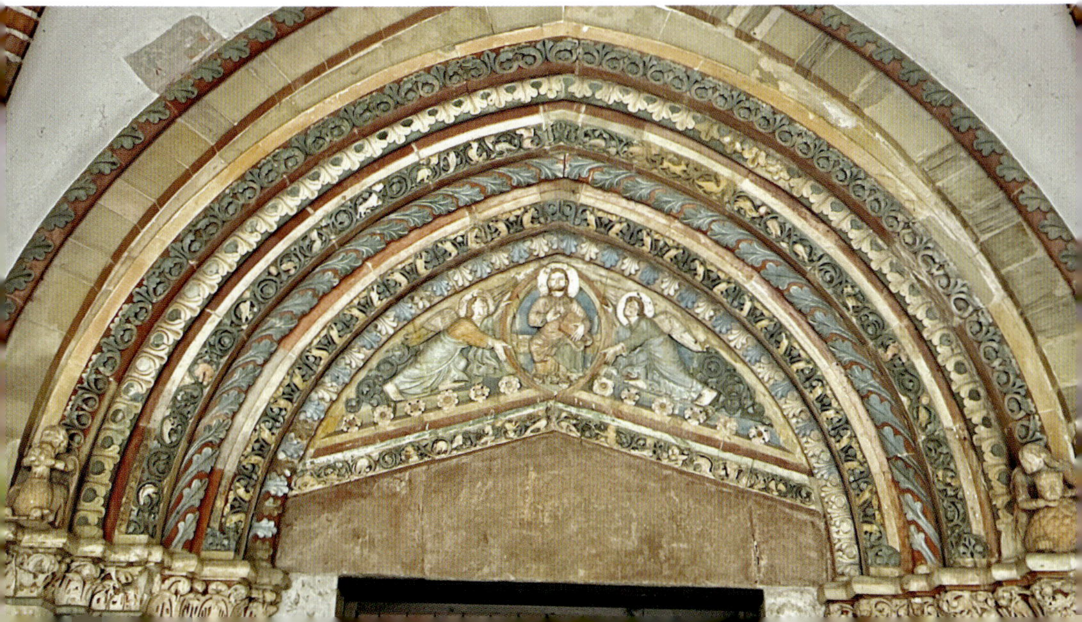

Wir finden am Dom jedoch auch figürliche Darstellungen. Das Portal am nördlichen Seitenschiff, der Stadt zugewandt, war der eigentliche Zugang zur Bischofskirche und somit besonders herausgehoben. Die dicken romanischen Mauern wurden durch ein tiefes Gewände aus einer Reihe

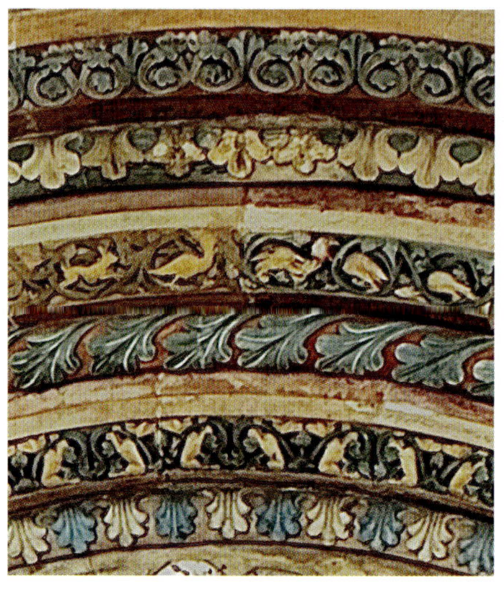

von unterschiedlich gestalteten Rundstäben geöffnet, die sich in den leicht gespitzten Bogen über einem Tympanon, den sog. Archivolten, fortsetzen. Das Flachrelief zeigt Christus in einer Mandorla, die von zwei Engeln gehalten werden. Die Rechte ist zum Segen erhoben, die Linke hält ein Buch, das verschieden gedeutet werden kann: Entweder als sog. ‚Buch des Lebens', in dem alle Gerechten verzeichnet sind, oder als Buch, das sämtliche Taten eines Menschen enthält und am Jüngsten Tage dem Weltenrichter zur Urteilsfindung dient. Man mag es also sowohl als Trost als auch als Mahnung verstehen für alle Christenmenschen, die dieses Portal durchschreiten. Fein herausgearbeitet und höchst abwechslungsreich sind auch die einzelnen Archivolten; dort finden wir allerlei Blattwerk, aber auch viele Fabelwesen aufgereiht auf der Rundung. Die ursprüngliche Farbgebung haben die Restauratoren ebenfalls wiedererstehen lassen.

Das Portal wird auf um 1250 datiert und steht – möglicherweise – schon im Zusammenhang mit der offenen Halle davor. Denn der Bischof Johann von Diest, der zwischen 1254 und 1259 auf dem Lübecker Bischofsthron saß, stammte aus dem Rheinland, und zu mindestens diese Vorhalle, ‚Paradies' genannt, wurde von ihm in Auftrag gegeben. In seiner Heimat war der Wandel von der erdenschweren Romanik hin zur Gotik bereits im Gange, beeinflußt durch eine neue Bauweise in Burgund, in der bereits eine deutliche Leichtigkeit in der Gestaltung der Säulen und die Betonung des Spitzbogens zu finden ist. Das findet sich auch in den zahlreichen Figuren, die als Träger der Gewölberippen oder als bloßer Wandschmuck die Halle bevölkern.

Schauen wir uns dort ein wenig um in diesem offenen Raum um: Vor der Querschiffwand sitzt eine dreischiffige Halle, ein Joch tief, davor nochmals ein zweiter quadratischer Raum, der das mittlere Schiff verlängert. Sowohl die Wandvorlagen an der Kirchenmauer als auch die beiden Säulen in der Mitte der Halle tragen die beiden Jochbögen und fangen den Druck der Rippen über kleine Säulen als Dienste ab. Eine stärkere Säule

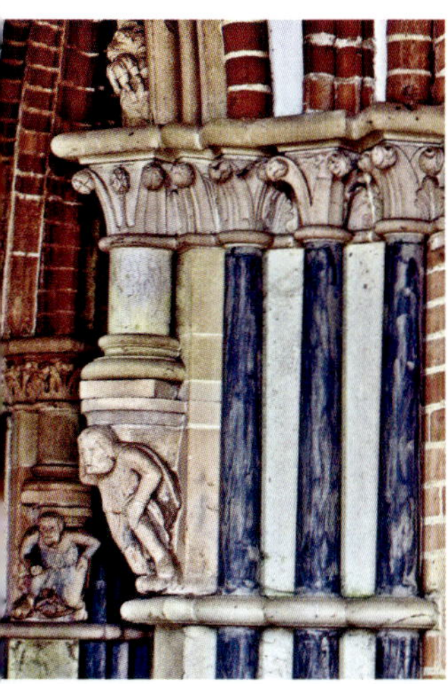

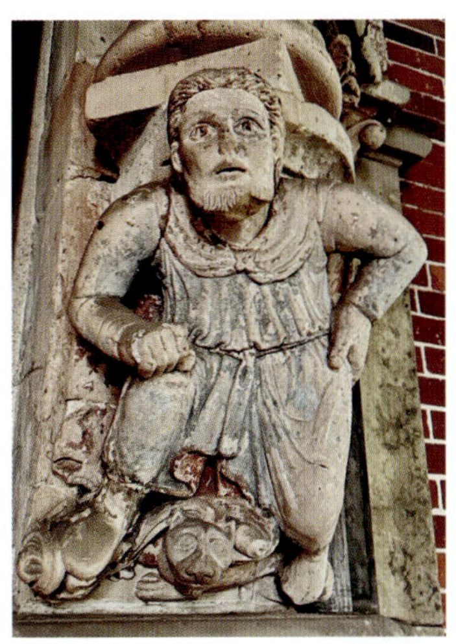

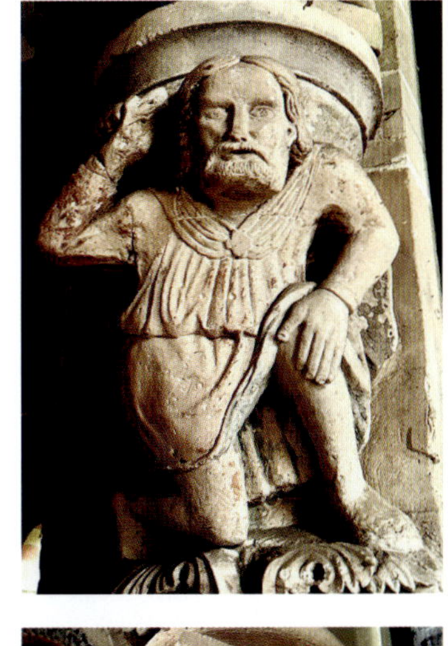

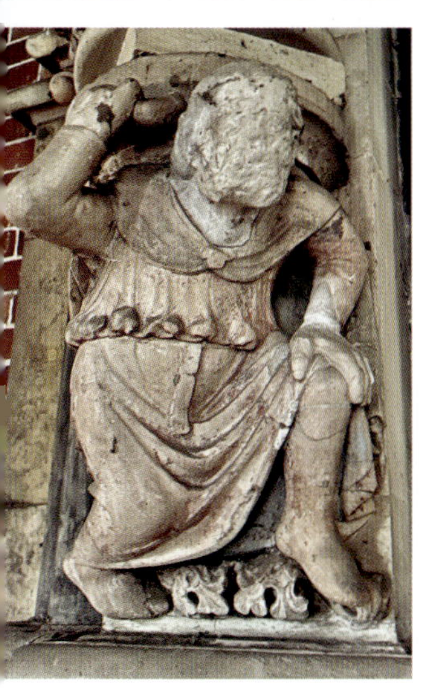

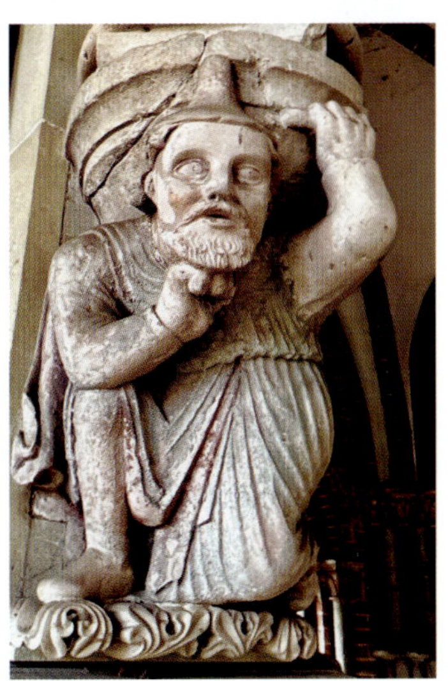

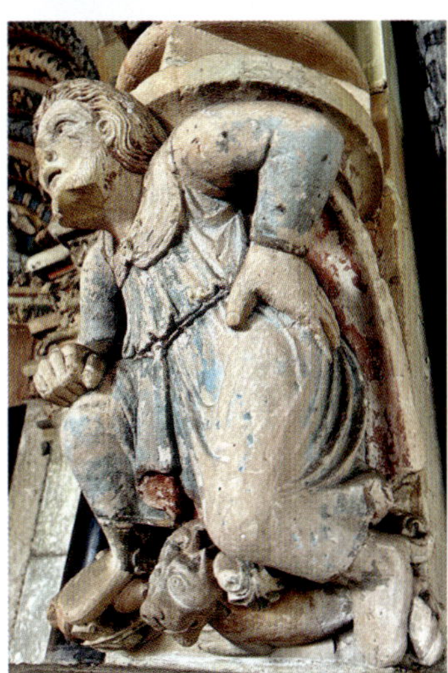

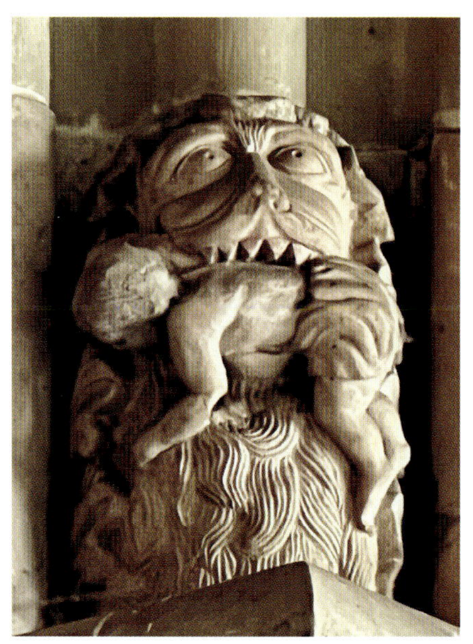

an der Ecke wird dagegen jeweils von einer männlichen Figur abgestützt, der diese Last deutlich anzusehen ist. Man kann vermuten, daß sich hier die Steinmetze selbst ein Denkmal gesetzt haben. Die Säulen enden in zierlichen Kelchkapitellen, und über den Skulpturen hocke gefräßige Löwen – der eine mit einem Tier, der andere gar mit einem Menschen im Maul.

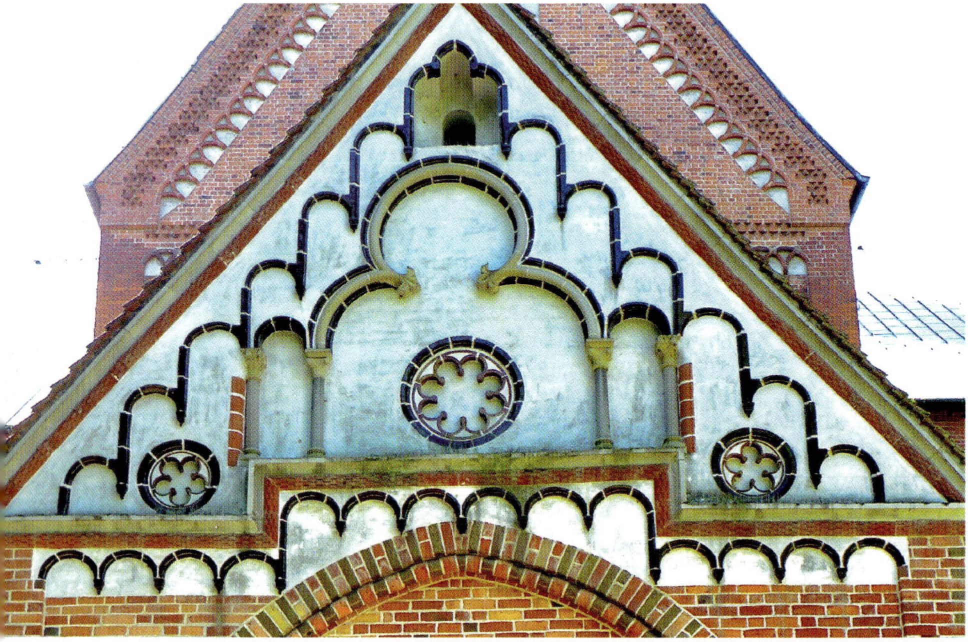

Deutlich ist, daß hier die rheinischen Steinmetze als Meister der Sandsteingestaltung eng mit den Lübecker Bauleuten zusammengearbeitet haben, die Fachleute für den ihnen wenig vertrauten Backstein waren. Inwiefern die Rheinländer eigens nach Lübeck angereist waren oder ihre Anteile vor Ort schufen und dann dorthin verschickten, läßt sich kaum mit Sicherheit sagen. Daß beiden ein genauer einheitlicher Plan vorgegeben war, ist dagegen deutlich zu erkennen, und man wird nicht fehlgehen, dahinter den Bischof selbst zu vermuten.

Wer jetzt die Paradiesvorhalle verläßt, sollte sich noch einmal umschauen, denn er hat bereits einen großen Schritt auf jenen neuen Baustil zu unternommen, der fortan das Antlitz der großen mittelalterlichen Kirchen der Stadt präge soll: die Gotik.

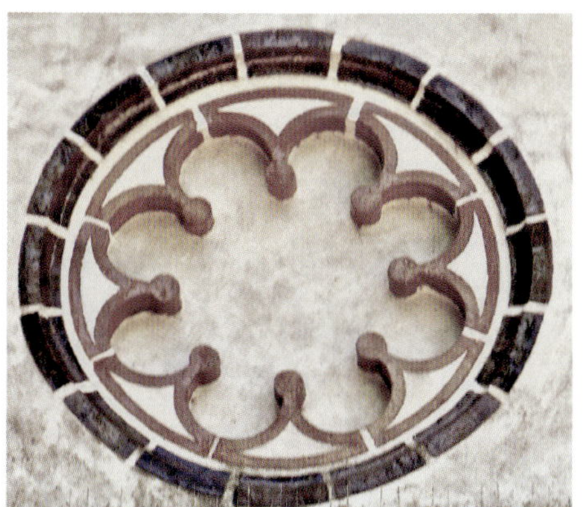

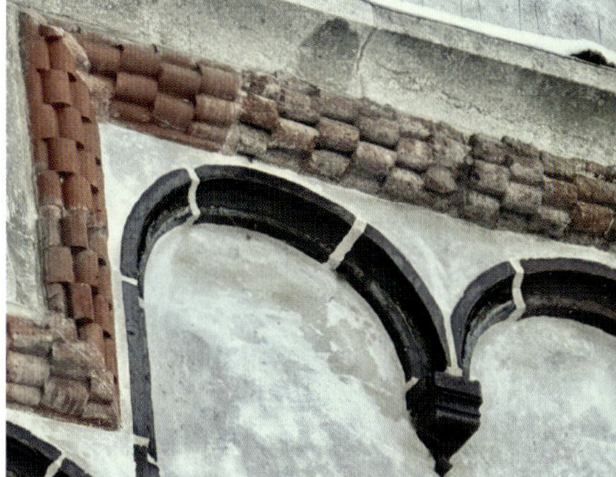

3. Gotische Ornamente und gotische Skulpturen

Mit dem neuen, modernen Stil änderte sich ja eines nicht: der Backstein als das eigentliche Baumaterial im Norden. So wurden die Friese der Romanik als Schmuck von Türmen und Traufen weiterhin genutzt, zugleich verfeinert und um weitere ergänzt. Auch hier stand Lübeck am Anfang einer Entwicklung, die dann im Ostseeraum zu immer diffizileren Formen führte. Schauen wir auf die Türme von St. Marien, so fällt eine neue Form besonders auf: der Drei- oder Vierpaß als hell verputzte Blende, also eine Reihung gleichsam von Kleeblättern. Aber auch ohne Verblendung wird der Dreipaß genutzt, diesmal im Giebeldreieck. Wir können es bei der Marienkirche belassen, ähnliches findet sich auch an den anderen Kirchentürmen.

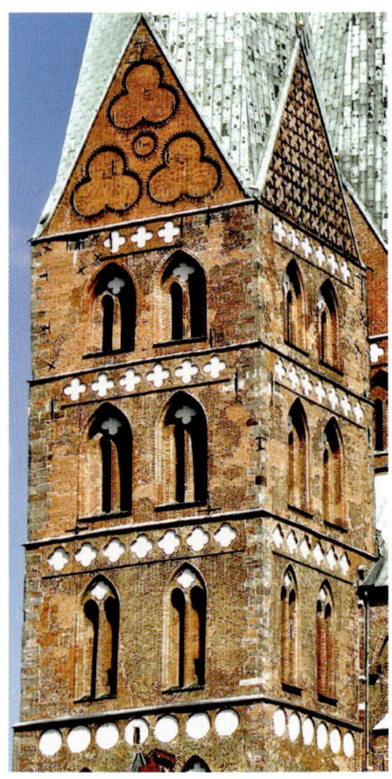

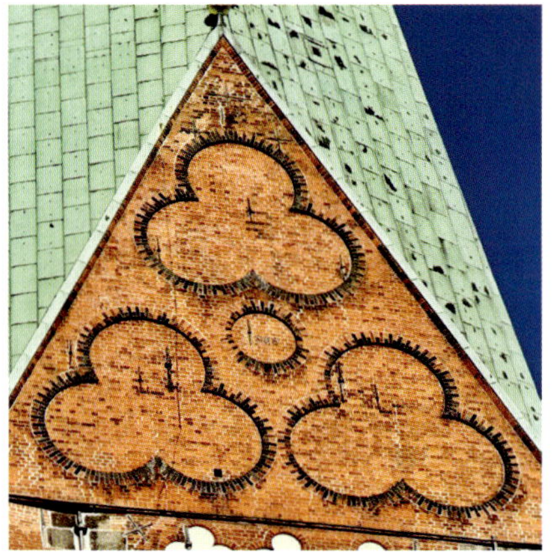

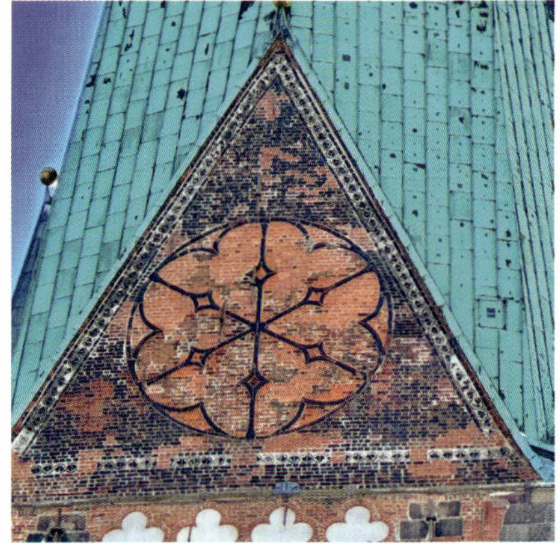

Doch wie steht es mit gotischen Skulpturen an den Bauwerken der Stadt? Während die Kirchenräume gleichsam überquellen an Tafelbildern und Schnitzaltären, Heiligenfiguren und Wand- und Gewölbemalereien, finden wir erstaunlich wenig im äußeren Bereich. Wenig an den Kirchen, noch weniger an Bürgerhäusern oder Stiften.

Noch einmal zurück zu St. Marien: Dort findet sich nur eine einzige mittelalterliche Skulptur am ganzen Kirchengebäude, und auch die recht versteckt und ohne Bezug zu einem Sakralraum. Es ist das sogenannte ‚Steinalte Männchen', das schon ziemlich verwittert in einer Nische an der Ostwand der Briefkapelle hockt. Wie es dorthin kam, erzählt eine hübsche Sage, die allerdings nur eine schön erfundene Geschichte ist.

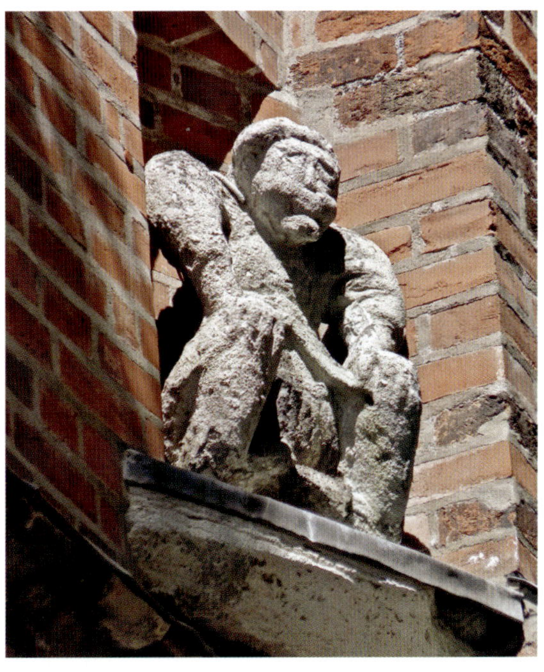

Wenn man genauer hinschaut, wirkt die Figur jedoch gar nicht greisenhaft mit ihrem vollen Haarkranz und den muskulöse Schultern, während die Arme sich eher kräftig auf die Oberschenkel stützen. Erinnnern wir uns an die Skulpturen der Paradiesvorhalle, die in ähnlicher Haltung einen Bauteil abstützten! Und auch dort hing etwas längliches vom Gürtel herab – ein Werkzeug? nur die Gürtelenden? Bleibt die Vermutung, hier habe sich ebenfalls ein Steinmetz ein Denkmal gesetzt. Warum allerdings gerade dort, wird wohl sein Geheimnis bleiben.

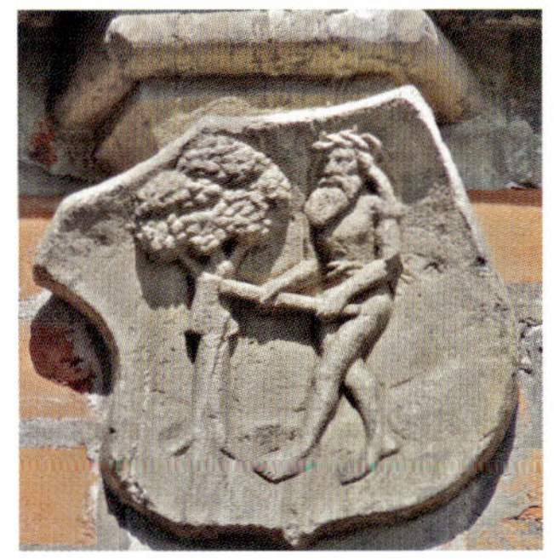

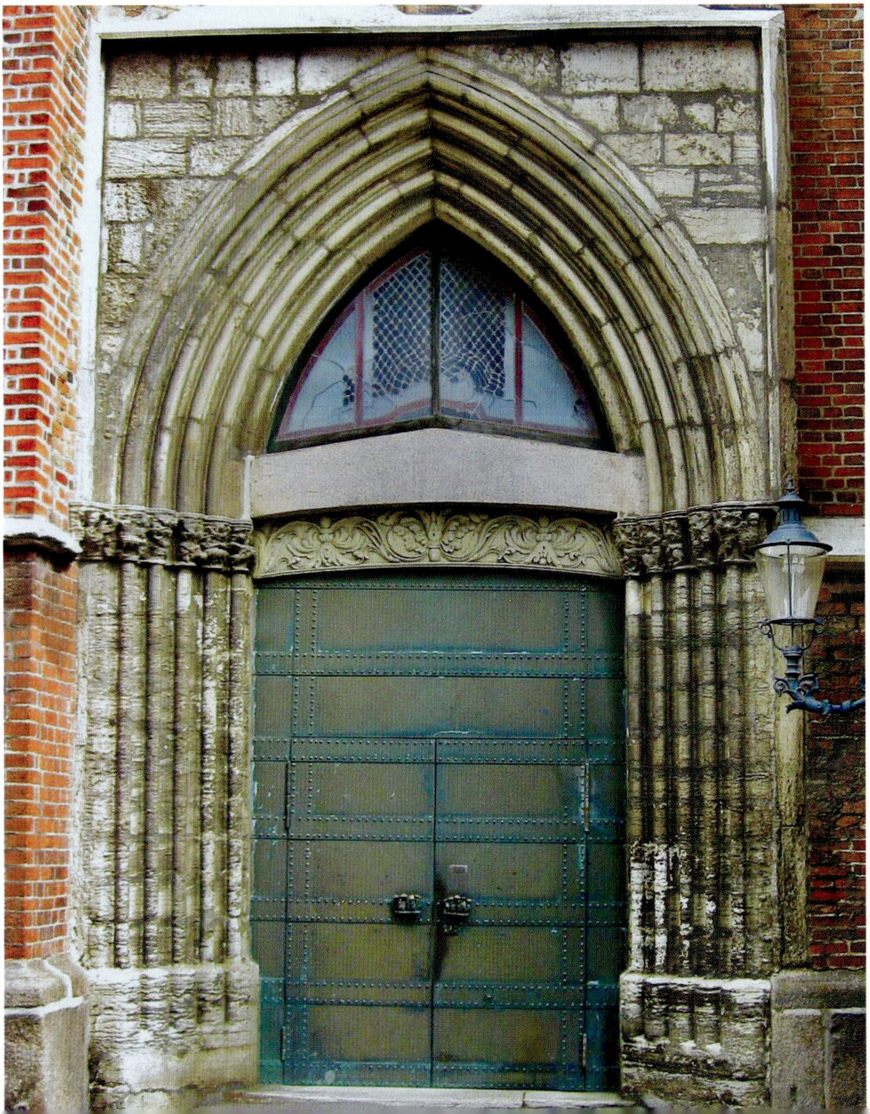

Bleiben wir bei der Briekapelle, diesem hochgotischen Anbau am westlichen Turmfuß, 1330 kurz nach dessen Vollendung hier errichtet. Wenigstens hier kann man ein wenig Bauschmuck finden: ein kleines Kalksteinwappen, das die Patrizierfamilie Bomhover führte (Hochdeutsch: Baum-Hauer, und eine solchen zeigt das Wappenschild). Vielleicht gehörte die Familie zu den Stiftern

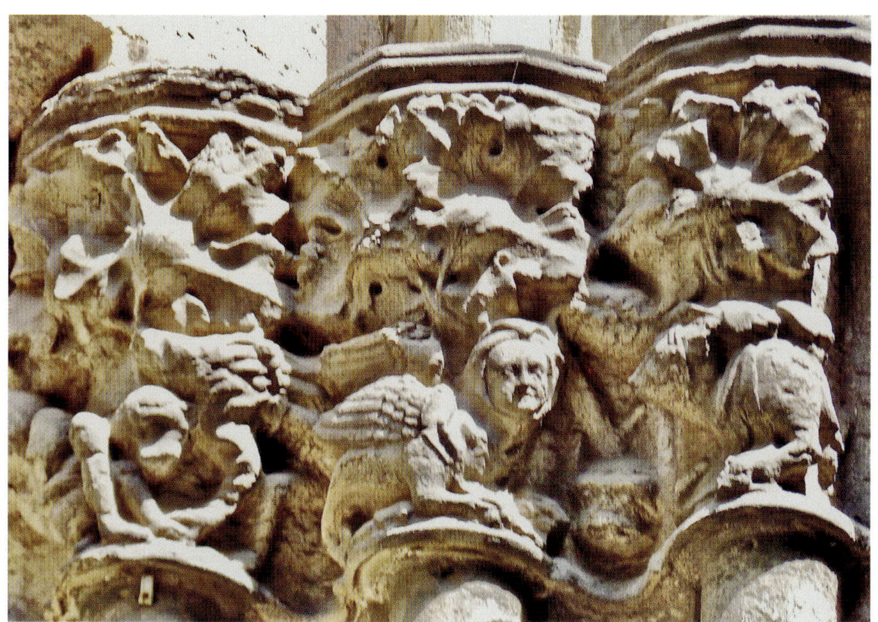

der Kapelle. Bemerkenswert dagegen ist das Portal mit seiner Hausteinfassade. Auch die Säulen des Gewändes sind aus Kalkstein, die Archivolten aber stützen sich auf ein skurriles Band von Kapitellen, wo aus einem Gewirr floraler Motive Fabelwesen herausschauen, deren mittleres eine Sphinx darstellt. – Ein ähnliches, bescheideneres Kapitellband können wir auch an den Portalen des Heiliggeist-Hospitals entdecken.

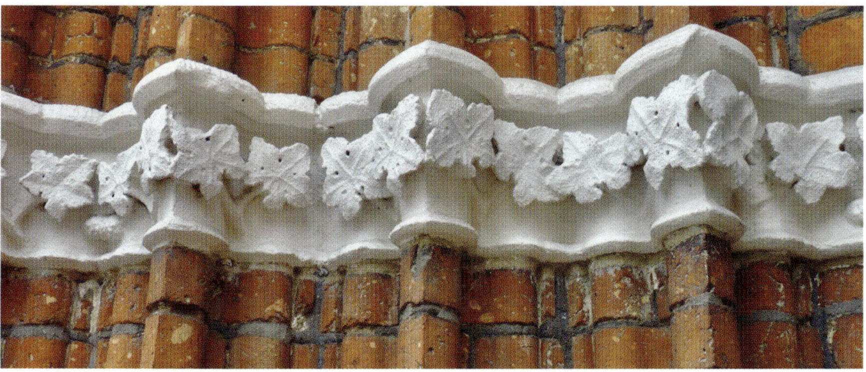

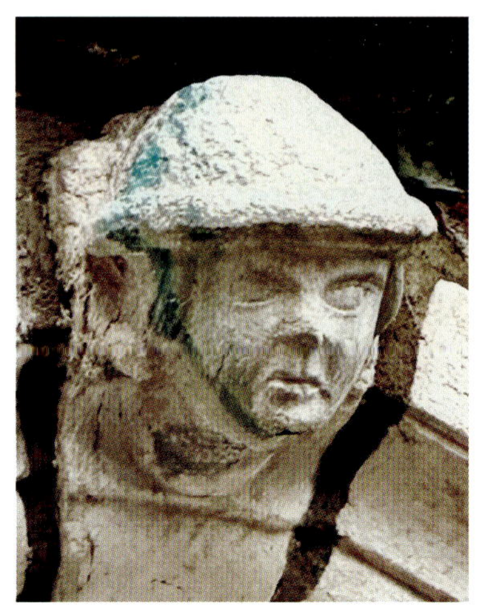

Die Suche nach figürlichen Darstellungen an mittelalterlichen Gebäuden zeitigt nur recht wenige Erfolge. An der Südseite des Hospitals ist ein weiteres Portal aus der Zeit um 1280 zu finden mit einer seltenen Form des Maßwerks, das nach innen offen in Blütenknospen ausläuft. Hier interessiert jedoch nur der Schlußstein in der obersten Archivolte; dort ist der Kopf eines Jünglings außerordentlich fein und ausdrucksvoll herausgearbeitet, ein kleines und daher wenig beachtetes Kunstwerk.

Gleich gegenüber liegt die Jakobikirche. An ihrer Nordseite ist ein Flachrelief aus Kalkstein zu entdecken, das auf das Jahr 1493 zurückgeht. Der Lübecker Kaufmann Hinrich Constin hat bei einer Pilgerreise ins Heilige Land den Leidensweg Christi in Jerusalem nachgemessen und ließ ihn dann in Lübeck nachbauen – einer der ersten Kreuzwege in Nordeuropa. Er begann an dieser Stelle mit der Darstellung der Vernehmung Jesu durch Pilatus, wie die mittelniederdeutsche Inschrift besagt: „Hir. beginet.de.crucedracht.xtsi / bute. de.borchdare.to.Jherusale“, ins Hochdeutsche übertragen: „Hier beginnt die Kreuztragung Christi durch das Burgtor nach Jerusalem.“

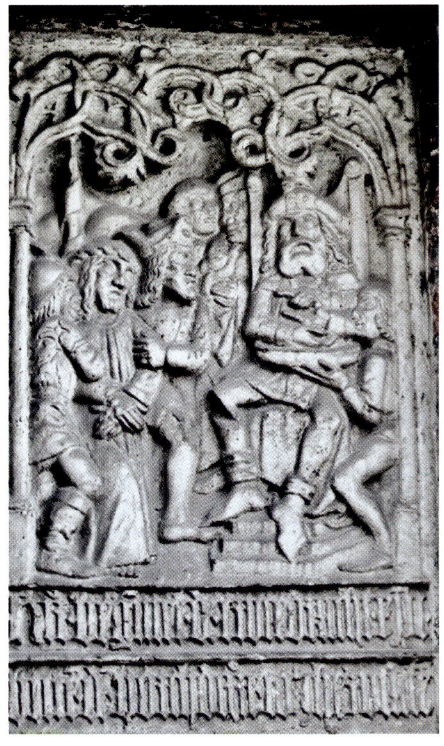

Eine Skulptur aus Sandstein ist ebenfalls recht versteckt oben im Giebel der Stadtseite des Holstentors zu erkennen, eine Madonna mit Kind. Das Original entstand um 1470, ist allerdings auf Grund der Witterungseinflüsse derart desolat gewesen, daß man es durch eine Nachbildung ersetzt hat. Eigentlich mit dem Jahr 1520 bereits in einer neuen Epoche entstanden, bleibt diese steinerne Figurengruppe doch der Gotik verhaftet. Es ist eine Darstellung der sogenannten ‚Anna Selbdritt': Die heilige Anna, der Legende nach die Mutter der Jungfrau Maria, war im Spätmittelalter auf Grund ihrer Mütterlichkeit eine sehr beliebte Heilige und

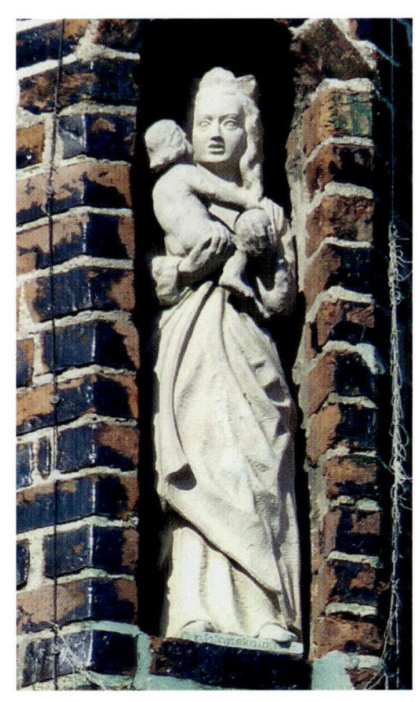

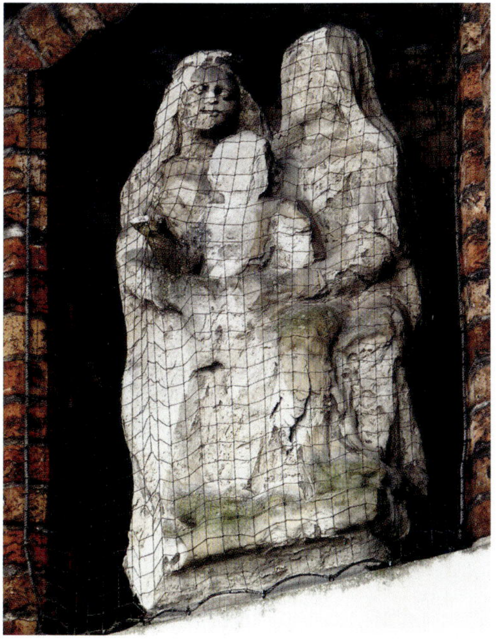

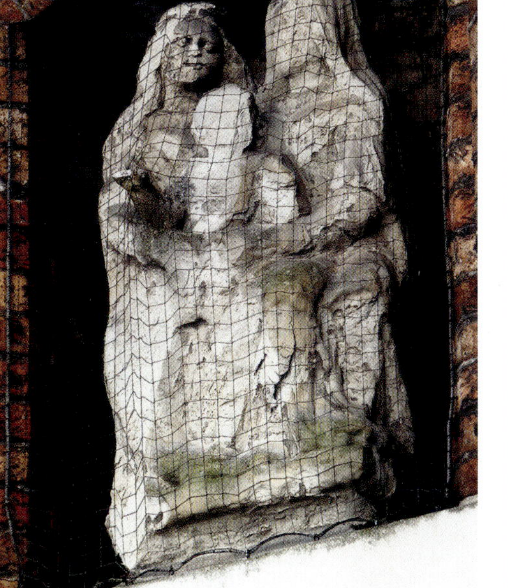

St. Annen-Str. 15

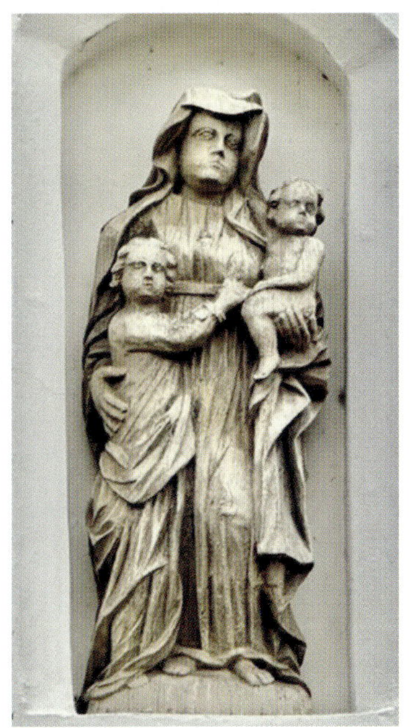

An der Mauer 144

wurde meist zusammen mit Maria und dem Jesuskind dargestellt, die sie oft beide auf dem Schoß hielt. Wir finden diese Plastik am St. Annen-Kloster (St. Annen-Straße) im Giebel über dem Eingangsportal (was nicht ihr ursprünglicher Ort ist), allerdings stark verwittert. In einer Nische über dem Tor zum Wirtschaftshof des Klosters (in der Straße An der Mauer 144) steht eine weitere Skulptur der Anna Selbdritt, allerdings in Kunststein. Denn was wir dort sehen, hat eine ursprünglich aus Eichenholz geschnitzte Gruppe durch Nachguß ersetzt. Auch hier gilt: Trotz der Herstellung 1521 zeigt sich noch spätgotische Formensprache.

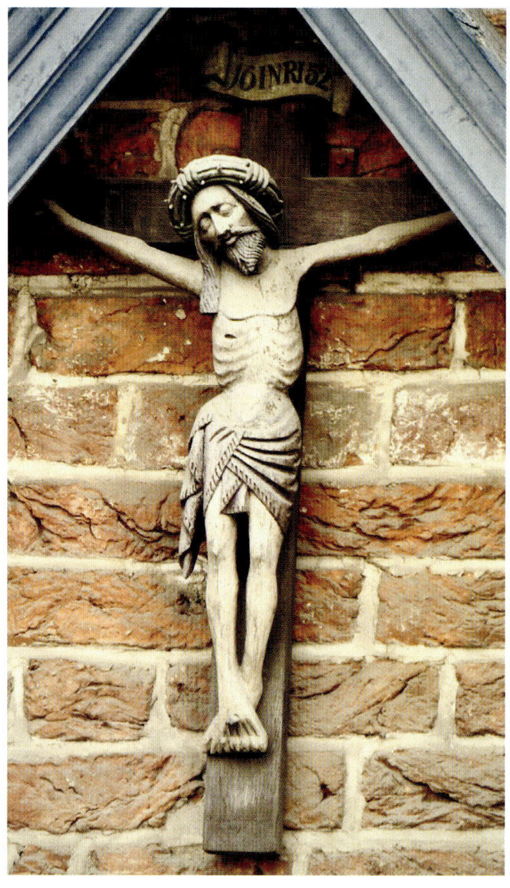

Aus Eichenholz gearbeitet ist ebenfalls ein Kruzifixus, der über der Tür zum Innenhof des von Dornes-Stifts (Schlumacherstraße 15-23) hängt. Er wird auf etwa 1440 datiert. Übrigens die einzige Darstellung des Gekreuzigten an einer Gebäudeaußenwand aus dem gesamten Mittelalter.

Nur ein Gebäude in Lübeck zeigt sich schon im Hochmittelalter schmuckreich auch im Äußeren, das ehrwürdige Rathaus der Stadt. Hier ist es vor allem der Zugang von der Breiten Straße aus, der mit viel Bronzeguß nicht nur ihren Reichtum, sondern auch die besondere Stellung als freie Stadt des Reiches bezeugen soll. So schuf der damals in Lübeck wirkende bekannte Bronzegießer Johann Apengeter etwa 1345 die beiden Türzieher an den Türen des Portals. Von Weinlaub umrankt, thront in einem mittleren Ring die kaiserliche römische Majestät, umgeben von sieben kleineren Kreisen, in denen die Kurfürsten des Reiches dargestellt werden, kenntlich an den Wappenschilden, die sie in Händen halten. Der eigentliche Türzieher trägt die Gestalt eines Hundes. Beide Flügel werden heute von Nachgüsse geziert, die Originale befinden sich im St. Annen-Museum.

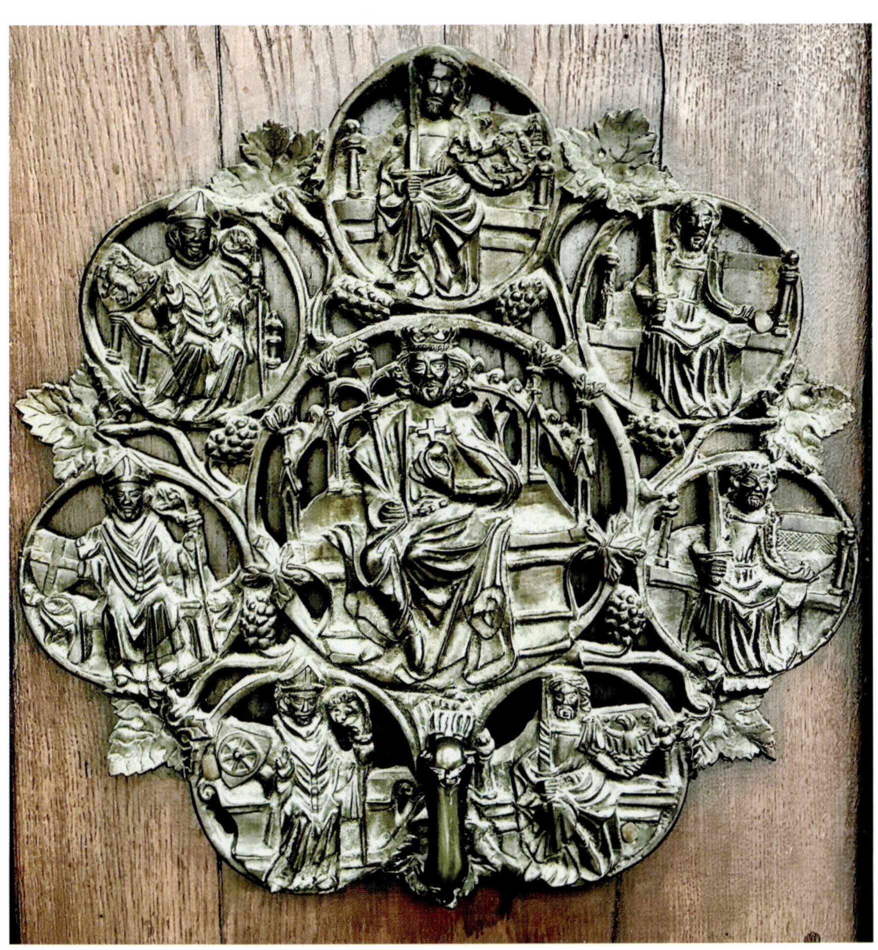

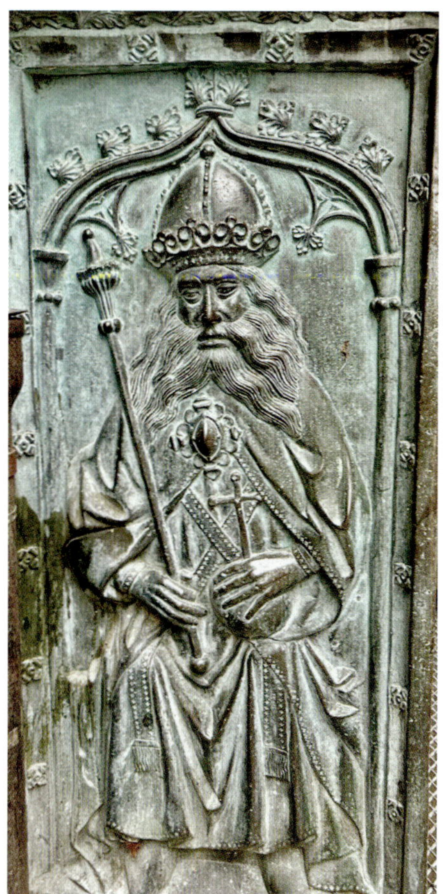

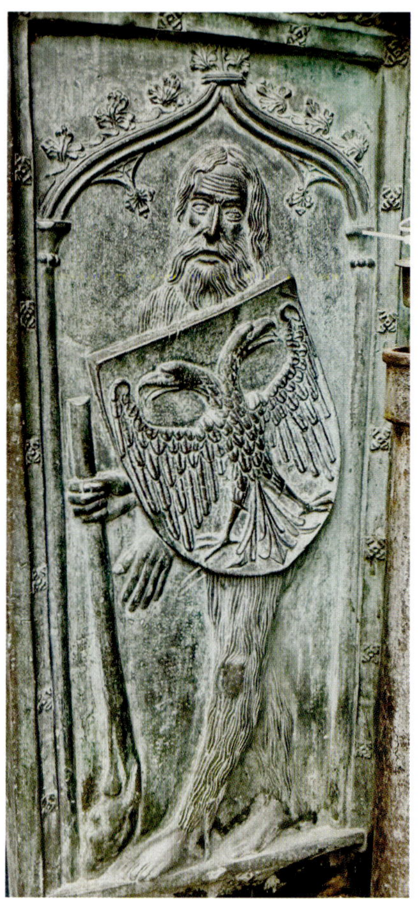

Gut einhundert Jahre später wurden die beiden Bankwangen gegossen, die heute seitlich des Portals vor de Wänden stehen. Im Mittelalter kannte man an viele Häusern den Brauch, quer zur Hauswand Sitzbänke aufzustellen. Sie schlossen dann zur Straße hin mit einer oft künstlerisch gestalteten Wange als Sichtschutz ab. Hier sind es zwei Flachreliefs aus Bronze. Das eine zeigt ebenfalls einen sitzenden Kaiser mit allen Reichsinsignien unter einem spätgotischen Spitzbogen als Baldachin. Es wird angenommen, daß es sich hier um Friedrich III. handelt, der 1452 zum Kaiser gewählt wurde. Ebenfalls unter einem ähnlichen Baldachin ein unbekleideter behaarten Mann mit einer Keule in der Rechten und einem Wappenschild, das den lübschen doppelköpfigen Adler zeigt – ebenfalls ein Hinweis auf die Reichsunmittelbarkeit der Stadt. Dieses Motiv des ‚wilden Mannes' findet sich in vielen Kulturen als Sinnbild ungezähmter Natur und wird gerne als Wappenträger verwendet. Beachtet werden sollte auch, daß an den Schmalseiten der Bankwangen ein gut ausgeprägter Männerkopf zu sehen ist.

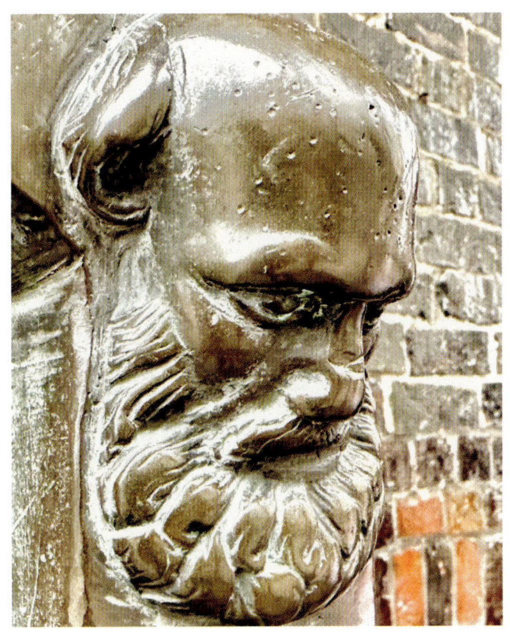

An der – sonst im 19. Jahrhundert weitgehend umgestalteten – Ostfassade hat sich zwischen den Stockwerken ein gotischer Fries erhalten. Er zeigt jeweils zwei Reliefs, mit Ranken gestaltet, in denen sich Fabelwesen tummeln, lebe einem Feld mit einem menschlichen Antlitz.

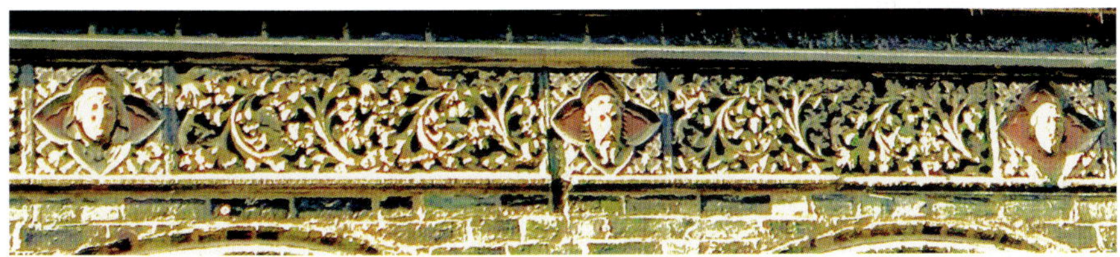

4. Die Renaissance in Lübeck

Um die Wende zum 16. Jahrhundert vollzog sich auch auf deutschem Boden eine andere, historische Wende, die wir mit dem Übergang vom Mittelalter zur frühen Neuzeit beschreiben. Es ist der geistesgeschichtliche Umbruch zum sogenannten Humanismus, hier auch verbunden mit der religiösen Neubesinnung durch die Reformation. Neuartige Ideen haben den Menschen ergriffen, nun gilt Diesseitigkeit mehr als Jenseitshoffnung, Selbstbewußtsein und Urteilskraft des einzelnen mehr als die Gültigkeit von kirchlichen Dogmen. Ja, und auch die Lust am Spielerischen ud Verspielten, das Interesse an einer neuen bildhaften Gestaltung aller Formen. Das alles brachte mit der Renaissance auch eine neuen Baustil hervor. Und er zeigt sich in der Hansestadt wesentlich schmuckfreudiger, auch was ihr äußeres Antlitz betrifft. Hinzu kommt in den evangelisch gewordenen Regionen auch ein Wechsel in der Thematik der Kunst: Hier spielen jetzt Heilige keine Rolle mehr, sondern eher moralische Allegorien, aber auch all die Motive aus der heidnischen Antike werden wieder zum Leben erweckt.

Bleiben wir zunächst gleich beim Rathaus auf der Suche nach dem neuen Stil. 1570 ließ der Rat die alte Laube vor der Schauwand zum Markt hin, die der Verkündigung seiner Beschlüsse diente, von zwei flämischen Baumeistern durch eine neue mit einer Sandsteinfassade ersetzen. Damit wurde auch die bisherige Lücke zwischen dem eigentliche Rathauskomplex und dem Langen Haus geschlossen, und 1594 wurde diesem Zwischenbau zur Breiten Straße hin ein hölzerner Erker vorgesetzt, mit all den Einzelelementen, die der neue Baustil vorgab. Es wird nicht zu Unrecht vermutet, daß der Lübecker Bildschnitzer Tönnies Evers der Jüngere hier am Werk war.

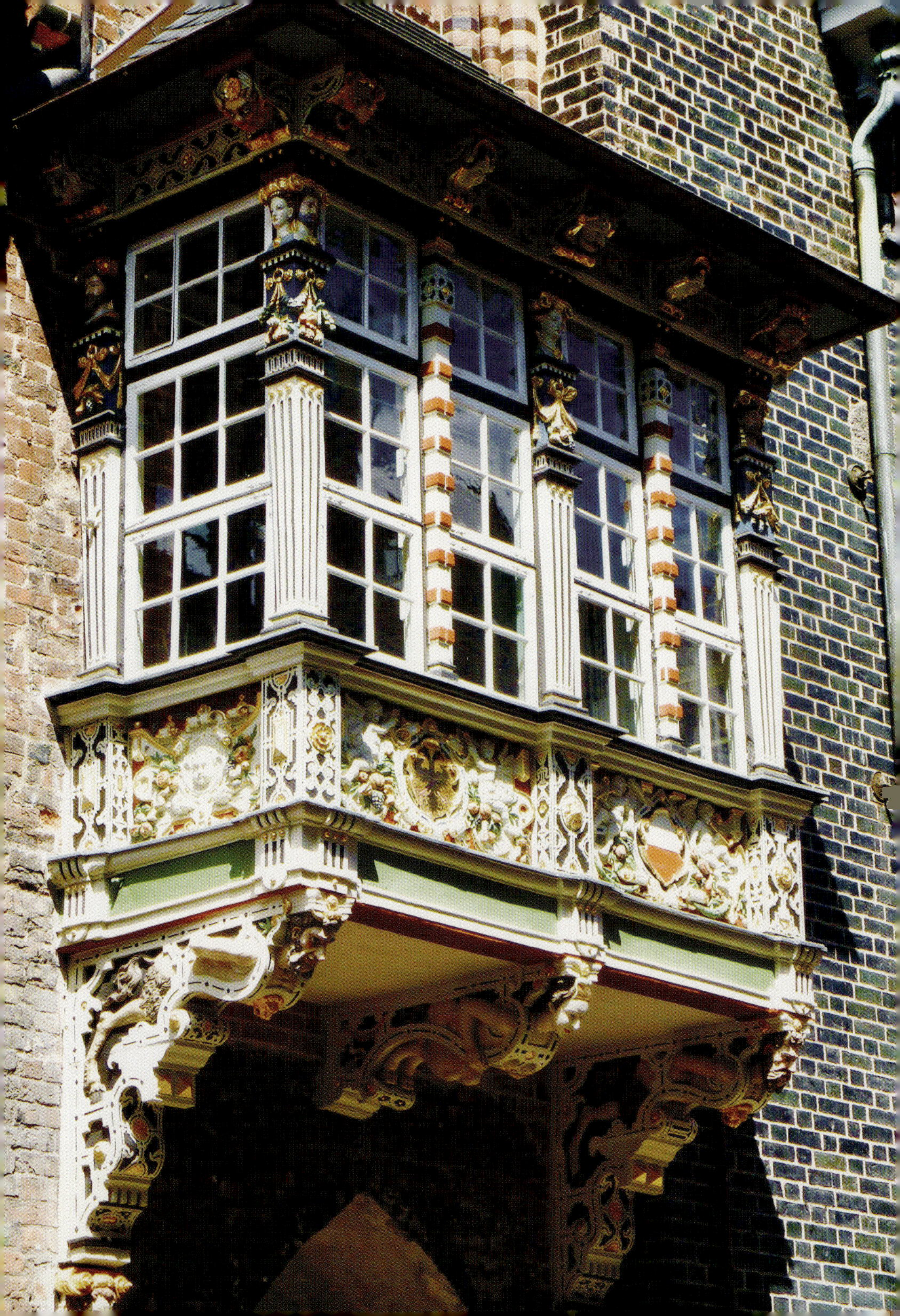

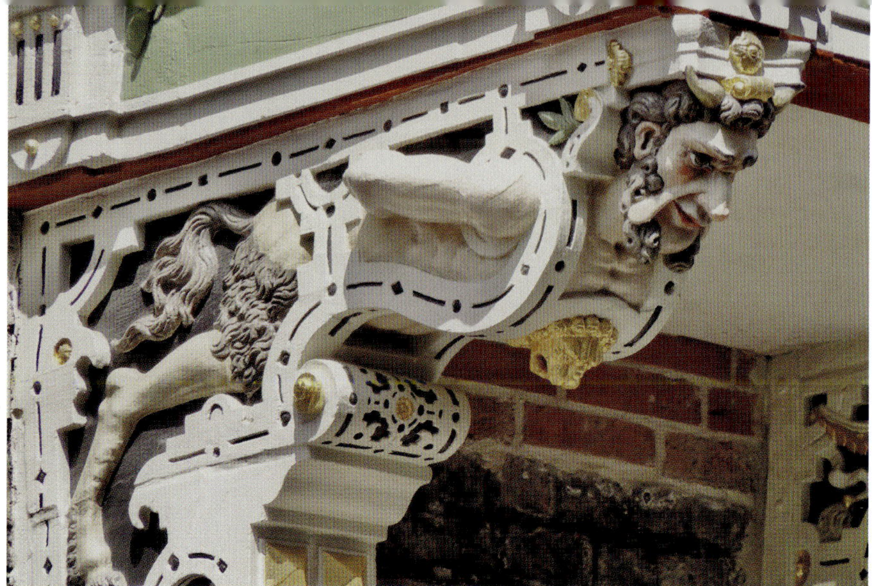

Der Erker ruht auf zwei seitlichen Konsolen, die einen Zentauren darstellen, dessen bärtiger Kopf aus einer Fülle von Rollwerk herausragt. Vor seiner Brust ein goldfarbenes Löwenköpfchen. Mittig eine kleinere Konsole, in der eine weibliche Figur den Oberbau stützt. Die darüberliegende Brüstung ist in zwei Felder geteilt, die ebenfalls mit Rollwerk gefüllt sind und je eines der Lübecker Stadtwappen enthalten. Die drei Postamente dazwischen tragen Pfeiler, mit Rillen aufgelockert, die im Bereich der Oberlichter in figürliche Gestaltung übergehen: auf einer Art Postament sitzen nach zwei Seite blickende Köpfe, die ein ionisches Kapitell tragen, auf dem wiederum fratzenhaft gestaltete Balkenköpfe ruhen. Auch hier

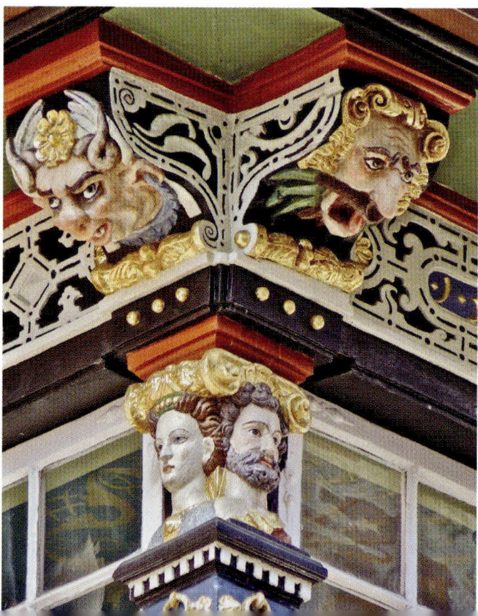

seitlich Friese mit Beschlagwerk. Ähnliches gilt für den mittleren Pfeiler. Zwischen den Fenstern dann noch zierlicher Pfeiler, die ebenfalls Balkenköpfe tragen Das Ganze in leuchtendem Farbschmuck, der durch eine Restaurierung jetzt wieder in ursprünglichem Glanz erstrahlt.

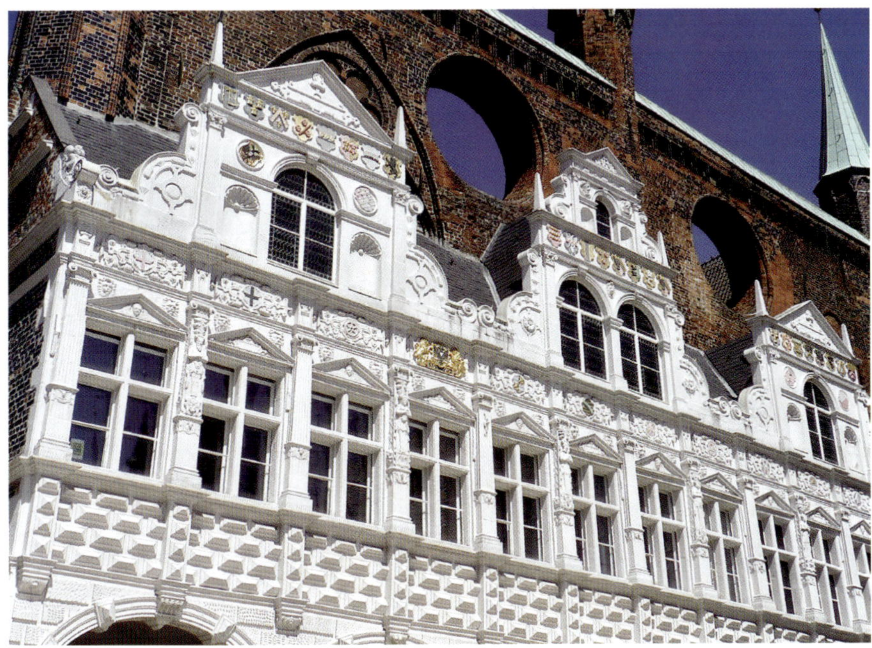

Die Rathauslaube zeigt sich ebenso farbenfreudig nach ihrer letzten Restaurierung, und auch hier werden die Wandflächen aufgelöst in alle mögliche Schmuckelemente: Wir finden Ornamente in Beschlagwerk ebenso wie Diamantbossensteine, dazu Wappenfriese. Nun kann man

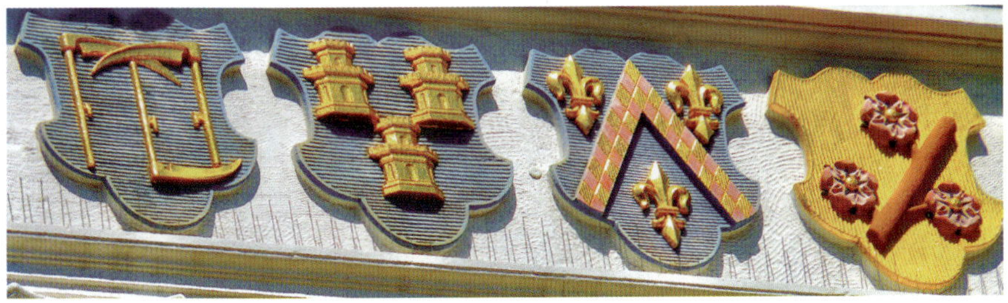

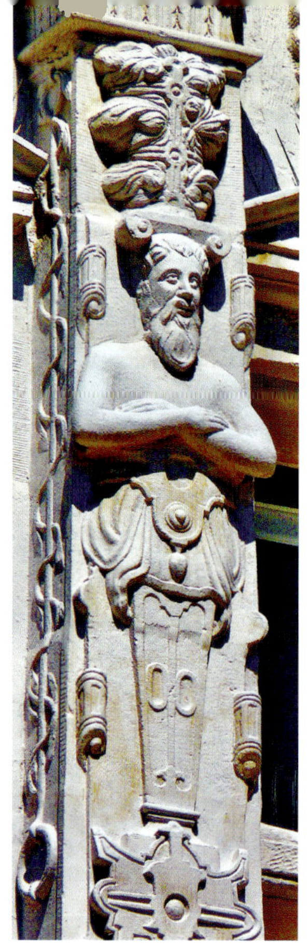

streiten, ob diese bereits als Kunst am Bau zu betrachten sind – auch an manchen Häusern sind Wappen angebracht, als Hinweise auf einen Stifter etwa bei Wohngängen oder als bloße Hausmarken. Jedenfalls festzuhalten ist jedoch das Vorkommen von Hermenpilastern.

Ein knappes Vierteljahrhundert später wurde der Kriegsstube zur Breiten Straße hin eine Sandsteintreppe angefügt. Was wir heute bewundern, ist jedoch nur eine Kopie einer Kopie, allerdings exakt nachgebildet: Schon 1893 hat man die alte Renaissancetreppe durch eine Nachbildung ersetzt, die dann im Zweiten Weltkrieg gänzlich zerstört und 1951 neu errichtet wurde. Der Prunkbau gliedert sich in drei Teile: Ein Eingangsbereich in Form eines antiken Tempelchens, der eigentlich Treppenverlauf und im oberen Bereich übernimmt ein Erker den Zugang zum Gebäude. Beide Eckpunkte werden von üppig dekorierten Giebeln gekrönt. Auch die Eingangstüren tragen klassisch-

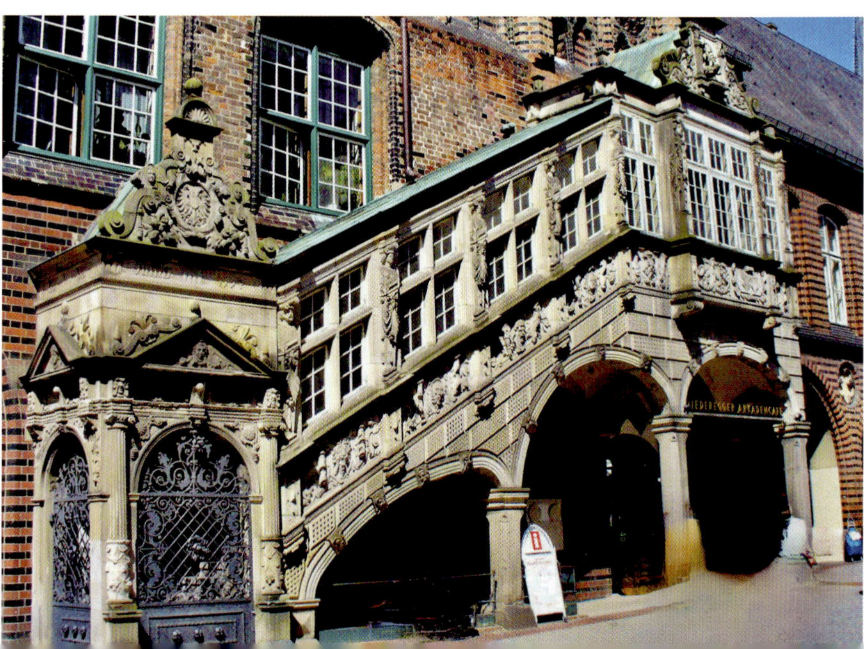

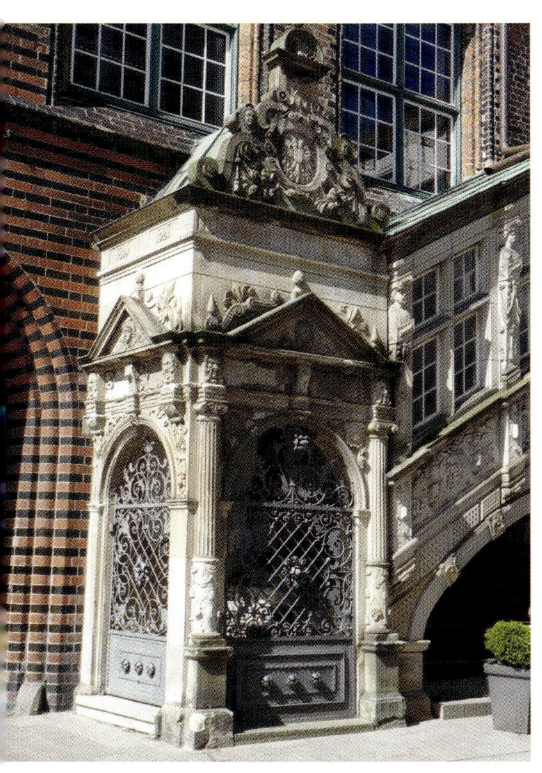

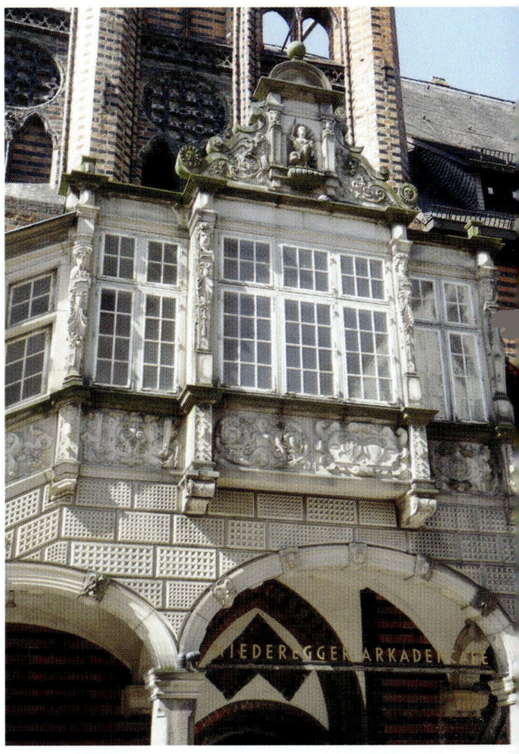

schlichte Dreiecksgiebel, von Architrav und Giebelfeld blicken Köpfe herab. Die aufsteigenden Felder der Treppe sind mit üppigem Schmuck versehen – in der Mitte ein Maskenkopf, in den Ecken Vögel, dazwischen aufgerolltes Dekor unter kleinen Baldachinen. Die Fensterfront wird durch Hermenpilaster geteilt, die auch im oberen Erker auftreten. Ein reichhaltiges Programm an unterschiedlichem Bauschmuck also ist hier zu besichtigen.

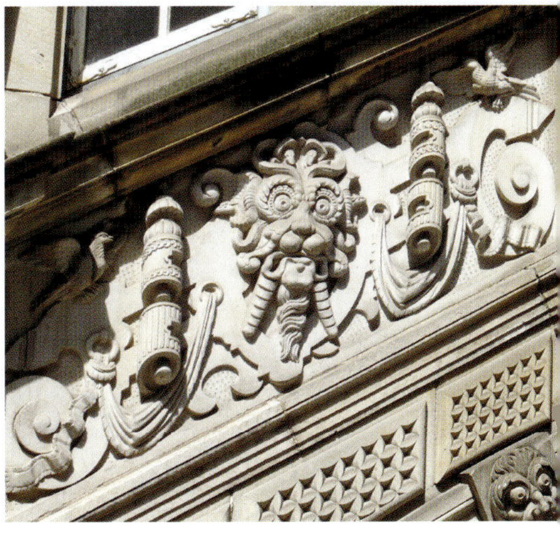

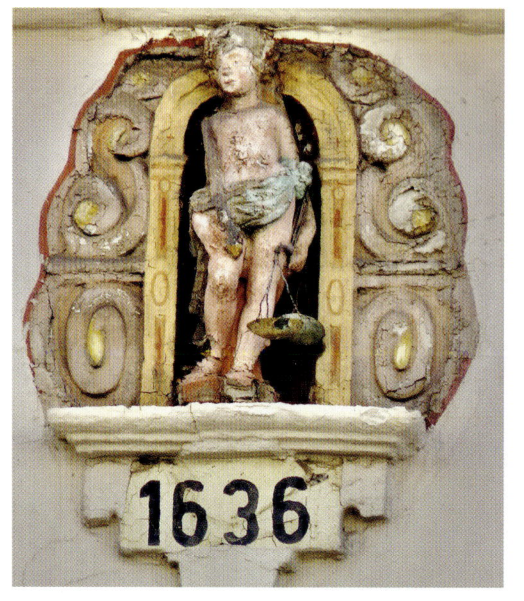

Uns begegnen aber auch einzelne Figuren als Gebäudeschmuck, antike Gottheiten, die nun meist zu Allegorien irgendwelcher Tugenden wurden. Eine weitere Justitia etwa steht am Giebel in der Großen Burgstraße 26, obwohl dies wohl nicht der ursprüngliche Ort ist. Sowohl Konsole als auch die umrahmenden Voluten gehören ebenfalls nicht zu dieser Figur, einer unbekleideten Göttin des Rechts, ausgestattet mit Richtschwert und Waage, wenn auch in anderer Hal-

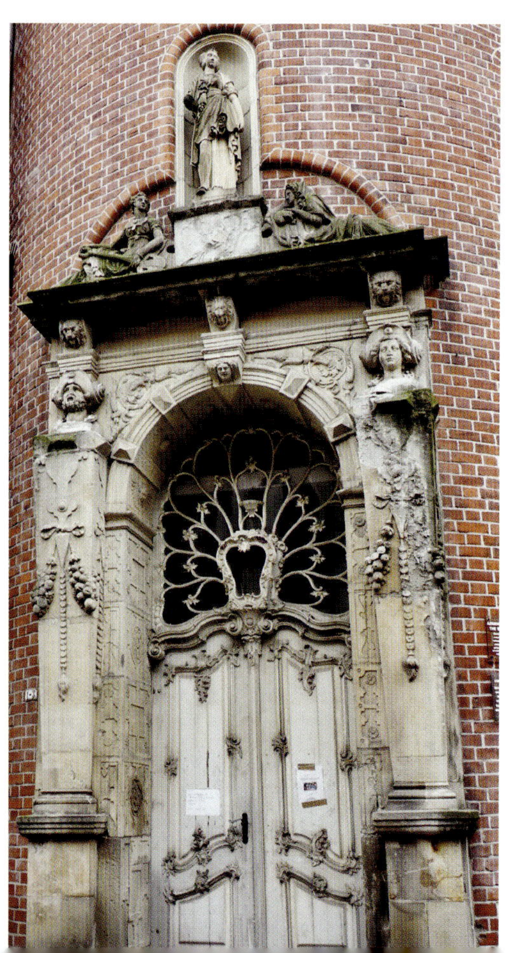

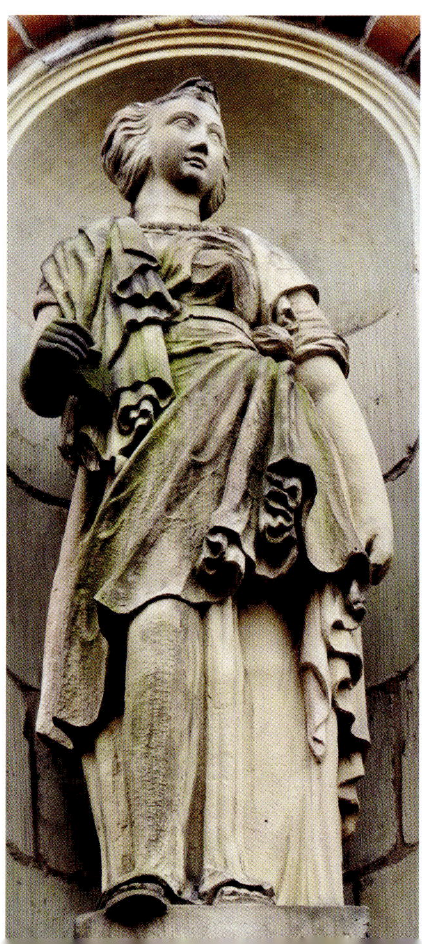

tung als die sonstige Tradition es vorgab. Eine weitere – vermutliche – Justitia steht heute ebenfalls mit der dazugehörenden Portalumrahmung an einer anderen Stelle, nämlich am Turm des Posthofes Braunstraße 1-5. Ursprünglich zierte das Portal das Amtshaus der Krämerkompanie im Schüsselbuden, das diesem Neubau weichen mußte. Nur dieser Teil blieb erhalten und fand hier einen neuen Platz. Die weibliche Gestalt steht oberhalb des Türsturzes in einer Nische, zeigt allerdings weder Schwert noch Waage. Deswegen ist die Deutung umstritten.

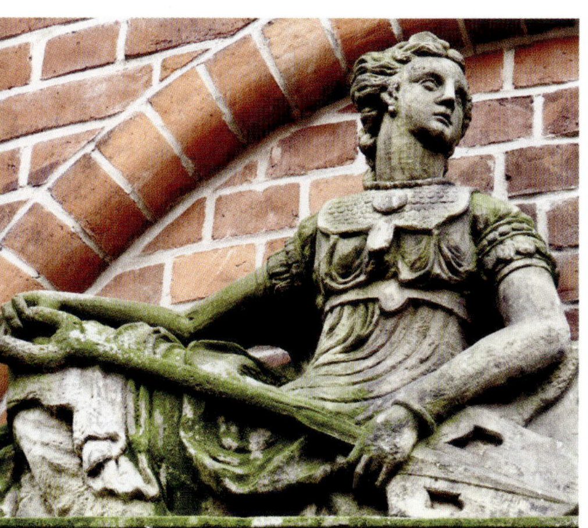

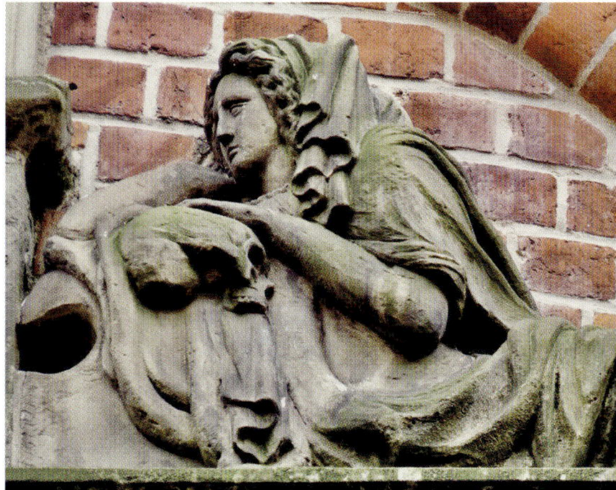

Flankiert wird sie von zwei liegenden Frauenskulpturen. Die eine nutzt ein Ruderblatt, wird deshalb als Allegorie auf den tätigen Menschen verstanden (‚vita activa'), die andere stützt sich nachdenklich auf einen Totenschädel und gilt so als ihr Pendent, als ‚vita contemplativa' – eine seit der antiken Philosophie geläufige Beschreibung unterschiedlicher und oft auch gegensätzlicher Lebensweisen. Das Portal selbst wird von zwei rebenbehangenen Hermenpilastern gerahmt, der Rundbogen von Diamantquadern unterbrochen, im Scheitel ein Frauenkopf als Schlußstein. Darüber tragen Löwenköpfe das vorkragende Gesims. Die Tür gehört zwar von Anfang an zu diesem Portal, wurde aber erst in Zeiten des Rokoko eingefügt.

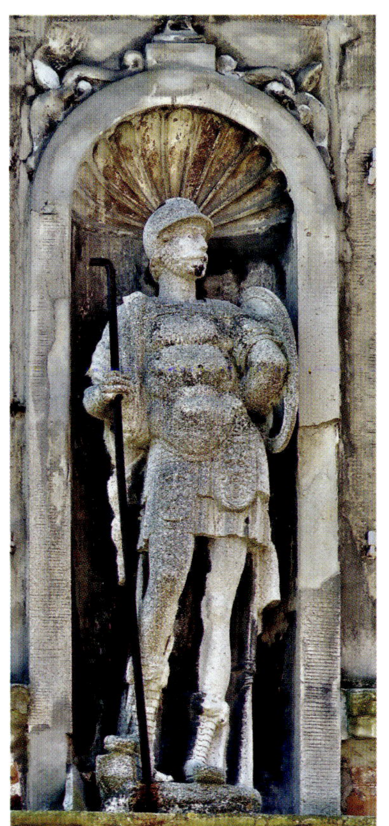

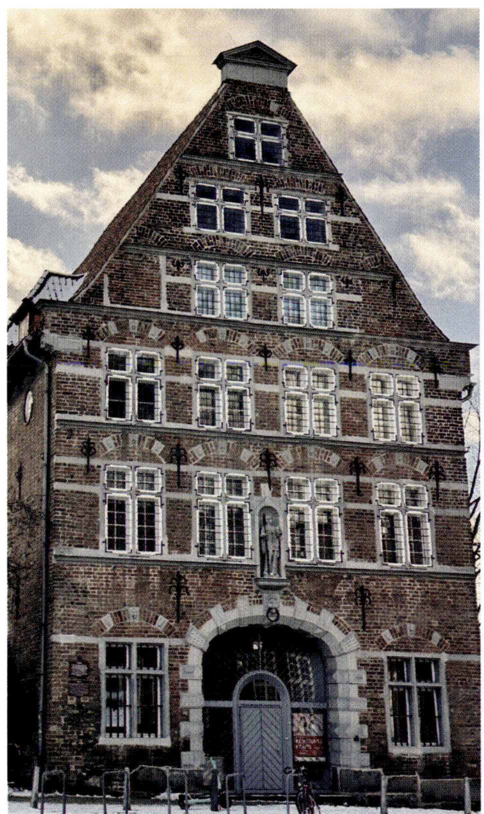

Der Kriegsgott Mars ziert dagegen den Giebel des Zeughauses an der Parade, also eines Gebäudes, das ursprünglich als Waffenarsenal errichtet worden ist. Auch hier ist nur eine Nachbildung der Skulptur von 1594 aus Kunststein zu sehen, das Original bewahrt das St. Annen-Museum.

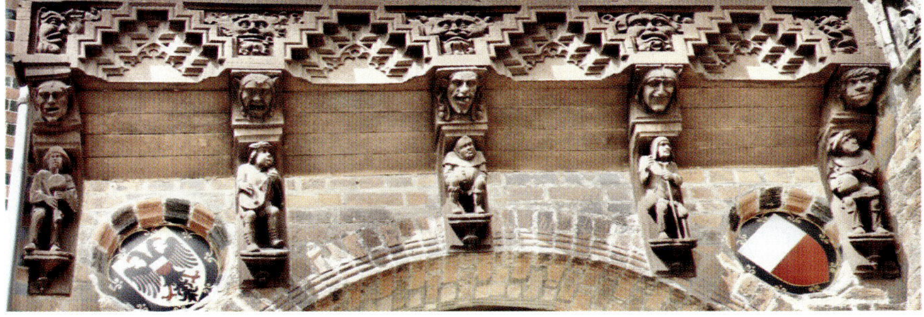

Ein anderes militärisches, einst für die Stadtsoldaten als Pferdestall errichtetes Gebäude ist der Marstall neben dem Burgtor. Hier ist über der Durchfahrt zum Innenhof ein vorkragendes Obergeschoß in Fachwerkbauweise eingefügt worden, das mit viel Schnitzarbeit geschmückt wurde. Fünf Konsolen tragen den die Balkenköpfe des Schwellbalkens für dieses Stockwerk, und alle sind als sitzende Figuren herausgearbeitet. Auf der linken Seite sind es Musikanten, einer nutzt einen Dudelsack, der andere eine Trommel. Als Gegenstück rechts hocken dagegen Bettler: der erste, einbeinig mit einem Stelzfuß, stützt sich auf eine Krücke, der zwei-

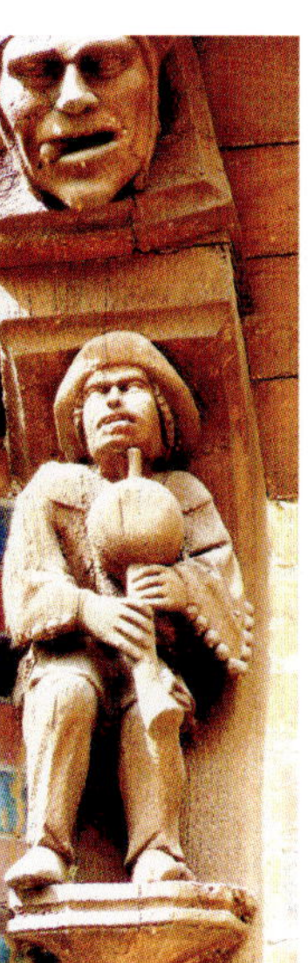
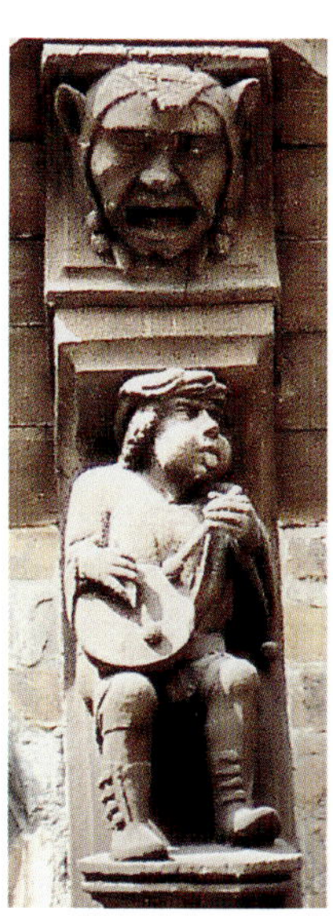
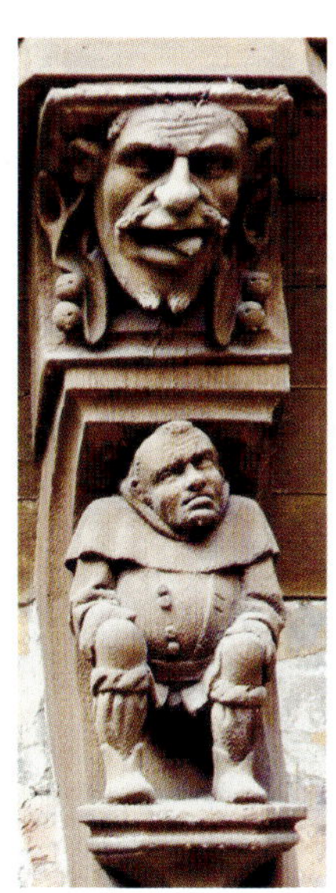
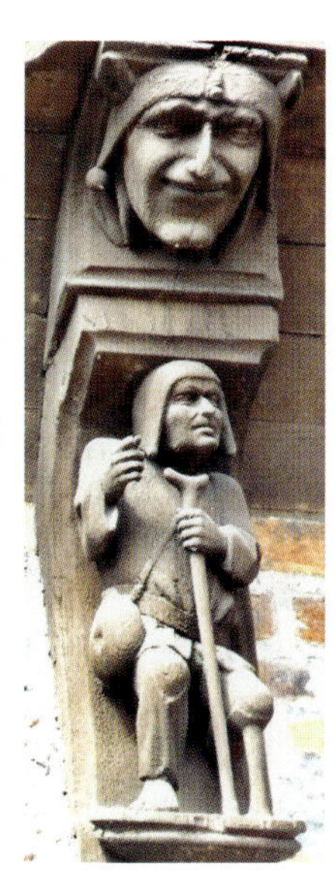
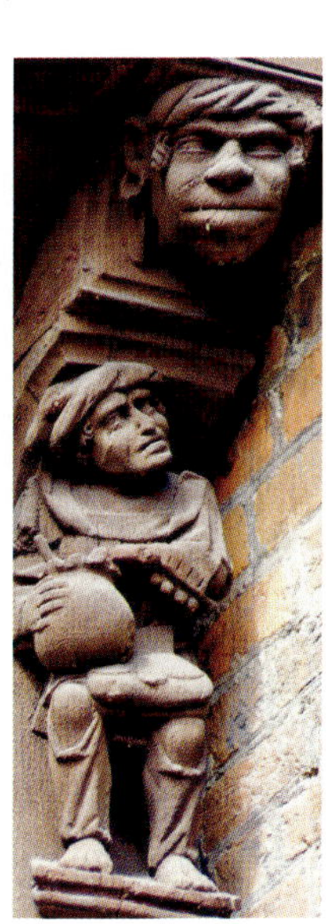

te scheint dem Vorübergehenden einen Topf hinzuhalten für eine milde Gabe. In der Mitte dagegen stützt sich ein dickbäuchiger, bäurisch gekleideter Mann mit beiden Ellenbogen auf die Oberschenkel ab. Darüber ragen die Balkenköpfe heraus, an denen unterschiedliche, teils freche oder fratzenhafte Gesichter herabblicken, einer auch als Narr mit einer Schellenkappe. Auch der Schwellbalken selbst ist als Ornament gestaltet: Treppenförmig aufsteigend über einem Maßwerk-Spitzbogen, sind wiederum fratzenhafte Köpfe eingefügt.

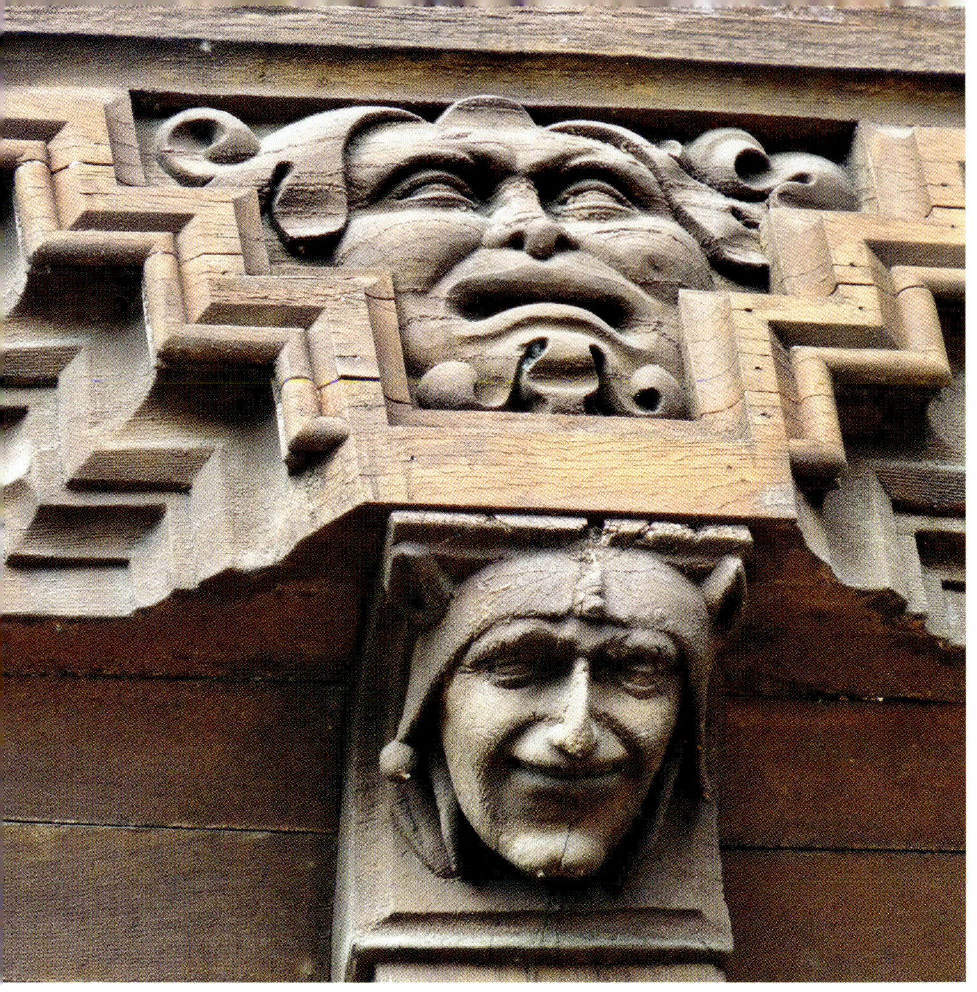

Ein ganz neuer Modetrend bestimmt nun viele Fassaden der Stadt: Friese und einzelne Flachreliefs aus Terrakotta. Lieferant ist der Bildhauer Statius von Düren, der auf dem Holstenfeld eine Werkstatt eingerichtet hat, die auch die angrenzenden Städte mit seinen Produkten beliefert, eine nach Modeln gefertigte Massenware, vor allem Platten mit religiösen Themen und Porträtmedaillons. Allein in Lübeck sind es zehn Gebäuden, die damit geschmückt sind. Wir können also nur einige Beispiele herausgreifen und tabellarisch aufführen, was an welchen Orten zu betrachten ist.

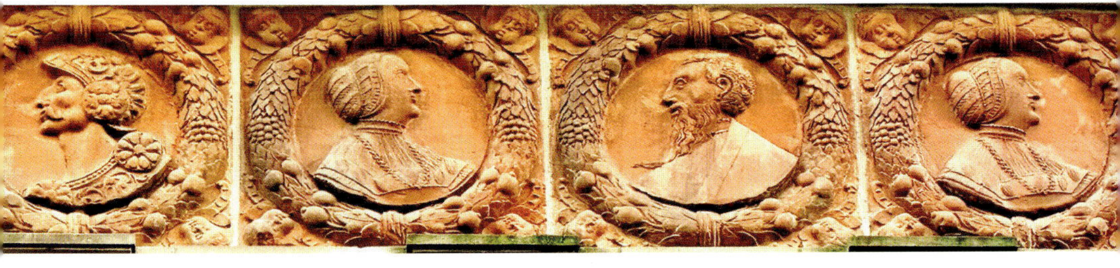

Beginnen wir mit den Medaillons. Es sind idealisierte Bildnisse sowohl von Männern wie von Frauen in zeitgenössischer Tracht, die als Schmuckfriese gereiht werden. Fünfmal sind sie in der Stadt zu finden: Depenau 31, Mengstraße 27, Hundestraße 19-23, Musterbahn 3 und Wahmstraße 33-37. Es gibt ebenso biblische Personen im Porträt: die Propheten Joel und Daniel (Fleischhauerstraße 25, Hundestraße 19-23 und Mengstraße 27) Sie begleiten oft eine theologische Darstellung mit dem Titel „Gesetz und Gnade" Auf drei Tafeln wird die Thematik entfaltet: Die erste zeigt den Sündenfall des Menschen und seine Folgen, den Tod. I der mittleren wird der Opfertod Christi als Erlösung dargestellt. Der Gekreuzigte hängt am Lebensbaum und trägt so die Last aller menschliche Sünde. Interessant die beiden Personen zu seinem Füßen. Anders als in den mittelalterlichen Triumphkreuzgruppen steht links Mose, der Vertreter des alttestamentlichen Gesetzes, ihm gegenüber Johannes der Täufer, der Vorläufer Jesu. Hinter Mose erkennen wir die an einer Stange erhöhte eherne Schlange, eine Geschichte aus dem 4. Mosebuch (Kap. 21,6–9), die als Hinweis auf das Kreuz Christi gedeutet wurde. Die rechte Tafel zeigt, wie Gottes Gnade in die Welt kam: Im oberen Bereich

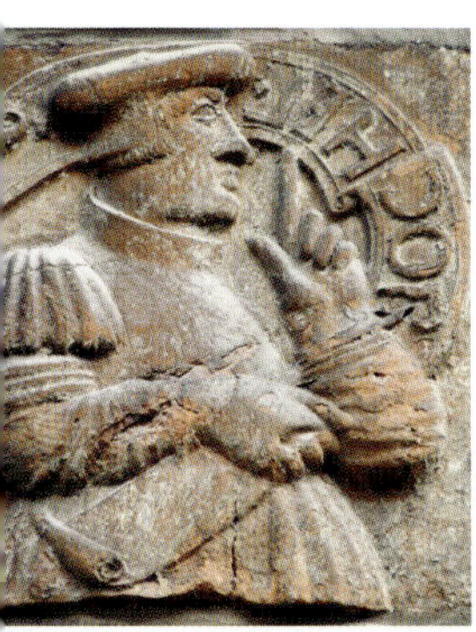

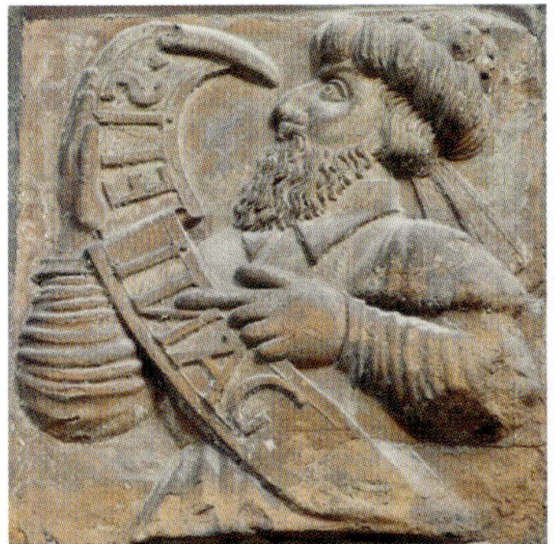

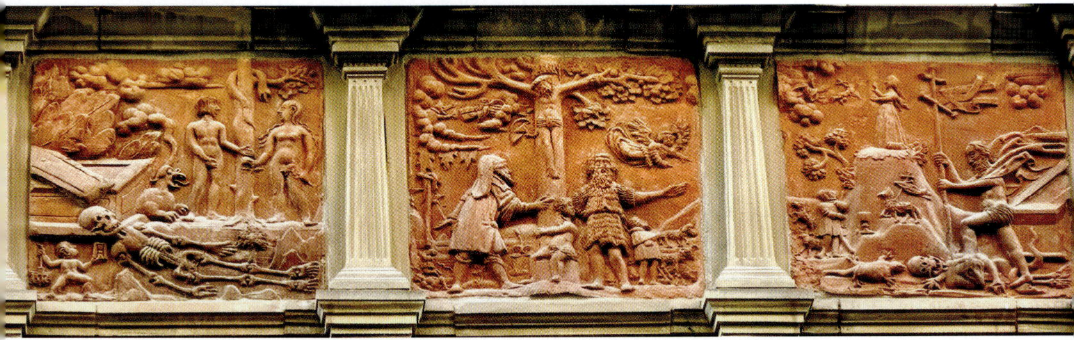

empfängt Maria ihren Sohn, den Heilsbringer, darunter klein Jesus als Opferlamm, dessen Blut vom Kelch aufgenommen wird, wie Johannes es verkündet hatte, groß schließlich der Auferstandene mit der Siegesstandarte, der die Mächte des Todes und des Teufels niedertritt. Diese Gruppe kann man viermal in Lübeck finden: Depenau 31, Fleischhauerstraße 25, Mengstraße 27, Wahmstraße 33-37, dazu nur die Tafel Sündenfall in der Hundestraße 19-23.

Ans Schabbelhaus Mengstraße 50 ist ein Fries versetzt worden, der die Flucht nach Ägypten und de Kindermord von Bethlehem darstellt, am

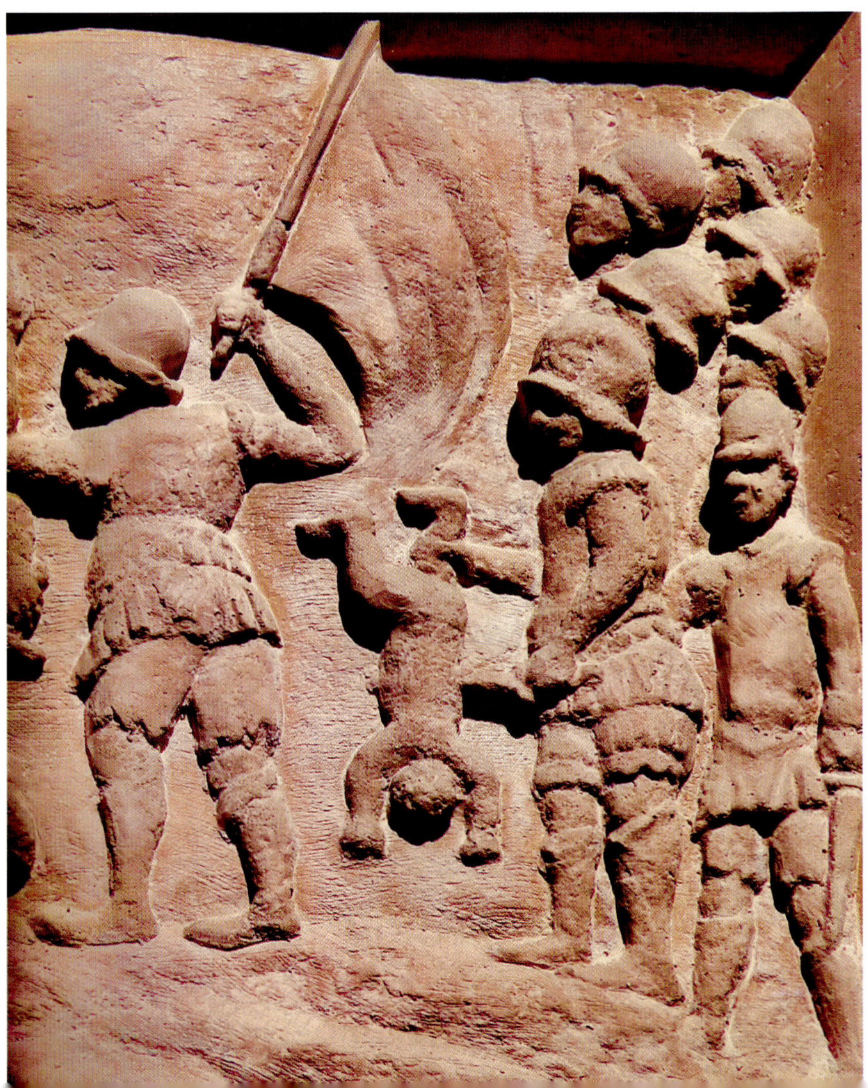

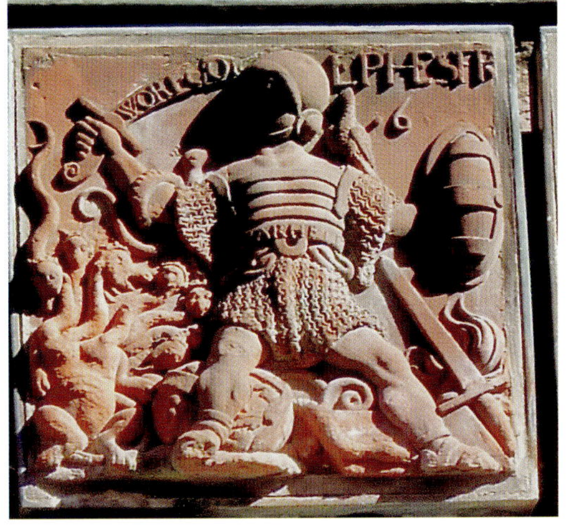

Haus Effengrube 2 findet sich zudem eine bildhafte Interpretation des Glaubens, wie er im Epheserbrief beschrieben wird. Gerahmt wird sie von zwei Tafeln, links mit dem römischen Papst, rechts mit einem bogenschießenden Löwen – Anspielungen auf den erbitterte Streit der Reformationszeit.

Ein letztes Produkt aus der Werkstatt des Statius von Düren schmückt das Zöllnerhaus neben dem Burgtor: ein Fries, der den Lübischen Adler im Wechsel mit dem mecklenburgischen Wappentier dem Greifen zeigt. Daneben halten zwei Männer ein Wappenschild.

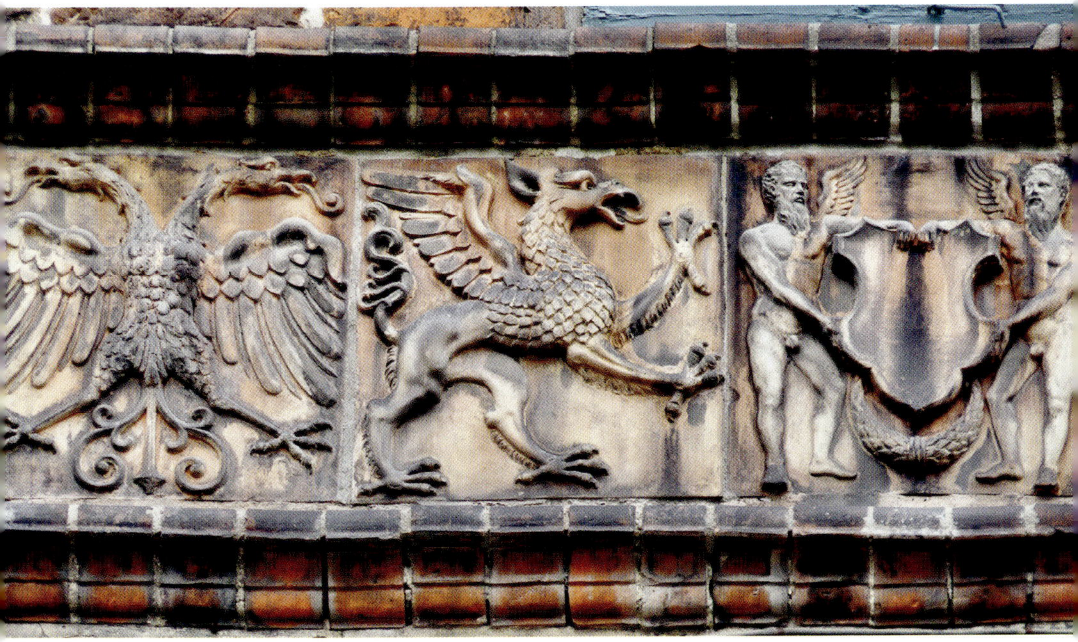

Der Renaissance zugeordnet sind noch einige weitere Dinge an den Außenwänden der Häuser. Einmal ist da ein kleines Relief am Haus Weberstraße 1, dem ehemaligen Waisenhaus, das nach der Reformation in einem Beginen-Konvent eingerichtet wurde. Zu sehen sind ein Junge und ein Mädchen in ihrer Tracht, die sich vor dem Kreuz versammeln. Auch ein Kruzifix kann man bei genauem Hinsehen entdecken. Im Tor zum Bruskowgang, einer Stiftung Wahmstraße 47-51 findet er sich in einer kreuzförmigen Mauernische.

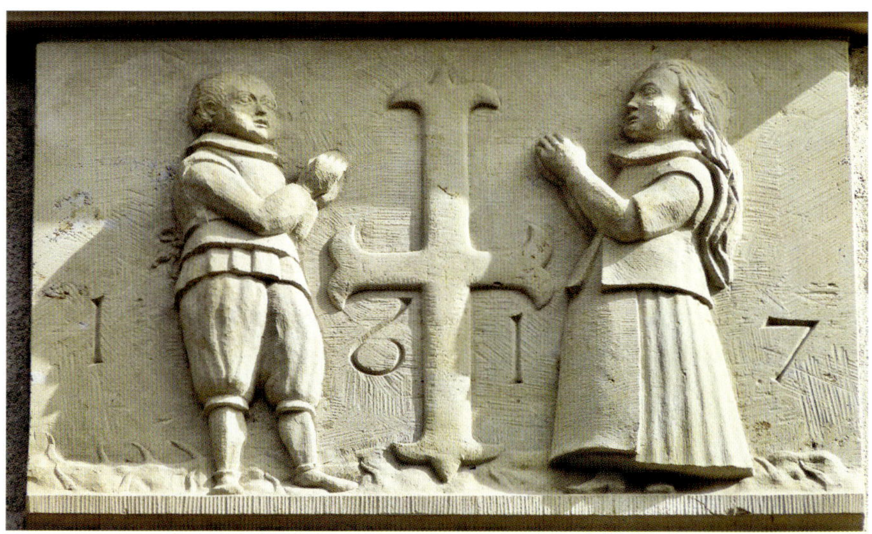

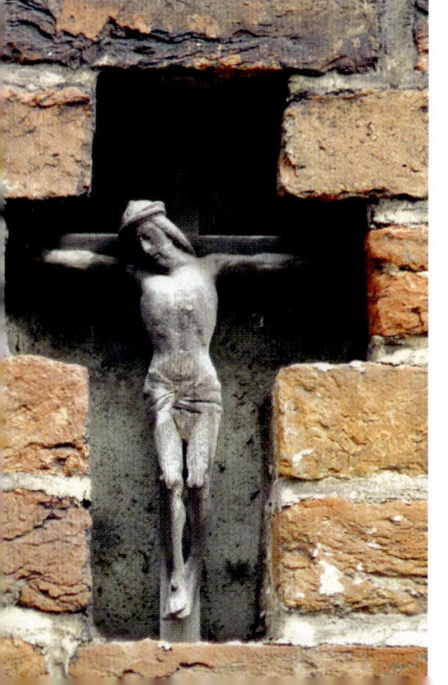

Erwähnt wurde bereits das Gebäude Musterbahn 3. Auch wenn es erst 1880 im Stil der italienischen Renaissance erbaut wurde, hat man dort doch echten Rennaissanceschmuck aus der Düren-Werkstatt angebracht. Als das Haus Braunstraße 4 abgebrochen wurde, sind nicht nur zahlreiche Medaillons hierher verbracht worden, sondern auch die schönen Hermenpilaster, die nun die Laubengänge der beide oberen Geschosse schmücken.

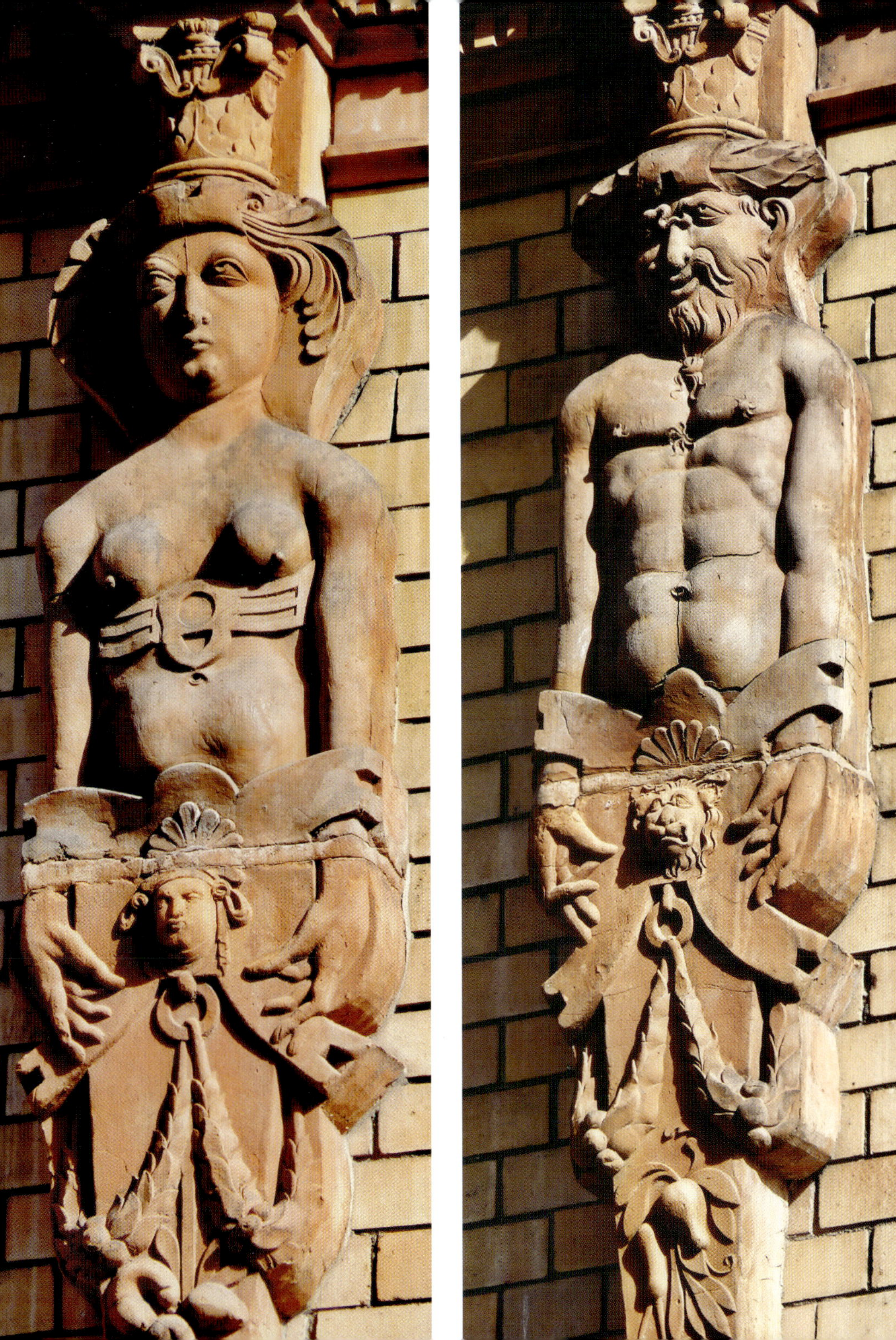

Wie bereits erwähnt, zieren auch die hübsche Wappen Lübecker Familien so mache Hauswand der Stadt. Man kann natürlich darüber streite, ob sie damit schon zur Kunst am Bau zu zählen sind, aber viele sind durchaus künstlerisch gestaltet und solle deshalb wenigstens in Auswahl hier erwähnt werden. Außerdem erzählen sie manches über die Geschichte der Stadt und über jene Menschen, die sie gestaltet haben. Fast ausnahmslos handelt es sich um Stifterwappen, angebracht an Höfen und Gängen, die reiche Bürger als Behausungen für in Not geratene Menschen gegründet und finanziert haben. Und fast ebenso ausnahmslos waren es Mitglieder des Rates, Bürgermeister, die ja auch im Bereich der Politik ehrenamtlich für das Gemeinwohl wirkten.

Da sich diese Wappen bis in die Zeit des Barock hineinziehen, ist hier am Übergang zum nächsten Kapitel der geeignete Ort, darüber zu berichten. Von Johann Füchting wird noch die Rede sein, sein Familienwappen, das über dem Eingang zum Füchtingshof in der Glockengießerstraße prangt, wollen wir schon einmal zeigen. 1648 wurde es dort angebracht. Aber schon aus 16. Jahrhundert gibt es solche Wappen, die Wahmstraße zeigt gleich mehrere: Nr. 47 befindet sich Bruskows Hof. Ein Johann Bruskow gründet hier einen Armengang,

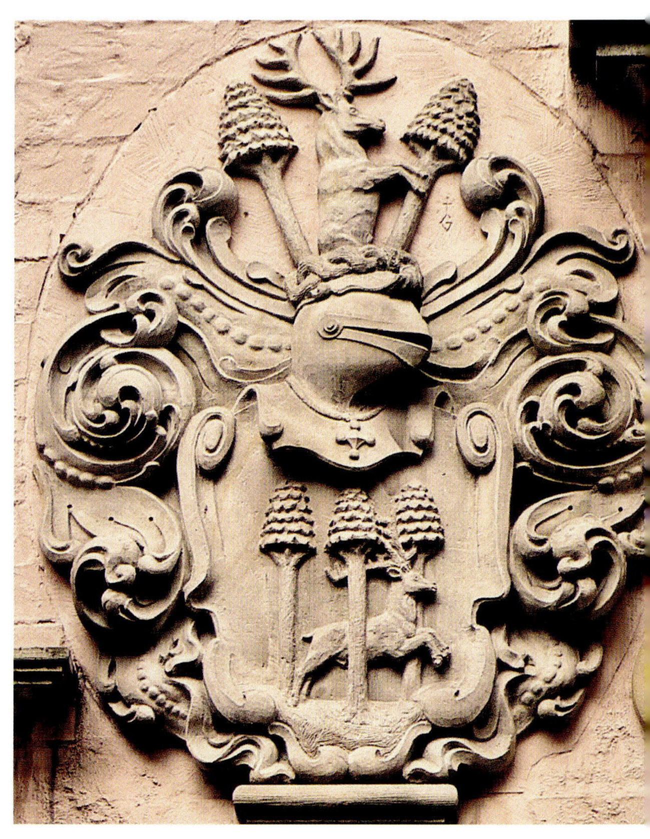

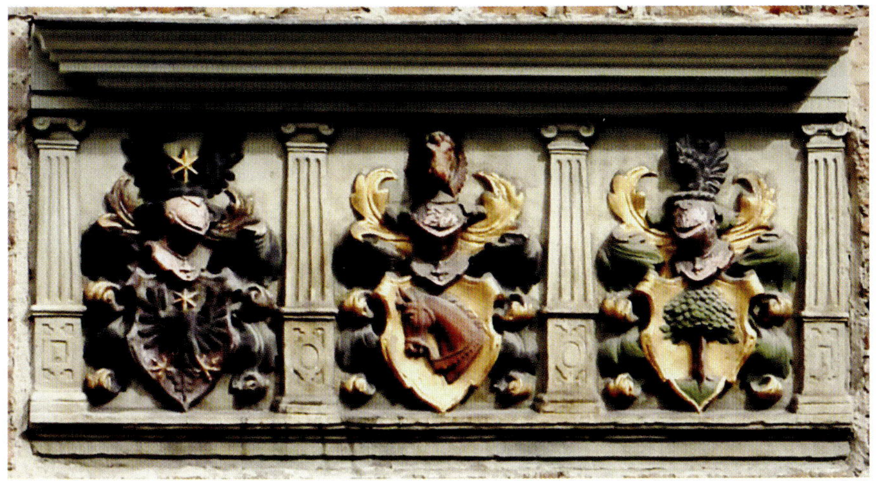

offensichtlich gemeinsam mit anderen Stiftern. So ist über dem Zugang ein Wappenfries aus Sandstein angebracht, der die Wappen von drei Familien zeigt, getrennt durch kannelierte Pilaster mit ionischen Kapitellen, die einen mächtigen Architrav tragen. Es sind von links nach rechts die Familien Lunte, Bruskow und Warmböke.

Nur wenige Grundstücke weiter unter Hausummer 73-75 finden wir den von Höveln-Gang. Der Name täuscht etwas, denn bereits 1483 hat der Ratsherr Tidemann Evinghusen den Wohngang für arme und alte Menschen gestiftet. Erst 1570 übernahm dann der Bürgermeister Gotthard von

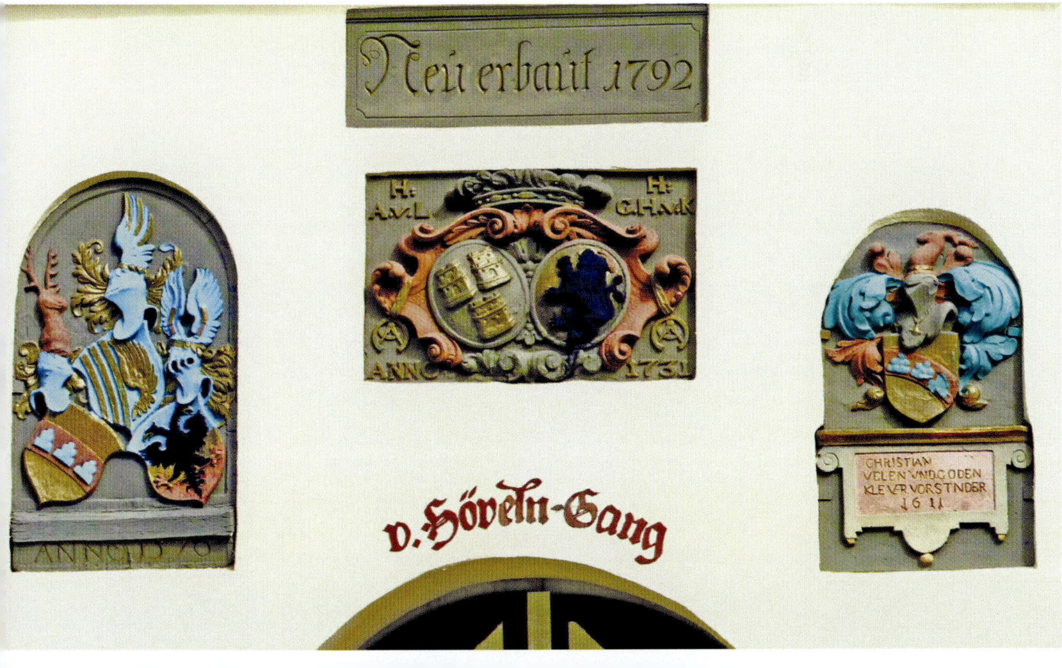

Höveln die Stiftung, die nun seine Name trägt. Auch dort gibt es drei Wappen: das älteste datiert auf 1570 und zeigt die in Holz gearbeiteten Wappen der Familien von Höveln, Everding und Brömse (links). Rechts dagegen, ebenfalls unter einem Rundbogen, das 1611 eingefügte Wappen eines späteren Verwalters. aus der Familie von Höveln. In der Mitte ein Vereinigungswappen von 1731 der Familien von Lüneburg und von Kerkring.

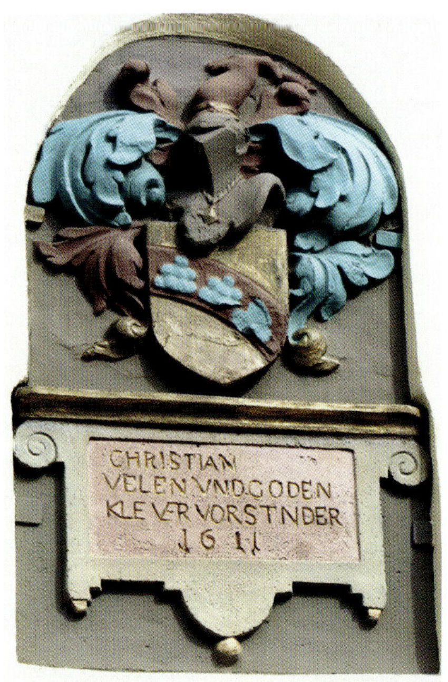

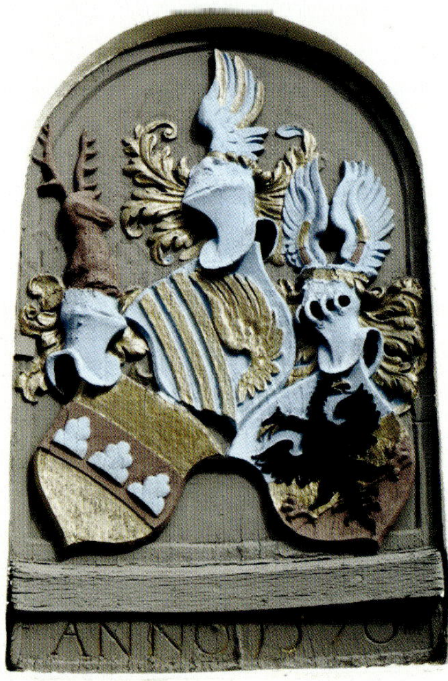

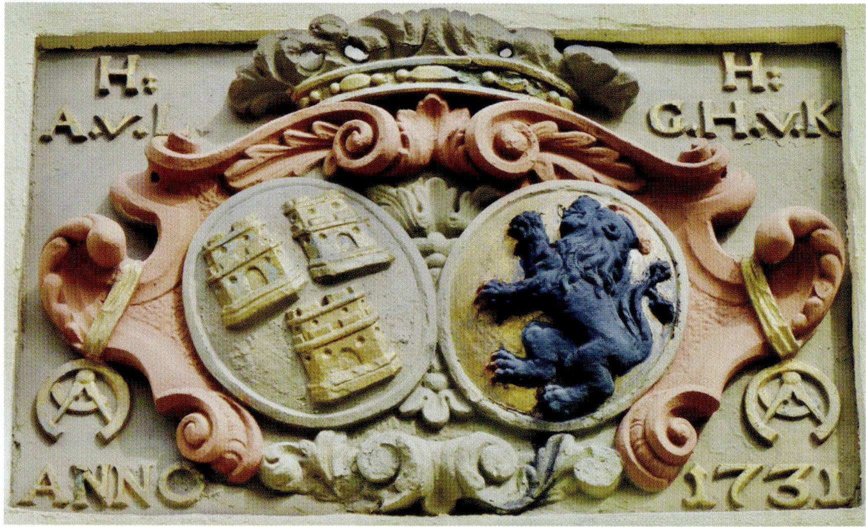

Aus dem 17. Jahrhundert seinen zwei Stifterwappen erwähnt, die jeweils einen Wohngang für Bedürftige kennzeichnen: In der Glockengießerstraße 41-43 liegt neben dem Glandorpshof, den Johann Glandorp bereits 1603 für ‚Witwen ehrbaren Standes' errichte ließ, der kleine Glandorpsgang. Er wurde nach dem Tod des Ratsherrn testamentarisch 1612 als Armengang eingerichtet. Von Knorpelwerk aus Sandstein gerahmt, erscheint dort sein Wappen. Andres das Wappenschild des Lübecker Bürgermeisters David Gloxin. Er hatte 1659 eine Stiftung in der Schildstraße errichtet, die aber später in die Große Gröpelgrube verlegt wurde. Erst 1819 wurde das Wappenschild hierher verbracht. Auch dies wieder ein Vereinigungswappen, das zwei Putten halten. Es bezeichnet jetzt also keinen Gang mehr.

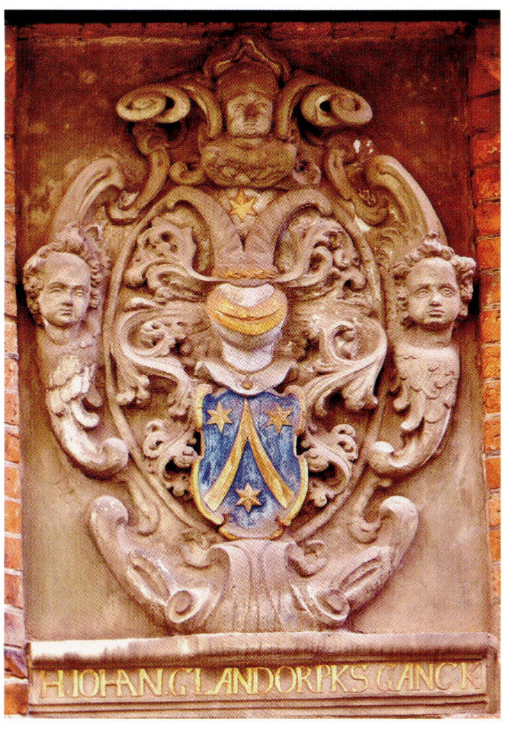

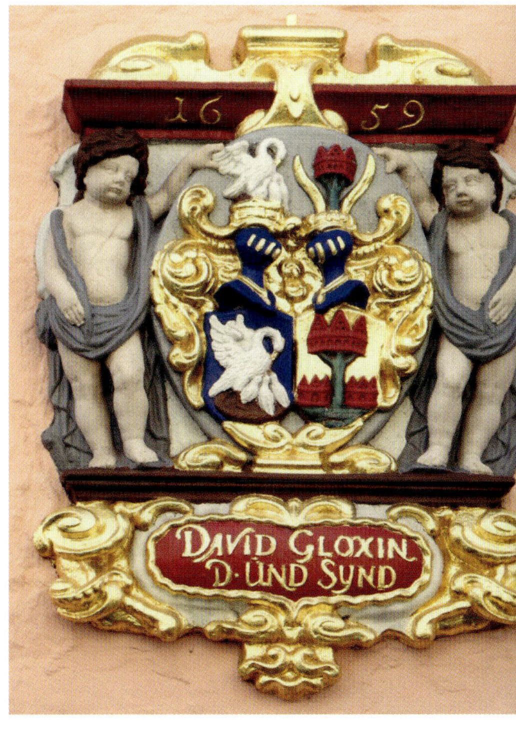

5. Von Barock bis Rokoko

Ein schönes Beispiel dafür ist Alfstraße 38. Hier wurde ein rundbogiges Renaissanceportal aus verschieden farbigem glasiertem Backstein barock gerahmt. Seitlich von Weinlaubgehängen aus Sandstein. Darüber flankieren Putten ein Vereinigungswappen (also mit einem mittig geteilten Schild, das die Familienwappen beider Eheleute vereint) in einer Kartusche, die von einer weiblichen Figur gekrönt wird. Das alles leider inzwischen schon recht verwittert. Das Rokoko hat dann noch Türen und Oberlicht hinzugefügt.

Allgemein gilt: Nun verschwinden die Backsteinfassaden unter oft farbigem Putz, die Treppen der Giebel weichen sanft geschwungenen Linien. Doch der ganze Prunk des süddeutschen Barocks hat Lübeck nie erreicht. Der Dreißigjährige Krieg hatte die Stadt arm werden lassen, zu mehr als einer neuen Fassade reichte es nicht mehr, und sie aufwändig zu schmücken, war den Lübeckern zu teuer. Außerdem hat der Zweite Weltkrieg gerade dort besonders gewütet, wo Barockes zu finden war. So fällt unsere Ausbeute auch mehr als mager aus, wenn es um Kunst am Bau aus jener Zeit geht.

Eine schöne Ausnahme macht jedoch der Füchtingshof in der Glockengießerstraße 23-27. Den Zugang in den Stiftshof durch das Vorhaus schmückt ein reiches Portal. Der Stifter Johann Füchting war ein für jene Zeit typischer Aufsteiger. Aua dem Westfälischen zugewandert, begann er als Kaufmannsgehilfe, ging als Fernhändler nach Visby und vermehrte dann seinen Reichtum weiter in Lübeck, wo er es bis zum Ratsherrn aufstieg. Als er 1637 kinderlos starb, bestimmte er die Hälfte seines Nachlasses für den Bau einer Stiftsanlage zur Versorgung mittelloser Kaufmanns- und Schifferwitwen. Wer den Hof betreten will, muß ein Portal durchschreiten, das an einen antiken Triumphbogen erinnert.

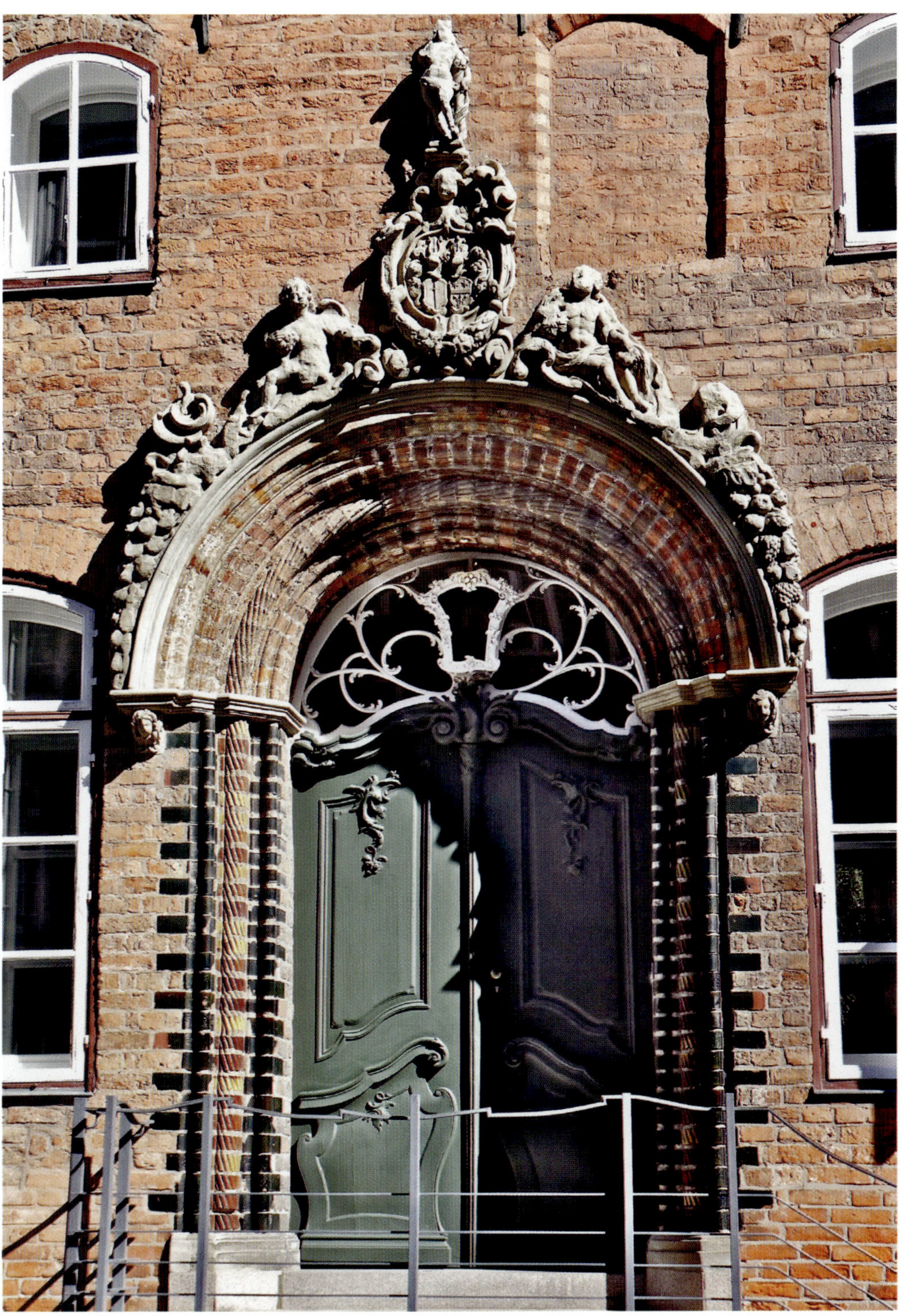

Alfstraße 47

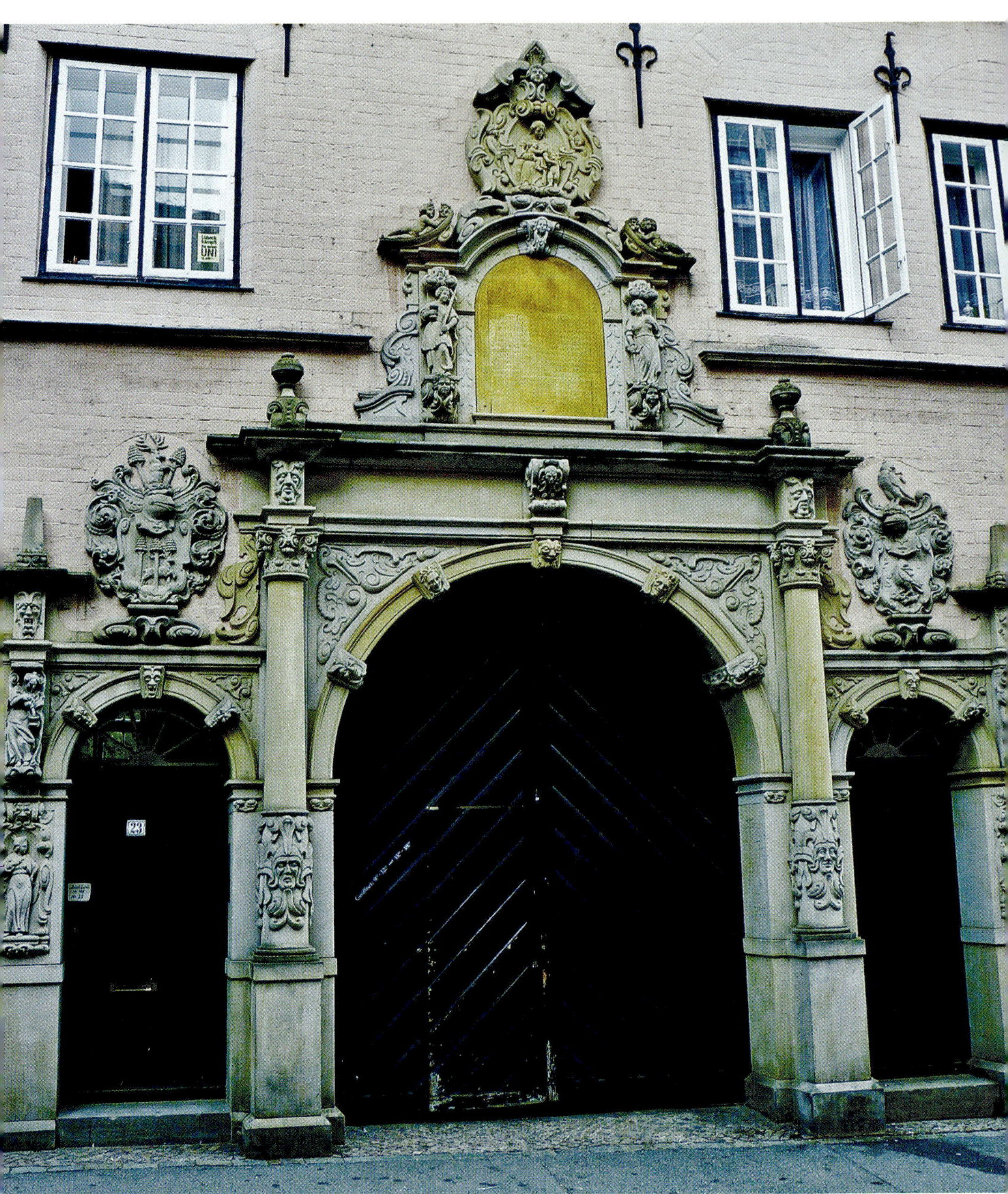

Glockengießerstraße

Drei Durchgänge öffnen sich, der mittlere und größere wird von korinthischen Säulen flankiert, die den mächtigen Architrav stützen. Über den Seiteneingängen die Wappen von Johann und seiner Ehefrau Margareta, Tochter eines Kieler Bürgermeisters. Über dem Hauptportal eine Bronzetafel, die vom Stifter berichtet, darüber eine Kartusche mit einem Relief. Das alles umfaßt von barocken Schmuckformen, zu denen auch zwei seitliche Putten und ein Schlußstein mit einem menschlichen Kopf gehören. Auch in den Torbögen finden wir eine Reihe Steine mit figürlicher

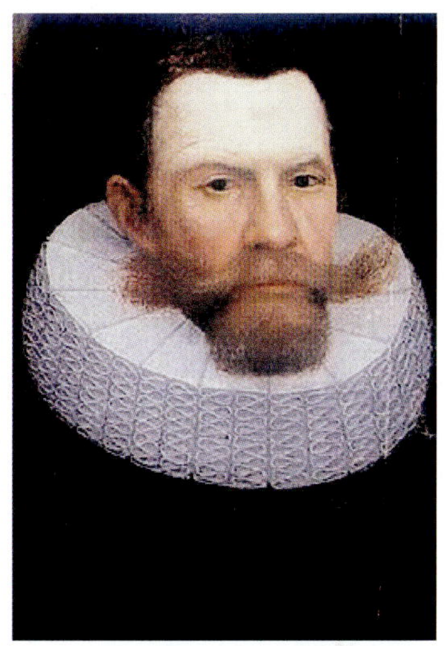

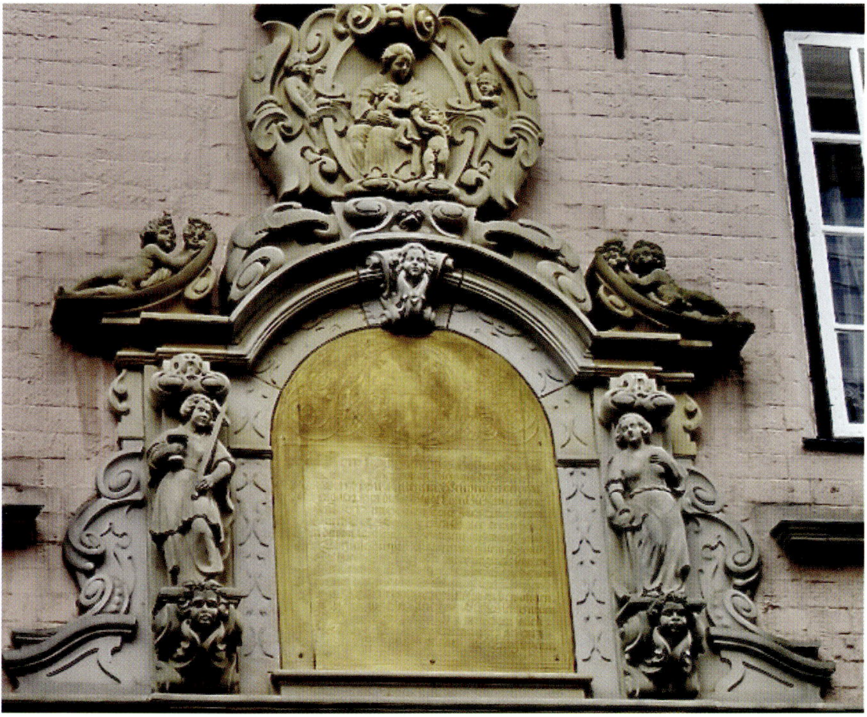

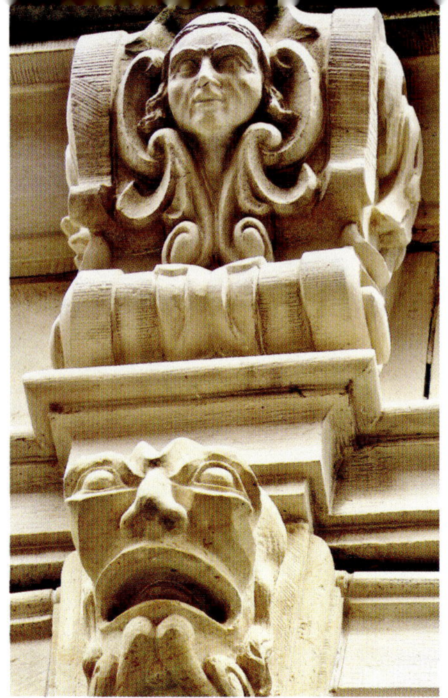

Bauplastik eingefügt. Wichtiger aber ist das Programm der allegorischen Figuren, die dem Ganzen beigegeben sind. An den Außenseiten der Nebentore sind es die vier Kardinaltugenden, die für alle Menschen gelte sollten: links oben die Mäßigung (Temperantia), darunter die Weisheit (Prudentia), rechts oben die Gerechtigkeit (Justitia) und unter ihr die Stärke (Fortitudo), alle erkennbar an den jeweiligen Gegenständen in den Händen. Im Giebelbereich des Hauptportals gesellen sich die drei christlichen Tugenden hinzu: Links der Glaube (Fides) mit dem Kreuz als Symbol, während rechts der Anker die Hoffnung (Spes) symbolisiert. Krönender Abschluß und zugleich das Motto der Stiftung ist die (Nächsten-)liebe (Caritas): eine mütterliche Frauengestalt, die zwei spielende Kinder um sich versammelt.

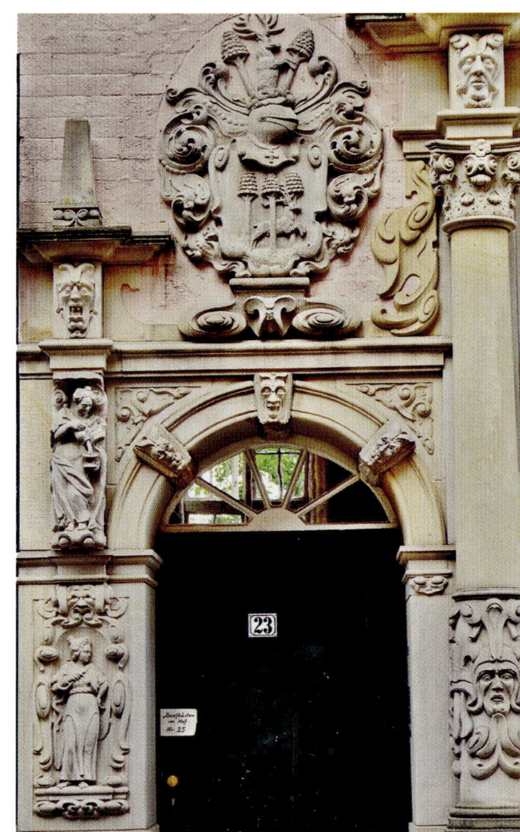

Eine kleine Figur an der Briefkapelle der Marienkirche habe wir bislang übergangen, weil sie in die Barockzeit datiert wird. Sie steht in einer Nische am westlichen Pfeiler. Es ist das sogenannte Brotmännlein, die Figur eines leicht bekleideten Knaben mit einer Umhängetasche, der die Rechte grüßend oder auch segnend erhebt. Die Bezeichnung erklärt wahrscheinlich aus der Tasche, die als Brottasche gedeutet wird. Andere interpretieren die Skulptur als kindlichen Jesus. Sicher scheint, daß der jetzige nicht der ursprüngliche Standort ist, vermutlich ist sie aus dem Innenraum hierher versetzt worden. Außerdem ist die jetzige Figur eine Nachbildung aus Stein, das Original war aus Holz und völlig verwittert.

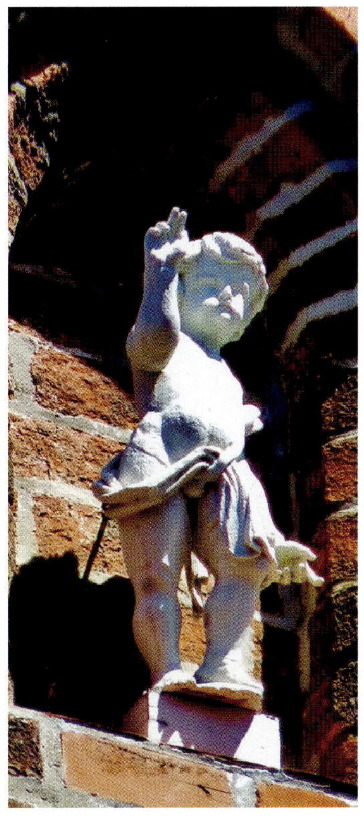

Noch unscheinbarer kommt ein kleines Sandsteinrelief daher, das am Haus Königstraße 9 angebracht ist. Es zeigt einen Reiter mit Helm, der in der ausgestreckten Rechten ein Weinglas trägt. Das eingefügte Datum bezeichnet allerdings nicht die Entstehungszeit, nämlich 1716, sondern verweist auf den Knochenhaueraufstand im Jahr 1384 und spielt auf eine Sage hierzu an: Angeblich habe einer der Verschwörer diesen Aufstand trotz heiliger Eide verraten, indem er ihn dem Glas – also keinem Menschen – offenbart hat.

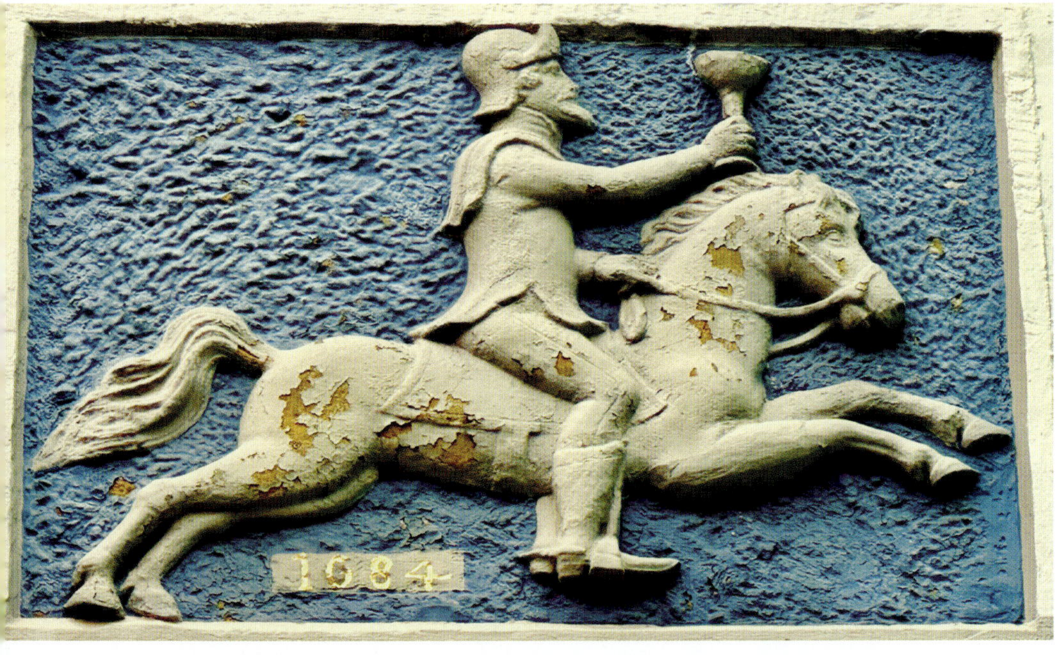

Eigentlich haben wir die Barockzeit hiermit abgeschlossen, doch die Übergänge ins leichtere und beschwingtere Rokoko sind – gerade in Lübeck – mehr als fließend. So wollen wir in diesem Kapitel auch jene Kunst am Bau behandeln, die man stilistisch dem Rokoko zuordnet, zumal es sich letztlich um ein einzelnes Objekt handelt, das allerdings wegen seiner Bewohner – der Familie Mann – und wegen des hier spielenden Romans ‚Buddenbrooks' zu Weltruhm gekommen ist. Dabei fiel das Gebäu-

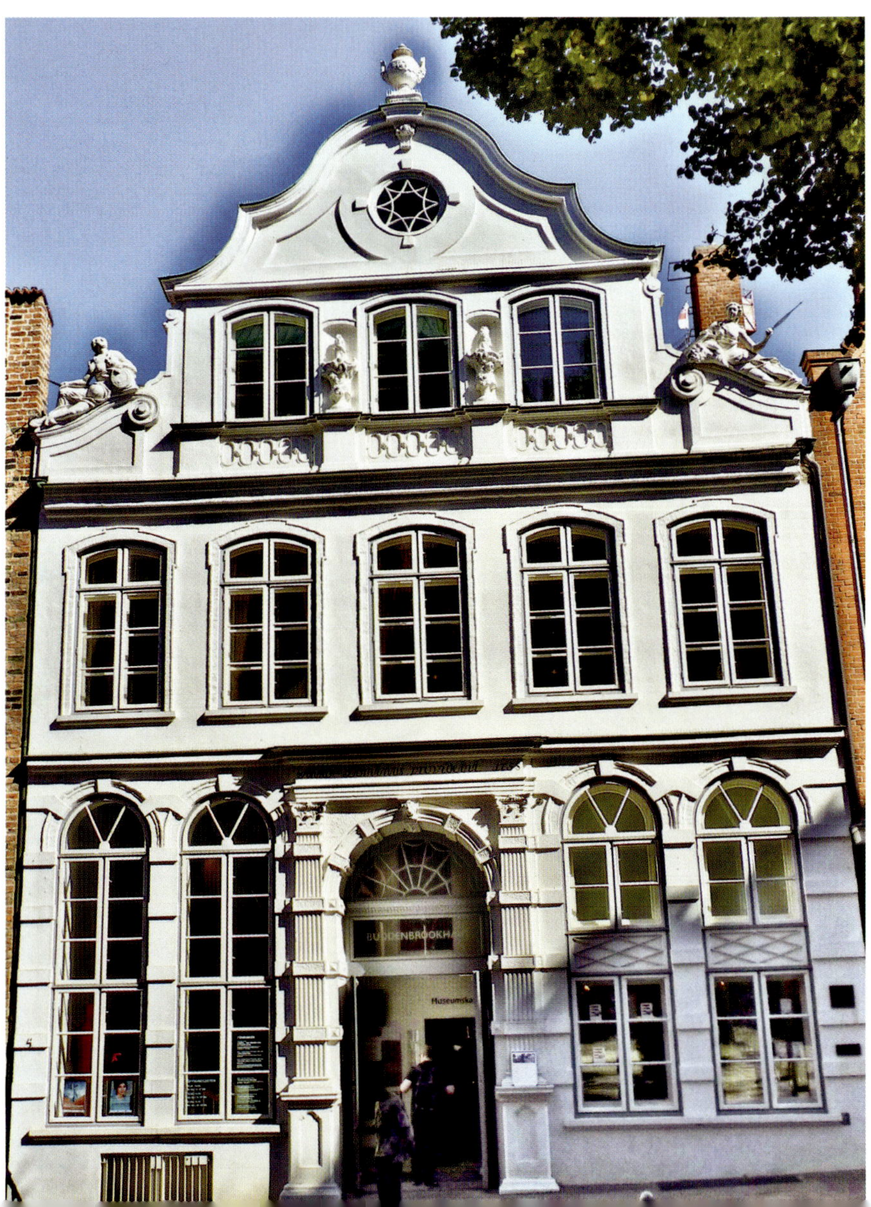

de Mengstraße 4 bis auf die Fassade dem Feuersturm von Palmarum 1942 zum Opfer. Doch eben diese Fassade und ihre künstlerische Gestaltung wären auch sonst von besonderer Bedeutung.

Uns interessiert dabei vor allem die Giebelzone. An den beiden Seiten ruhen allegorischen Frauengestalten, möglicherweise gefertigt von Dietrich Jürgen Boy, dem wir auch die Skulpturen auf der Puppenbrücke verdanken. Die linke stützt sich dabei auf eine Uhr und gemahnt damit an die verrinnende Zeit, der rechten ist ein Füllhorn zugeordnet, Symbol für Reichtum und Wohlstand. Die Fensterfront dazwischen wird durch zwei üppig mit Rokokoschmuck dekorierten Vasen aufgelockert.

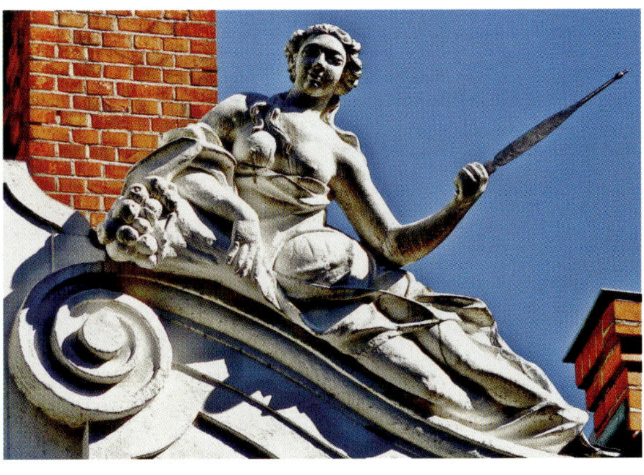

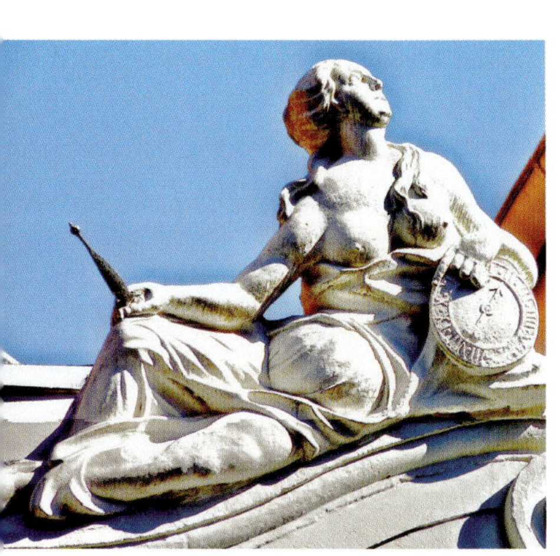

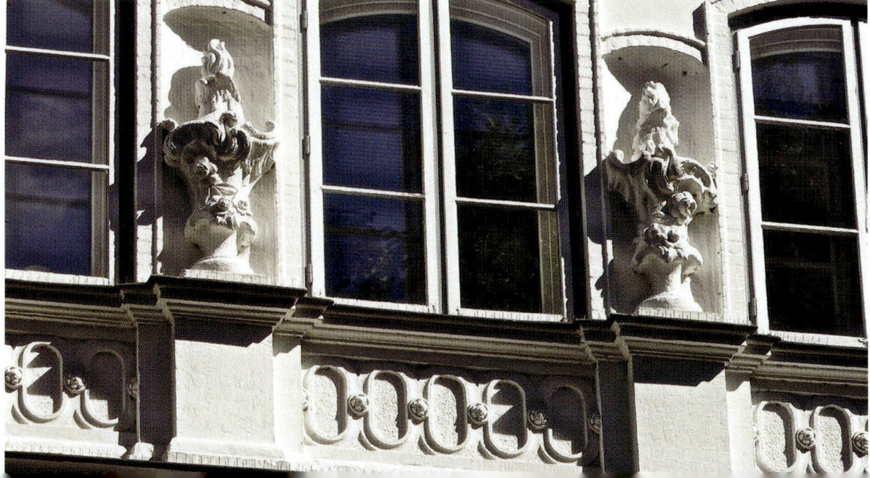

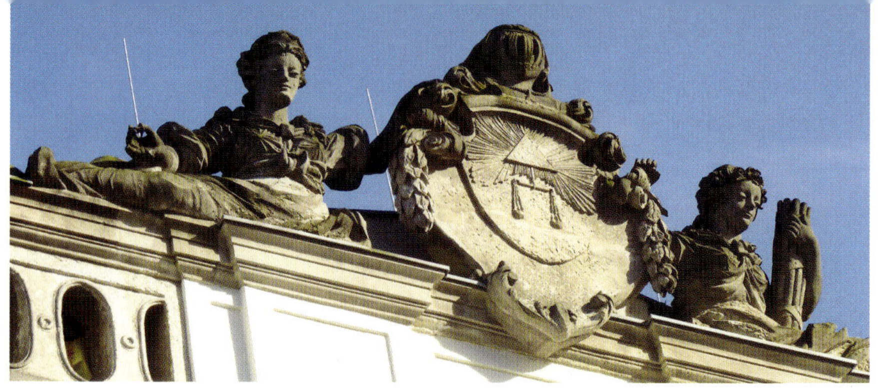

Von den Kunstgeschichtlern schon dem Zopfstil zugeordnet, also einem späten Rokoko, wird auch die Fassade Königstraße 21 von zwei Frauengestalten gekrönt. Die Balustrade über der Attika wird in der Mitte unterbrochen, um auf einem Sockel die beiden liegenden Skulpturen aufzunehmen, die – einander zugewandt – ein Wappen aus Sandstein halten. Auch sie sind als Allegorien zu verstehen: die eine symbolisiert den Frieden, die andere die Eintracht. Hier ist die Urheberschaft von Dietrich Jürgen Boy unstrittig. An den Ecken der Balustrade zwei Vasen. Einst das Versammlungshaus der elitären Lübeck Zirkelgesellschaft, beherbergt es nun die Willi-Brandt-Gedenkstätte.

Ebenfalls dem Rokoko zuzurechnen ist die Fassade Breite Straße 29: Hier hat der Bauherr die Kartusche mit seinem Wappen in den gesprengten Giebel einfügen lassen, geschmückt mit einer Rahmung aus Rocaille-Ornamenten.

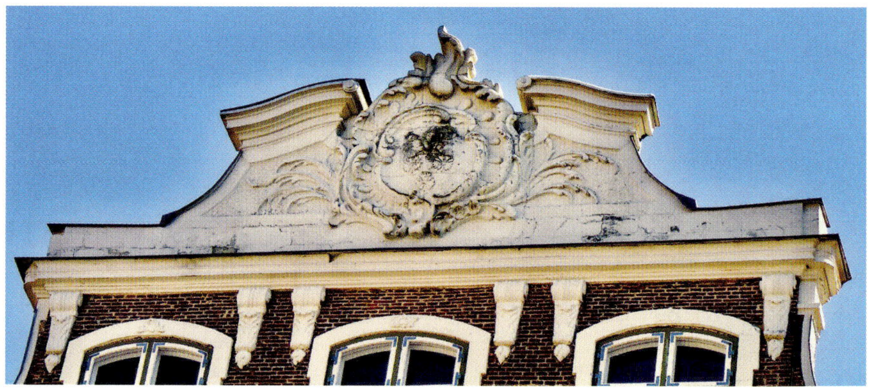

6. Die neue Sehnsucht nach der Antike: der Klassizismus

Nach all den verspielten Schnörkeleien drängen nun ein aufgeklärter Humanismus und eine neu entflammte Antikenbegeisterung zurück zu klaren Linien und strengen Formen, zur ausgewogenen Ästhetik griechischer Tempel und zur klassischen Schönheit römischer Statuen. Der Klassizismus löst das heitere Rokoko ab. Hochgezogene Fassaden mit Attika und Balustrade verstecken die alten Giebel. „Edle Einfalt, stille Größe", so gibt der Prophet des Klassizismus, Johann Joachim Winckelmann, die neue Richtung vor, und er schreibt dazu: „Der einzige Weg für uns... unnachahmlich zu werden, ist die Nachahmung der Alten." Und er findet auch in Lübeck Gehör.

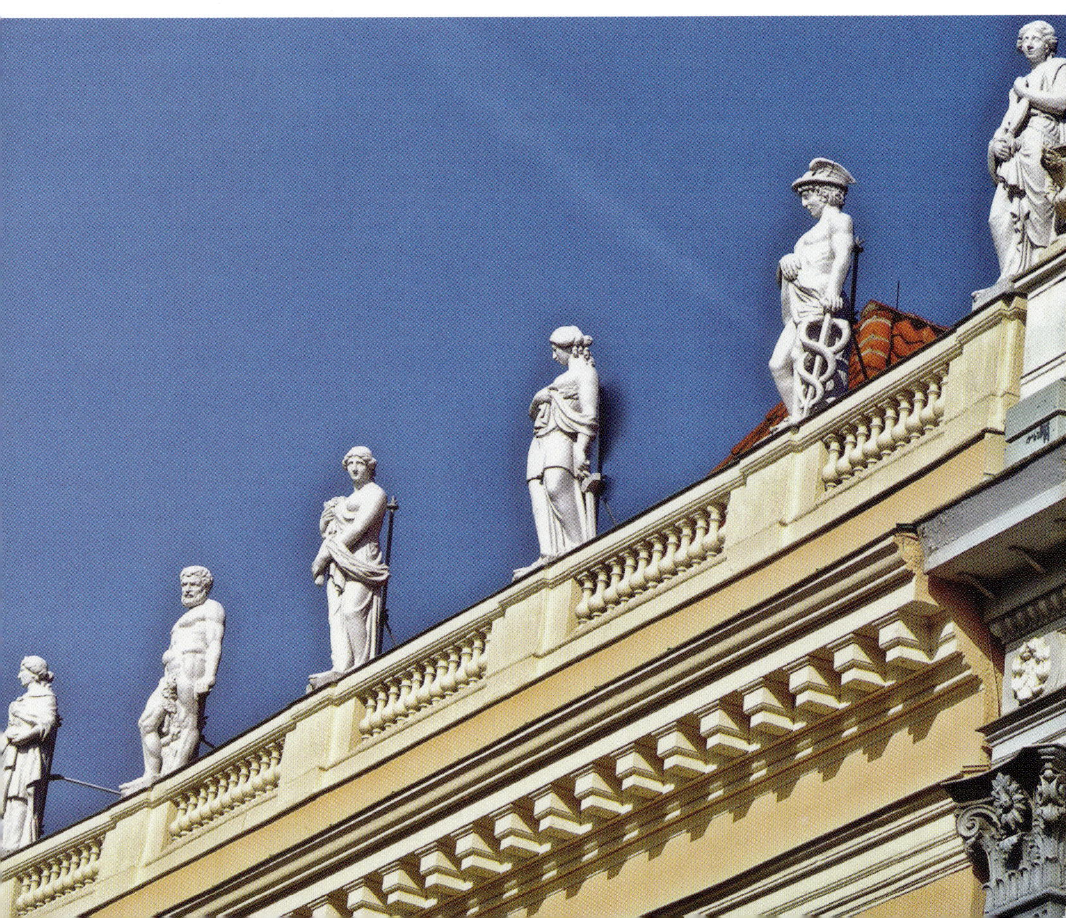

Am deutlichsten abzulesen am Behnhaus in der Königstraße 11 mit seines sechs Statuen oben auf der Balustrade, als das Gebäude ab 1779 eine neue Fassade erhielt. Dort thronen sie, die antiken Götter, die zugleich allegorisch zu deuten sind (auch wenn sie 1994 durch Kopie in Kalksandstein ersetzt werden mußten). Betrachten wir sie von links nach rechts:

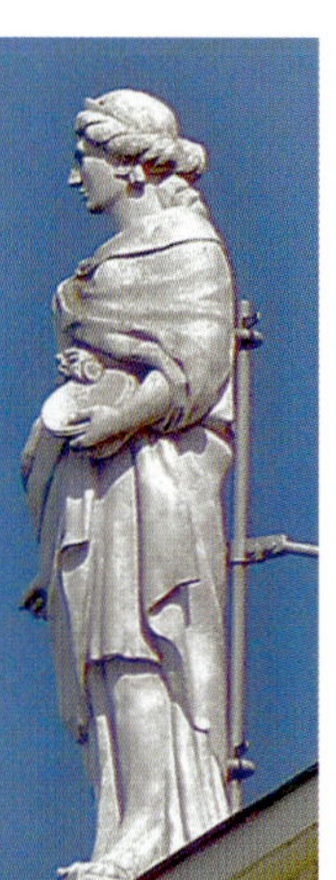
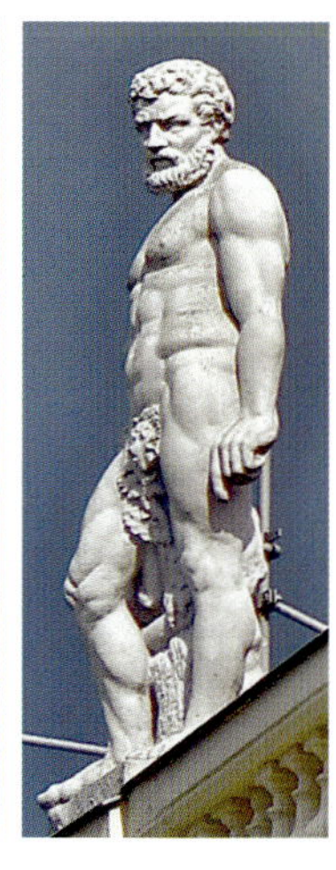
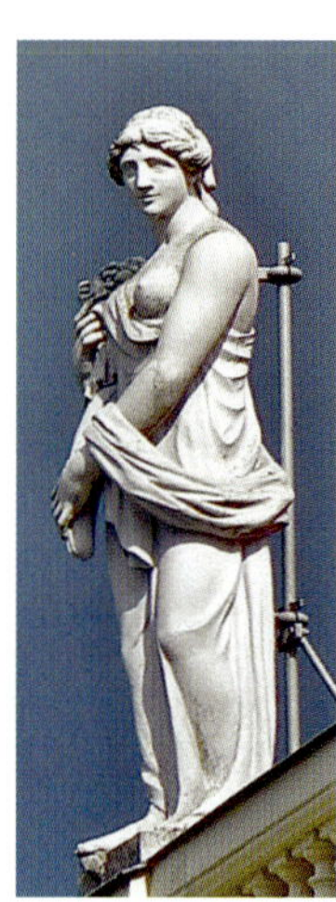
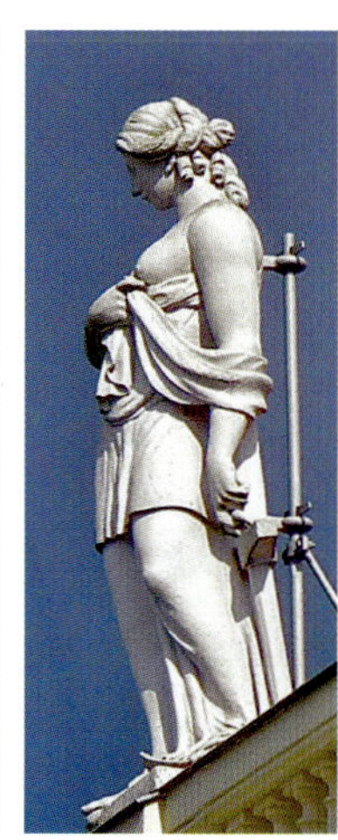
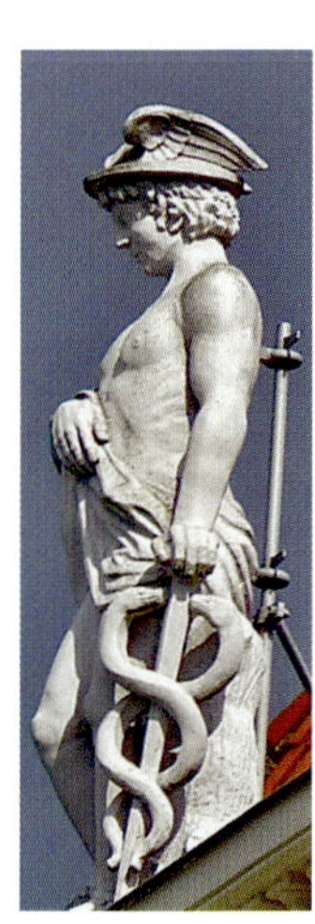
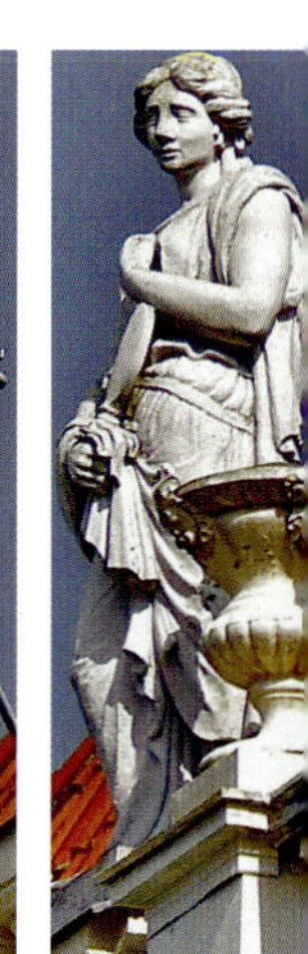

Eine Frauengestalt mit einer leeren Schale in der Hand wird als Allegorie der Bescheidenheit gedeutet. Ihr folgt der Halbgott und Sagenheld Herkules, ein nacktes Muskelpaket, das Kraft und Stärke symbolisiert. Die Dame daneben weist sich durch ihr Füllhorn als Göttin Fortuna aus. Ihre Nachbarin hält einen Anker in der Linken, also eigentlich eine christliche Symbolik für die GlauMerkur. Sein geflügelter Hund und der geflügelte Schlangenstab, auf den er sich stützt, machen ihn unverkennbar als Götterbote und zugleich Schutzherr des Handels. Nur über die letzte Skulptur wird gerätselt. Den Spiegel in der Hand erhielt sie erst 1952, früher soll sie eine Katze auf dem linken Arm getragen haben.

Das Haus nebenan wurde nahezu ein Jahrhundert später errichtet (1866), dennoch ist es ein spätes Zeugnis klassizistischer Architektur. Über dem – veränderten – Sockelgeschoß durchlaufen kolossale kannelierte Pilaster die beiden Obergeschosse und trennen die jeweils vier Fenster voneinander. Unter ihre Brüstungen sind Felder mit Flachreliefs eingefügt. Drei davon sind hier dokumentiert: Jede einzelne Szene ist zwischen zwei große von Ranken umgebene Kandelaber mit offener Flamme gesetzt. In der ersten hält eine Frau in antikem Gewand einen Blumenstrauß, der Knabe vor ihr eine Ähre. Die zweite Szene ist der Musik gewidmet: Hier hält ein geflügelter Putto einer Spielerin eine Tischorgel hin. In der letzten hat die Frauengestalt eine Lyra in der Hand, allgemein als Symbol der Dichtkunst genutzt. Wenn ihr ein

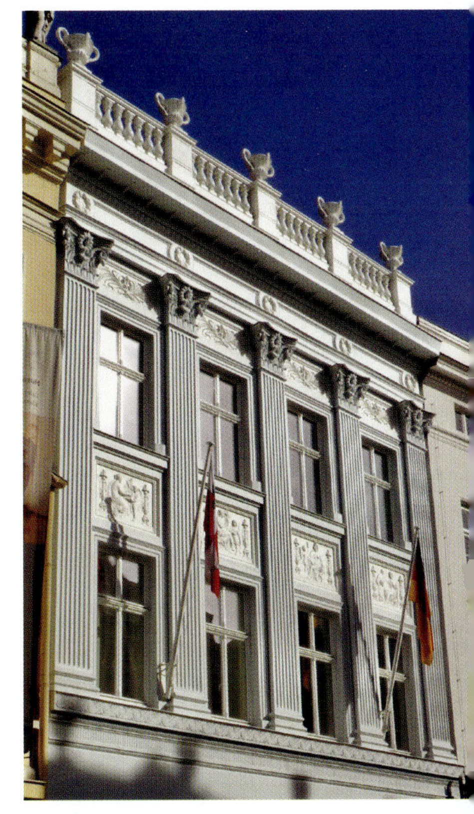

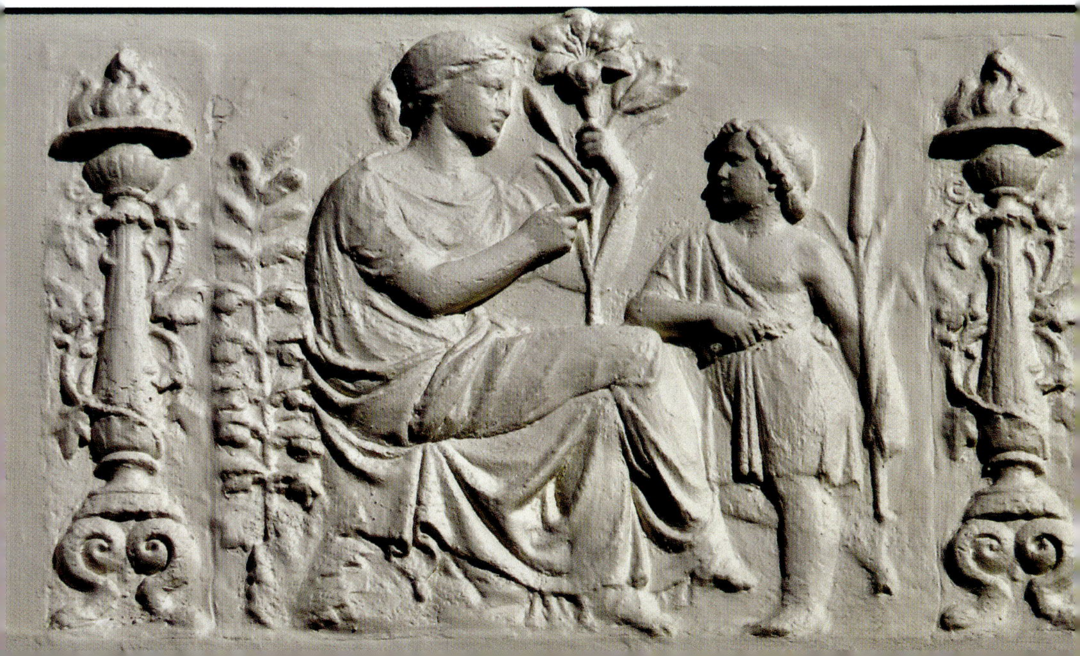

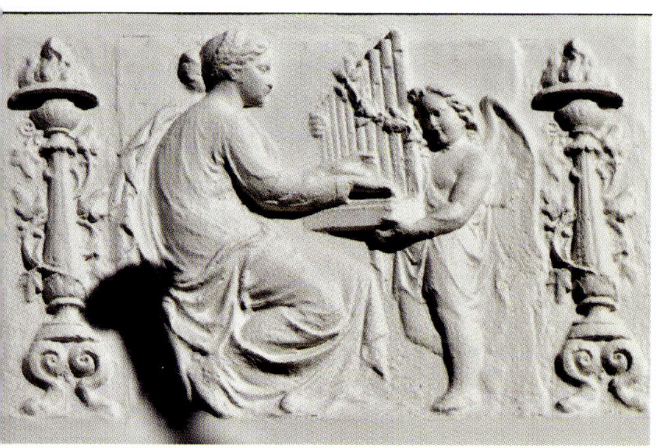
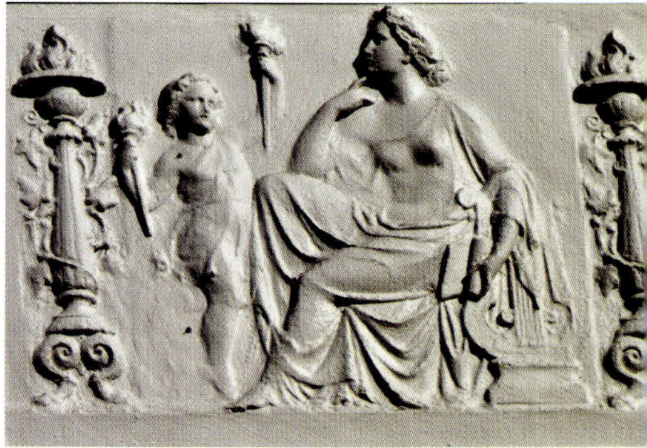

Knabe zwei brennende Fackeln darreicht, so dürfte das ihr Genius sein, der sie inspirieren möchte. Die Pilaster schließen mit korinthischen Kapitellen, zwischen denen Reliefs mit Palmwedeln eingefügt sind. Über der Attika eine Balustrade mit Vasen.

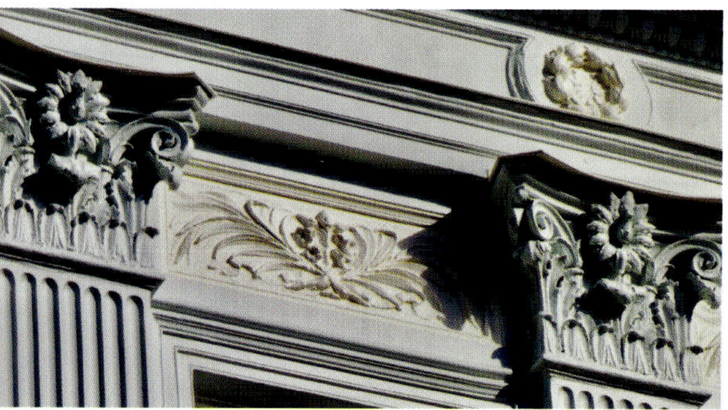
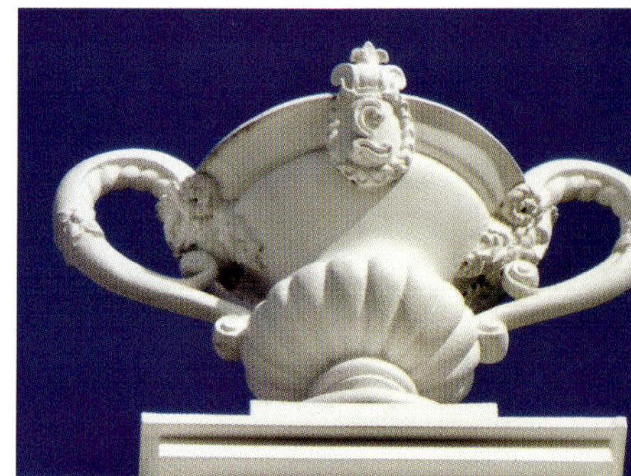

Fast zeitgleich (1872) wurde auf einem Grundstück am Pferdemarkt, das einst zur Kurie eines Domherrn gehörte, ein Neubau errichtet, der bereits dem Historismus zugeordnet werden kann. (Nr. 14) Dennoch behandeln wir ihn noch hier, weil er unter dem barock-geschweiften Volutengiebel ein Stück Klassizismus herzeigt, vor allem aber, weil es dort ein Relief gibt, das die eben besprochene Thematik noch einmal aufnimmt: In einer rechteckigen Nische im Bereich des Giebels befindet sich ein Tondo, also ein kreisrundes Bildwerk mit einem Relief. Zentrale Figur, die mit dem

Kopf über den Bildrand hinausreicht, ist eine Frauengestalt, ebenfalls antik gewandet. In einer Hand hält sie eine Mappe, was auf eine literarische Tätigkeit verweist. Zu beiden Seiten sehen wir Putten. Der rechte trägt eine Lyra und eine Trommel, also Anspielungen auf Dichtkunst und Musik. Der linke Putto trägt eine Kandelaber über der Schulter und versucht, die Frau fortzuziehen – ein Zeichen für Inspiration. Das Ganze ist also eine Allegorie für die Poesie, die sich auf den Flügel eines Schwanes gleichsam hinaufschwingt. Und damit werden wir hinübergeleitet vom Klassizismus in den das 19. Jahrhundert entscheidend bestimmenden Baustil, dem wir den Namen Historismus gegeben haben.

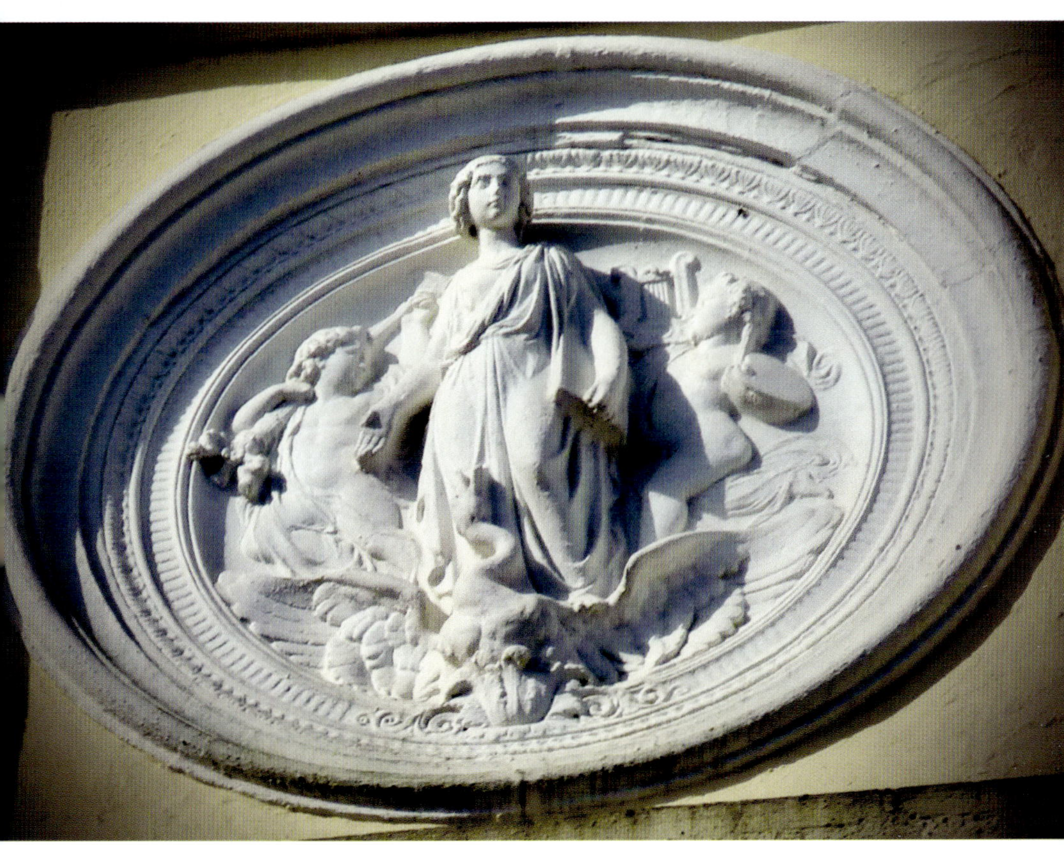

7. Auf in die Vergangenheit – der Historismus

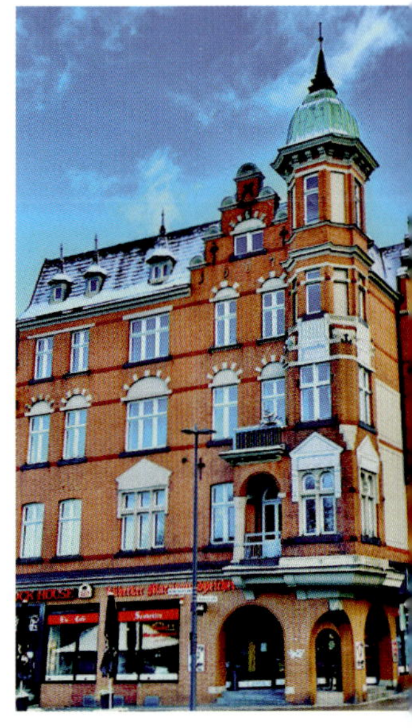

Schon Winckelmann hat es ja ausgesprochen, die Kunst, auch die Baukunst, sieht ihre Zukunft in den Vorgaben der Vergangenheit. Auch der Klassizismus ist streng genommen Historismus, allerdings hat er doch eine ganz eigene und eigenständige Form entwickelt. Doch seit Mitte des 119. Jahrhunderts werde nun sämtliche vergangenen Stilformen reaktiviert und imitiert. Ob Romanik oder Gotik, Renaissance oder barock, sie alle kehren mit der neuen Vorsilbe ‚Neo' zurück. Anfangs noch meist auf einen dieser Stile fokussiert, kommt es immer mehr zu einer manchmal wilden Mischung unterschiedlichster Stilelemente an einer einzigen Fassade. Lange Zeit als Historismus verächtlich gemacht, kommen wie doch nicht darum herum, die Fantasie der Bauherren (und auch die handwerkliche Kunst der Bauleute) zu bewundern.

Noch eine zweite Vorbemerkung sei hier angefügt: Bislang beschränkte sich unsere Spurensuche auf die historische Altstadtinsel, denn vor ihren Mauern und Wällen gab es außer den umliegenden Gütern nur Gärtnerhäuser und Mühlen, vereinzelt auch Wirtshäuser mit Ausspann an den Ausfallstraßen und zunehmend auch Sommerhäuser der städtischen Eliten. Im Verlauf der Industrialisierung aber wuchsen dort ausgedehnte Vorstädte heran, Wohnbezirke vor allem für die Fabrikarbeiter, dann auch für das Kleinbürgertum. Und alle Häuser, ob Mietskasernen oder Stadthäuser, boten damit die Möglichkeit, sie mit Ornamenten oder Skulpturen zu schmücken. Wir müssen also unsere Entdeckungsgänge irgendwann auch dorthin ausdehnen. Doch zunächst schauen wir noch einmal auf die Innenstadt, denn immer häufiger weichen dort mittelalterliche Häuser neuen, damals modernen Gebäuden. Und viele schmücken sich auch mit künstlerischen Details – eben mit Kunst am Bau.

Wir beginnen unsere Suche mit jenen Gebäuden, die noch bewußt einen einzigen Baustil zur Nachahmung erhalten haben. Das war am häufigsten die Gotik. Auf dem Gelände des ehemaligen Dominikanerklosters an der Große Burgstraße wurde 1884-1886 der langgestreckte Bau des damaligen Gerichts errichtet, mit allen Details, die ma damals als neogotisch ansah. Das übliche Dekor übergehen wir jetzt, doch im Giebel des Mittelrisalits hat man die Figur der Justitia, der Göttin der Gerechtigkeit, in eine Nische gesetzt. Sie trägt nicht nur die üblichen Kennzeichen – das Richtschwert in der Rechten, die Waage in der Linken, sondern auch die typische Drehung des Körpers und der Faltenwurf des Gewandes sind den vielen weiblichen Heiligenfiguren in den Gewänden gotischer Kathedralen nachempfunden.

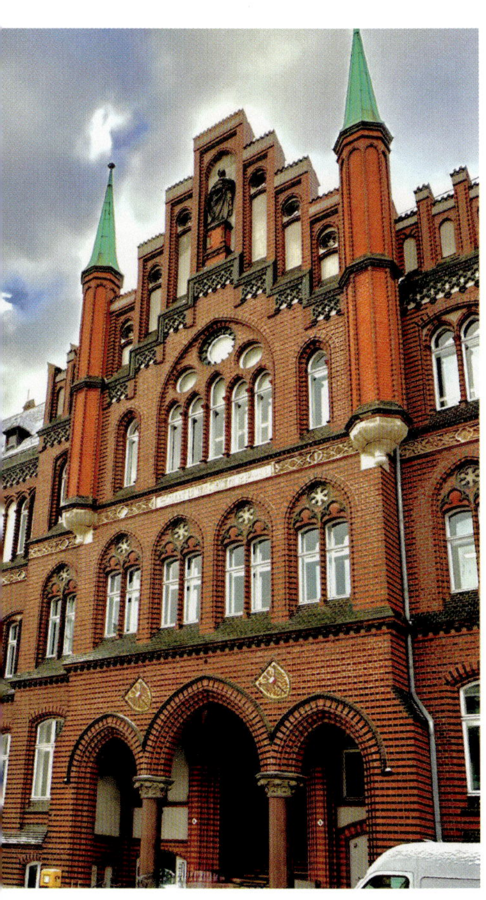

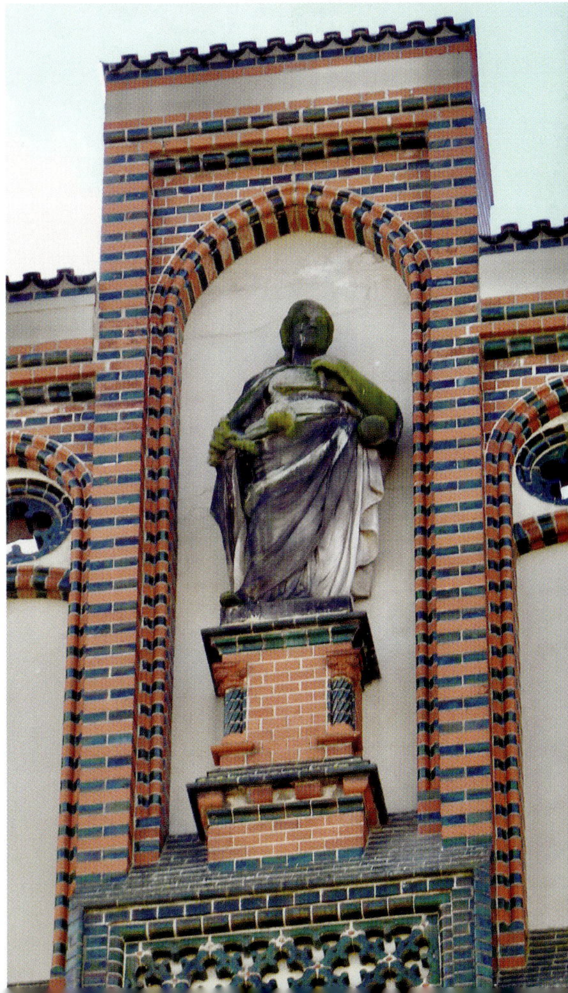

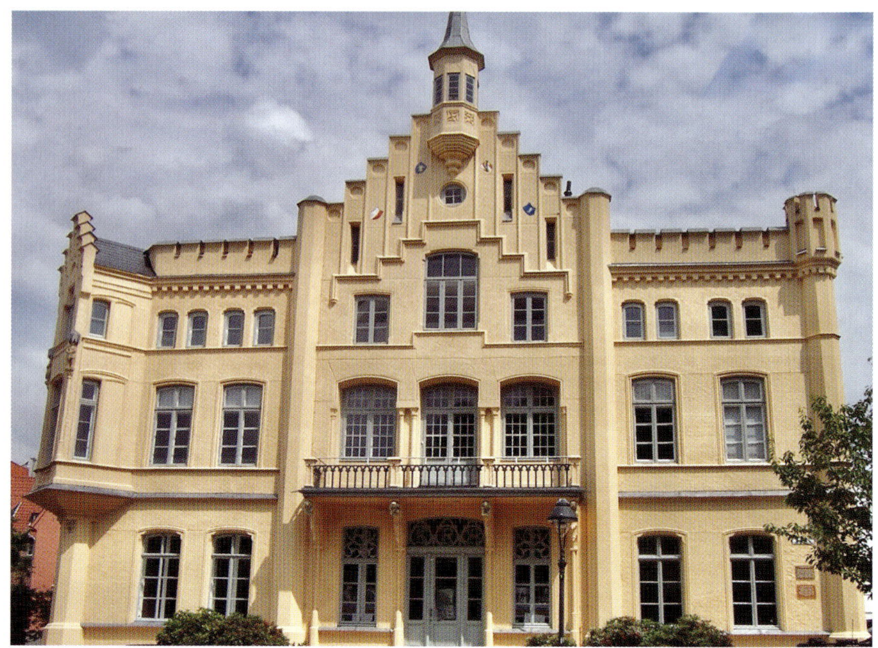

Die englische Tudorgotik hat dagegen Pate gestanden für das sogenannte ‚Schloß Rantzau' in der Parade, eine Umgestaltung einer Domherrenkurie aus dem frühen 14. Jahrhundert, die im rückwärtigen Teil des Gebäu-

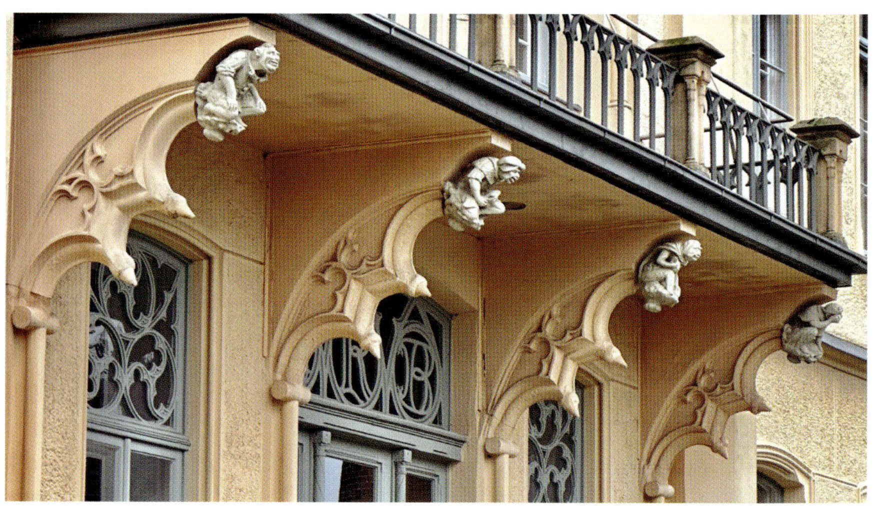

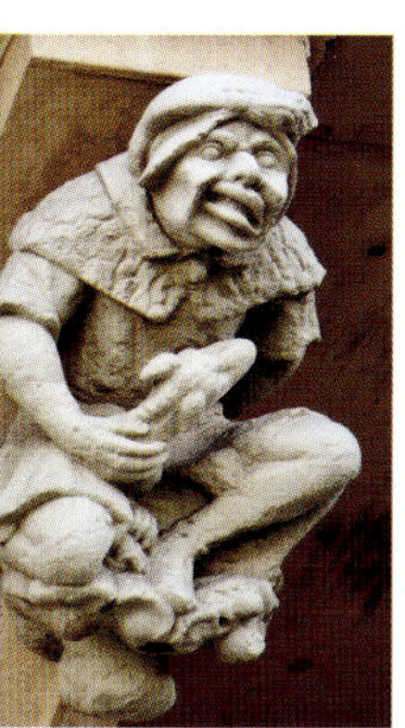
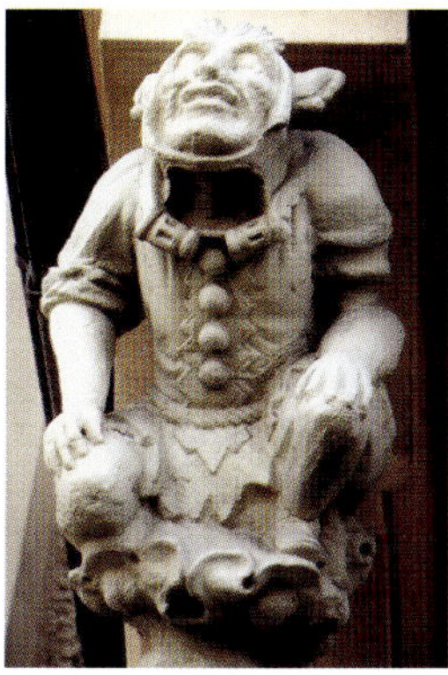
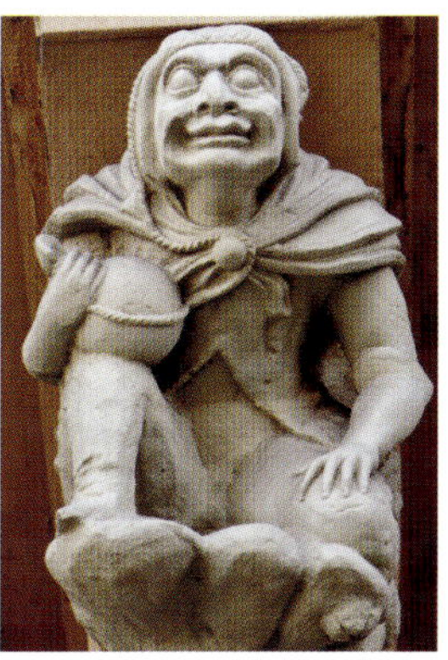
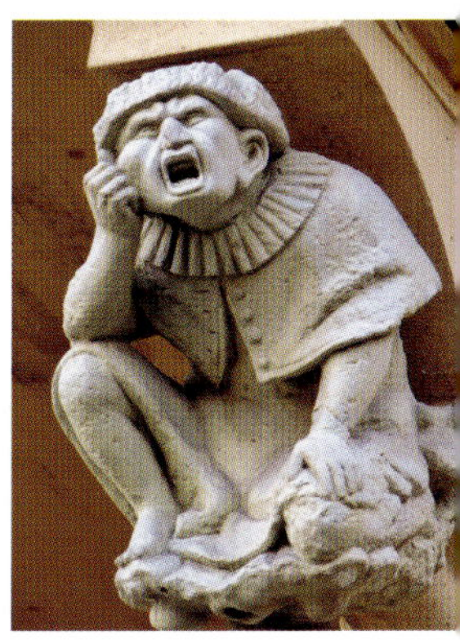

des noch sichtbar ist. Dort finden sich mehrere Skulpturen: Auf den vier Konsolen, die den Balkon am Mittelrisalit tragen, hocke skurrile Männer, Narrenfiguren aus Sandstein, die den Hölzernen vom Marstall ähneln. Der über Eck gestellte Erker an der Nordseite hat ebenfalls im Bereich der Konsolen zwei kleine Figuren, an beiden Ecken dagegen zwei Männerskulpturen aus Sandstein, die unter einem Baldachin stehen. Die eine stellt eine Schmied dar, die andere einen ritterlichen Knappen.

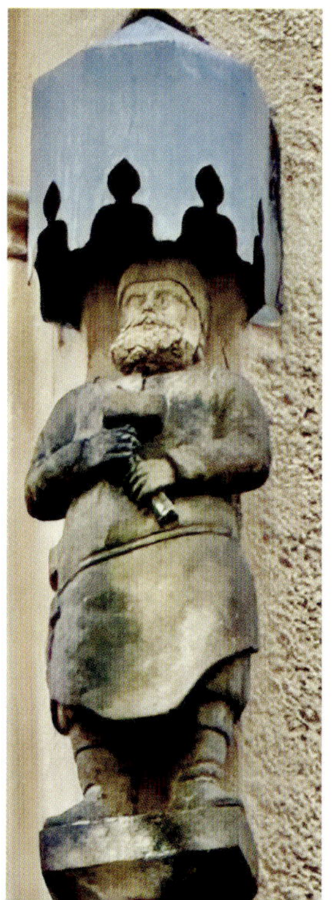
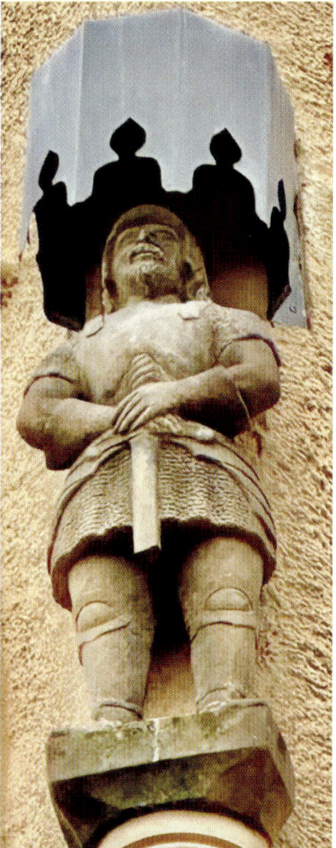
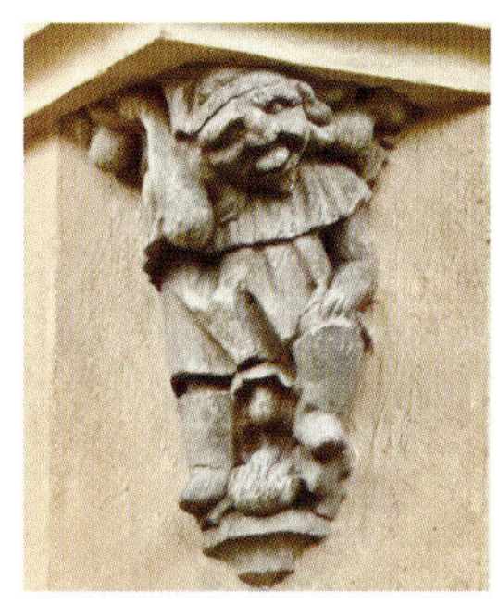
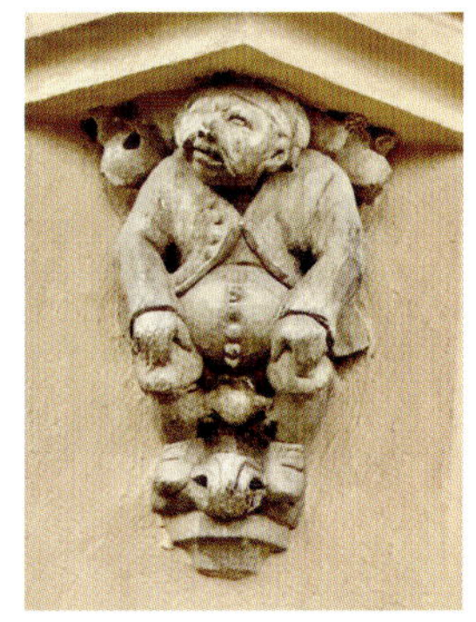

Der Neorenaissance ist zum Beispiel der Bau Königstraße 1-3 verpflichtet, genauer, der deutschen Weserrenaissance. Auch hier können wir eine weibliche Skulptur in einer Giebelnische unter einem zierlichen Baldachin entdecken. Allerdings in barocker Erscheinung, den sie wurde von einem Vorgängerbau übernommen. In ihrer Rechten trägt sie einen Palmwedel, das mag auf eine Symbolik als Friedensgöttin hinweisen.

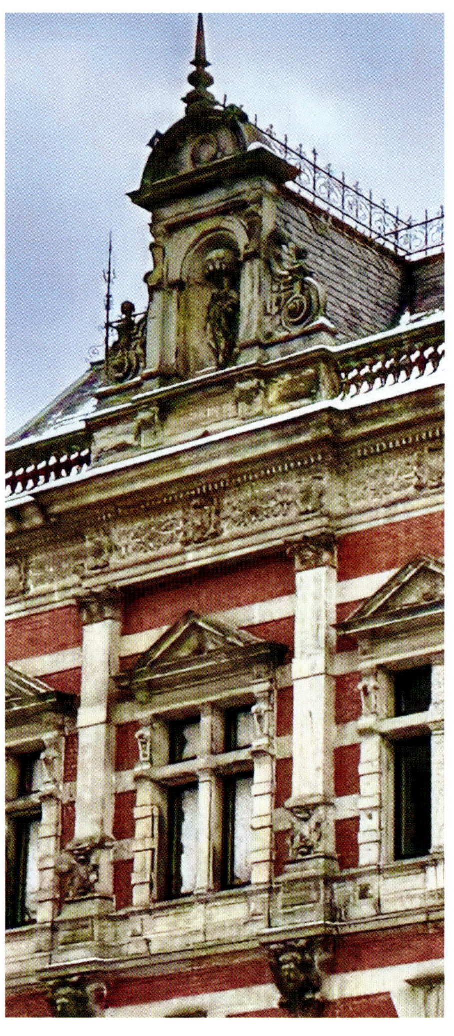

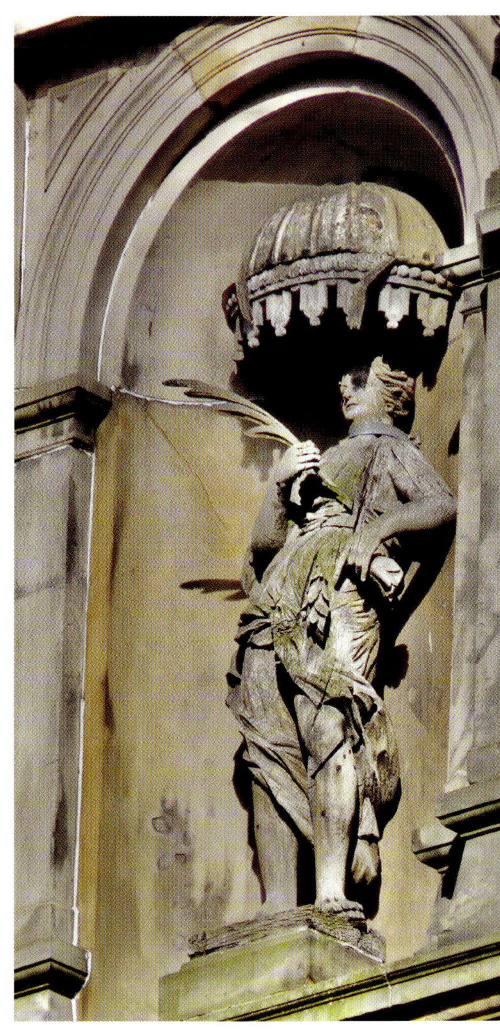

Solche frei an einem Gebäude stehenden Skulpturen finden sich verhältnismäßig selten. Deswegen blicken wir hinaus in die Vorstadt vor dem Holstentor. Dort ist 1900 die neue St. Lorenz-Kirche im Stil der Neogotik entstanden (Steinrader Weg 10). An der äußeren Ecke ihres Turms steht unter einem Baldachin eine lebensgroße Christusstatue. Hans Schwegerle hat sie 1908 aus Sandstein geschaffen. Die rechte Hand Christi streckt sich segnend über die unten Vorbeigehenen aus, die Linke legt er beteuernd aus Herz – und erinnert damit an die Christusdarstellung des Bertel Thorvaldsen, aber auch an die Malerei der Nazarener.

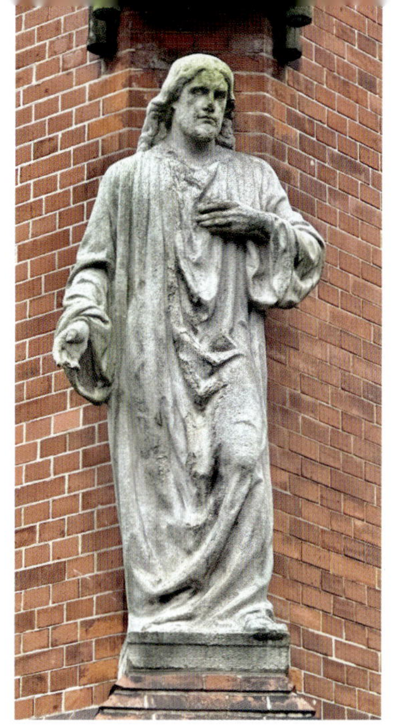

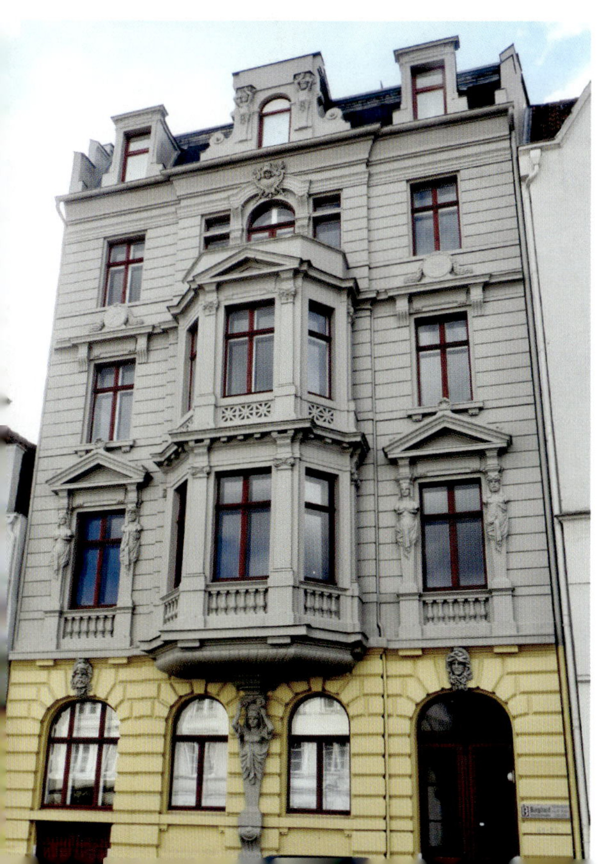

In der Marlesgrube 69 begegnet uns eine teilweise der Renaissance entlehnte Fassade, davor eine große Auswahl an allerdings neobarocker skulpturaler Gestaltung. Der Erker wird von einer Karyatide gestützt, die Schlußsteine der beiden seitliche Fenster tragen Masken: Links das Haupt der Medusa, von Schlangehaaren umfaßt, rechts ein bärtiger Männerkopf mit einer Kette um den Hals. Die Fenster im Geschoß darüber werden von Hermenpilastern gerahmt, jeweils eine männliche und eine weibliche Figur. Die mittlere Dachgaube flankieren zwei Atlanten.

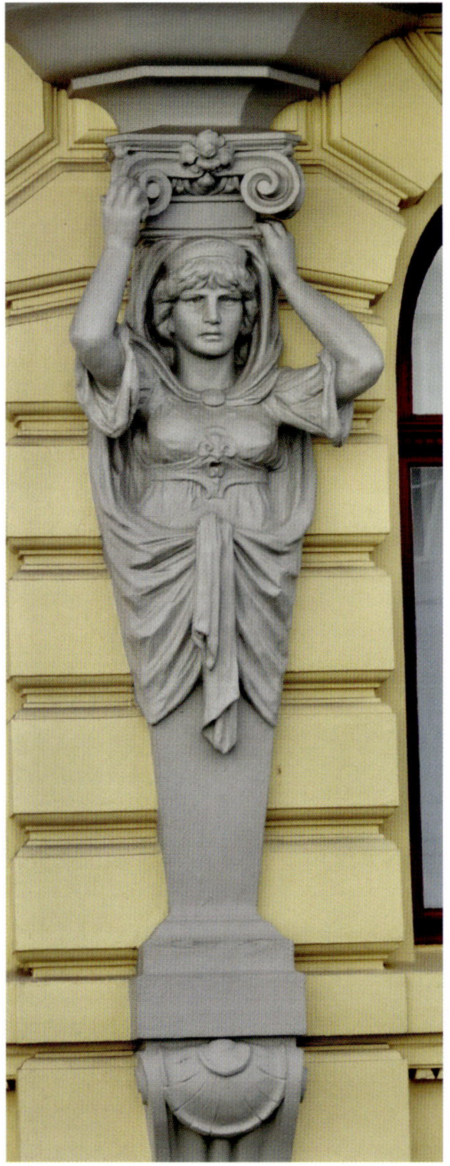

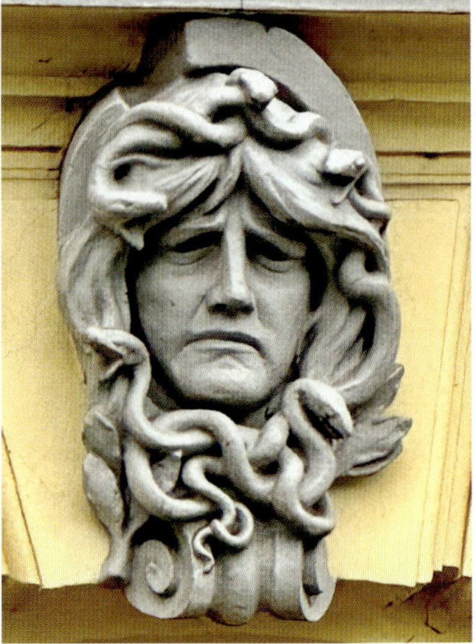

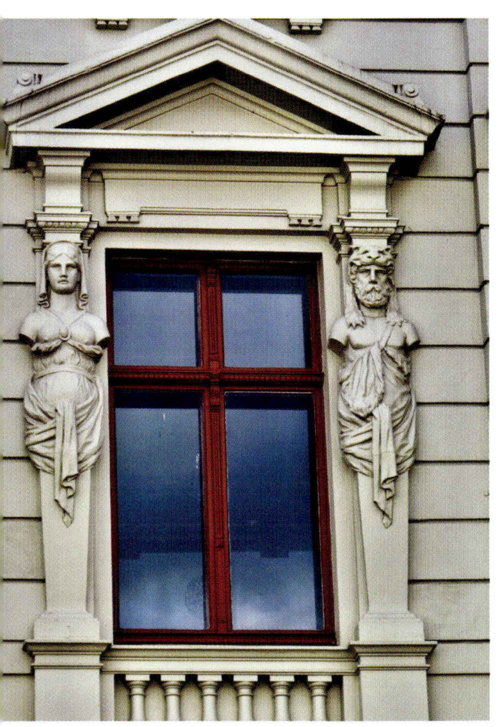

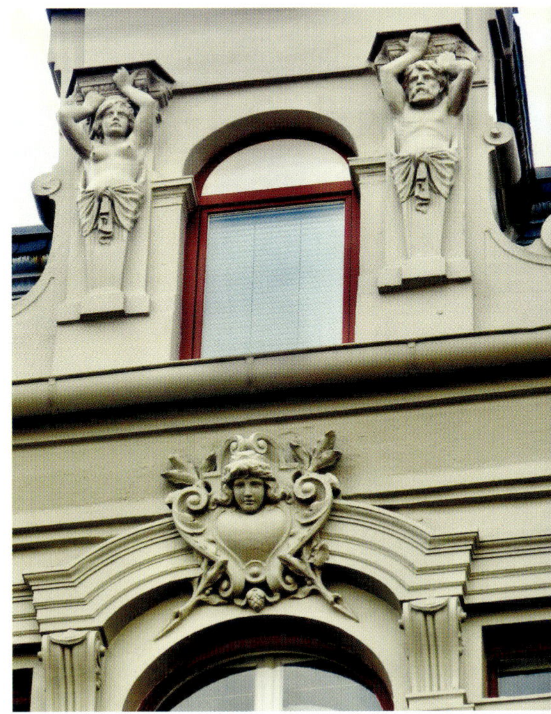

Wenigstens ein Gebäude, das dem Neobarock zuzuordnen ist, sei hier noch herausgehoben. Es ist der 1905 fertiggestellte neue Hauptbahnhof der Stadt, den man weiter nach Westen verlegt hat. Die geschwungenen Formen – von den Vordächern bis hinauf zu den Türmen und dem Dachreiter – sind von diesem Stil beeinflußt. Doch es gibt auch Bauschmuck, und daran sind wir ja interessiert. Die große Halle wird durch drei große Rundbogenfenster zum Bahnhofsvorplatz hin belichtet, und jeder Schlußstein ist als Brustbild eines Mannes ausgebildet, seitlich begleitet von liegenden Putten, die Gegenstände in Händen halten. Die drei Männer symbolisieren jeweils eine Berufsgruppe, die für den Betrieb der Eisenbahn bedeutsam sind, und die Putten bestätigen das mit den entsprechenden Materialien. Am rechten Fenster sehen wir einen Schmied, der stellvertretend für alle handwerklichen Berufe steht. In der Mitte eine Allegorie auf den

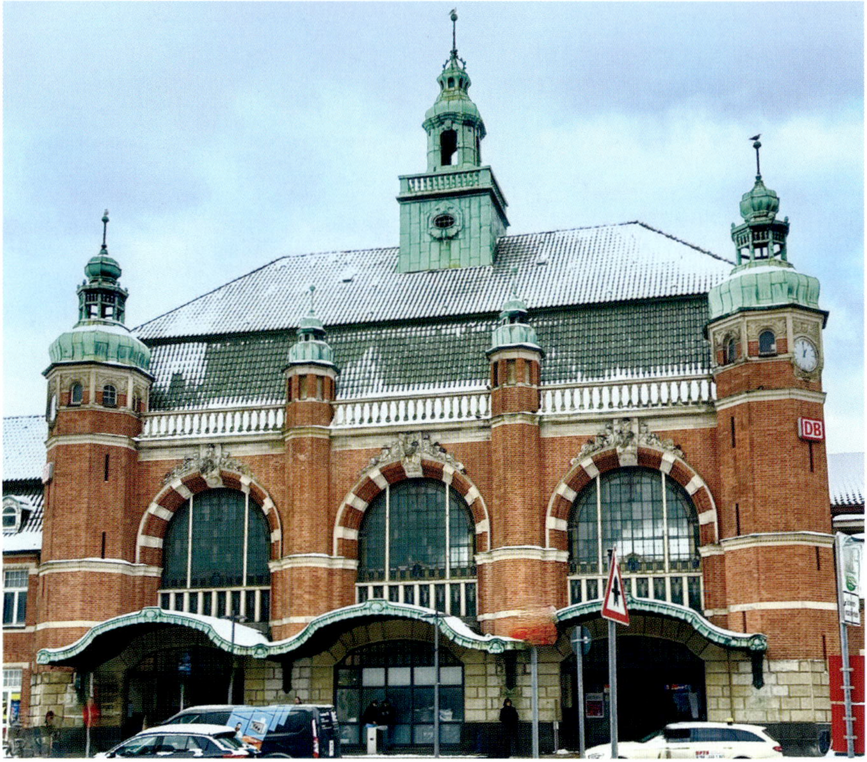

Verkehr – eine geflügelte Person – und auf der linken Seite symbolisiert ein Kaufmann den Handel, der durch den Schienenverkehr gefördert wird. Geschaffen wurden die Plastiken vom Bildhauer Friedrich Volke.

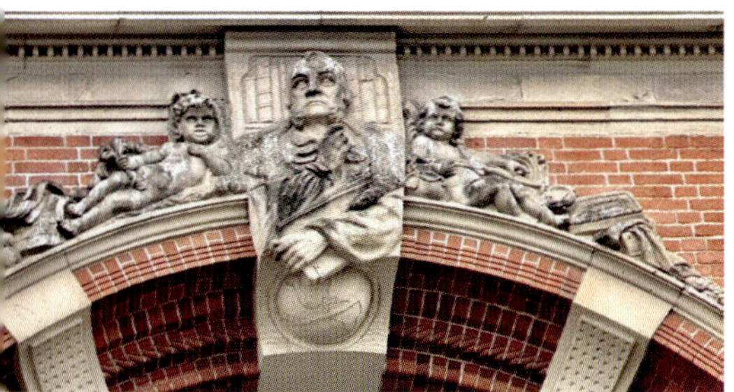

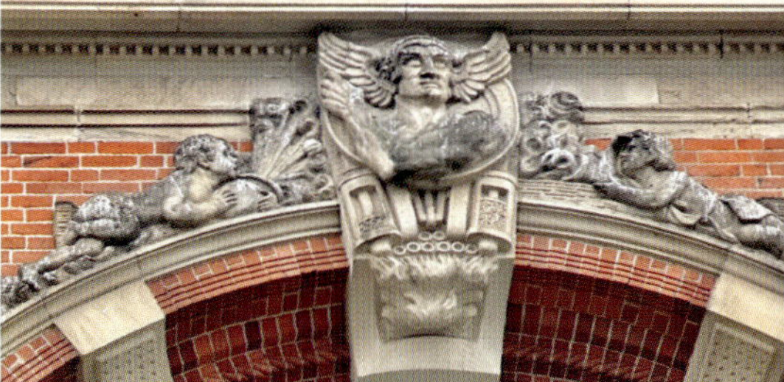

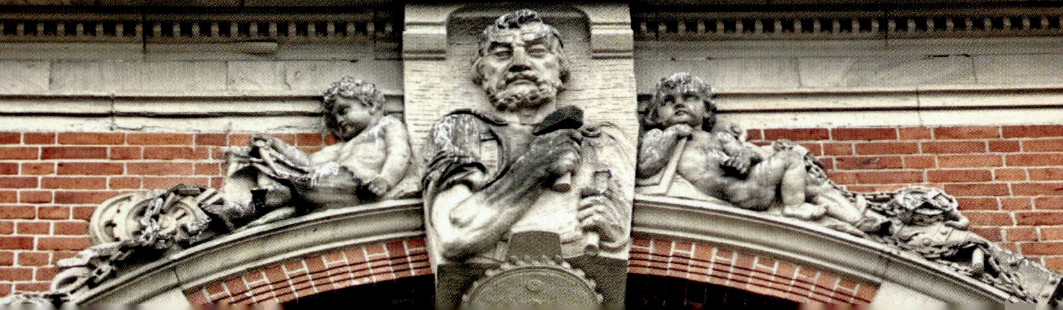

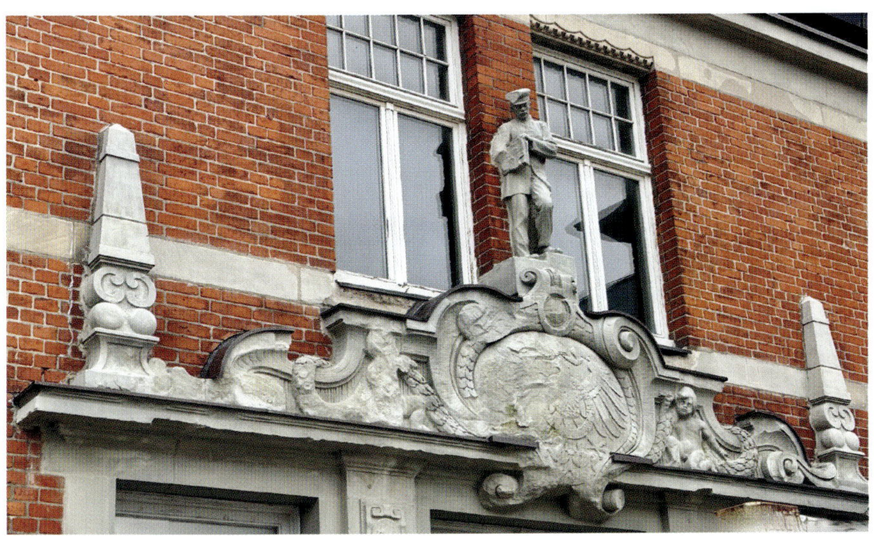

Der nördliche Seitenflügel, im Krieg beschädigt, wurde nur mit einem einfachen Dach wiederhergestellt, doch auch dort findet sich ein Portal, das aufwändig gestaltet worden ist. Auf dem vorspringenden Gesims stehen an beiden Ecken Obelisken auf einem ornamental gestalteten Podest. In der Mitte eine Kartusche mit dem Lübecker Staatswappen; zu beiden Seiten Beschlagwerk mit zwei hockenden Figuren, die ein Kranzgewinde halten. Über der Kartusche steht eine männliche Skulptur mit Dienstmütze und einer Akte – vielleicht ein Symbol für das Zugpersonal der Lübeck-Büchener Eisenbahn.

Meist aber begegnen wir dem Historismus mit seiner typischen Mischung verschiedener Baustil-Anleihen, wie sie die meisten Neugestaltungen der Fassaden im 19. Jahrhundert aufweisen. Unmöglich, sie alle im Einzelnen aufzuführen; wir beschränken uns auf wenige typische Beispiele und vor allem auf häufig wiederkehrende Einzelelemente. Meist finden wir sie an den gründerzeitlichen Fassaden in der Altstadt, die Häuser in den Vorstädten zeigen zwar auch Schmuckelemente des Historismus, doch kaum figurale Gestaltung und auch sonst sehr zurückhaltend in den Formen. Wohl an die hundert Mal grüßen einzelne Köpfe oder Maske von den Gebäuen herab, als Schlußsteine in Bögen oder Fensterstürzen, als Unterbrechungen von Simsen oder Gebälk, als bloßen Wandschmuck. Hier eine kleine Auswahl:

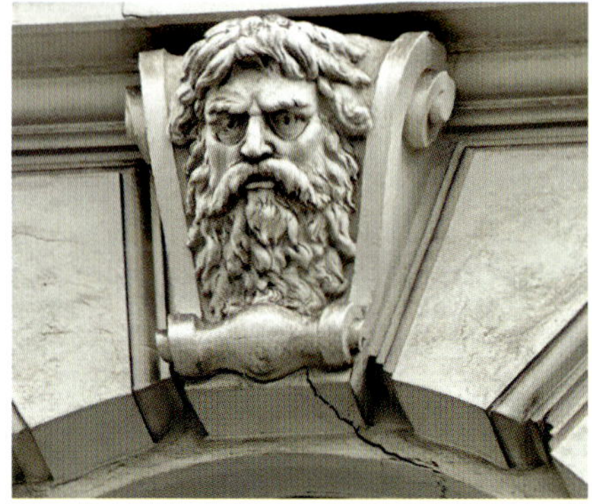

Königstraße 58 – ehemalige Finanzbehörde

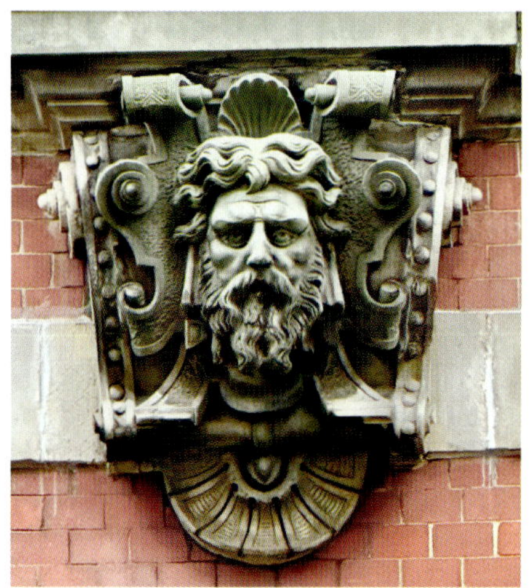

Königstraße 1-3

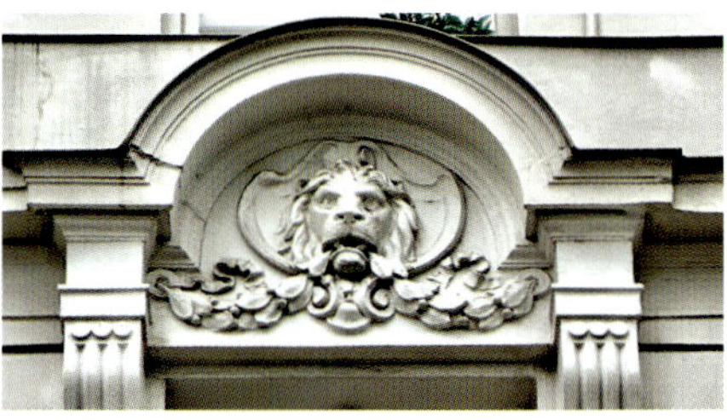

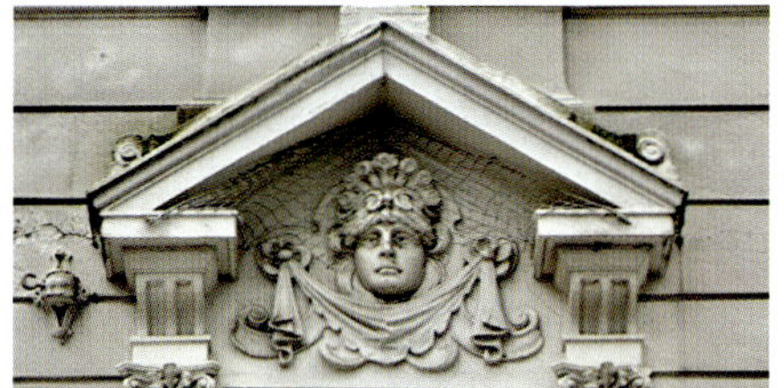

Königstr 91

Nicht nur Köpfe, auch andere Motive können als Schmuck dienen.

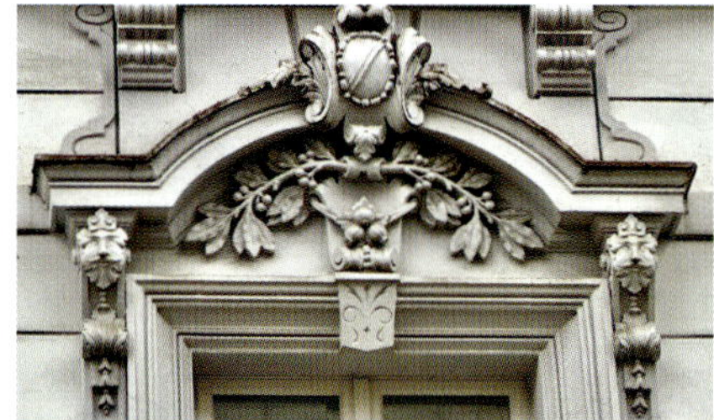

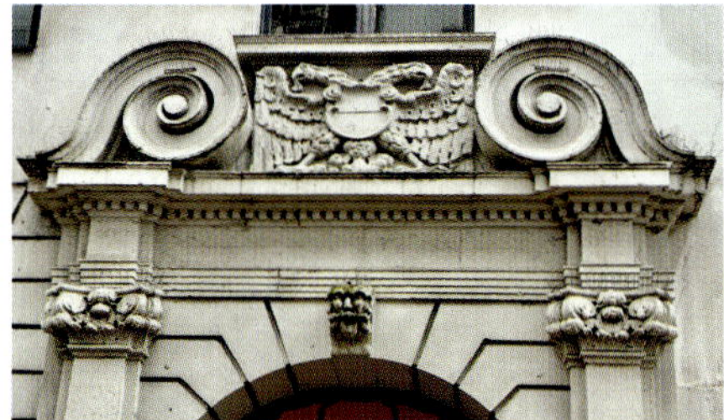

Königstr. 67a/Fleischhauerstraße (ehemaliges Finanzamt)

Eine andere Form figürlichen Bauschmucks sind (die weiblichen) Karyatiden und (männliche) Atlanten, also Halbfiguren, die meist Erker oder Gesimse tragen, aber auch als bloß seitlicher Schmuck bei Fenstern dienen können. Diese Aufgabe gerade bei weit vor springenden Balkonen oder Erkern können ebenso Konsolen übernehmen. Auch sie können künstlerische gestaltet werden, sei es rein ornamental, sei es durch Tier- oder Menschenkörper. Viele Gebäude weisen diese Betonung meist der Mitte durch geschlossene oder auch offene, von Ziergeländer abgeschirmte Vorbauten

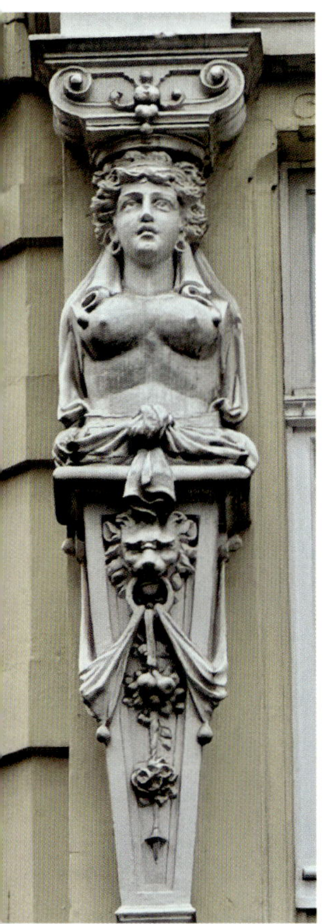

Breite Straße 71

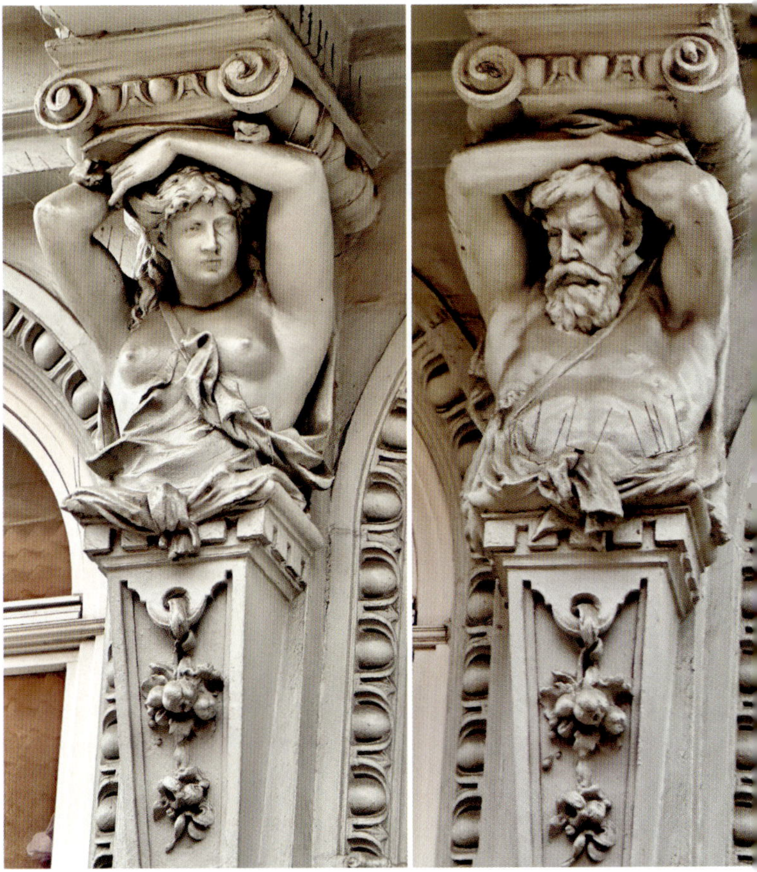

Breite Straße 65-69

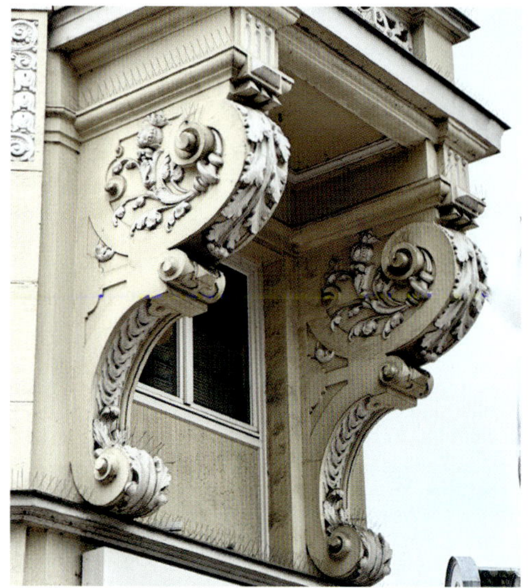

Breite Straße 71

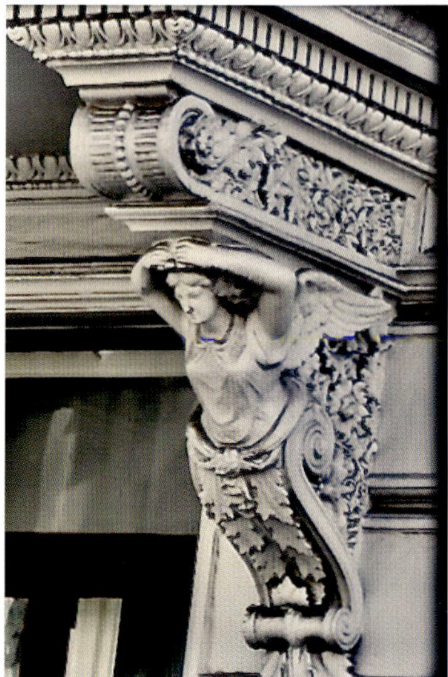

Pferdemarkt 13

auf. Dort, wo es sich um Eckhäuser handelt, wird der Erker dorthin verlagert und führt meist turmartig über mehrere Stockwerke hinauf bis vor die Dachlandschaft.

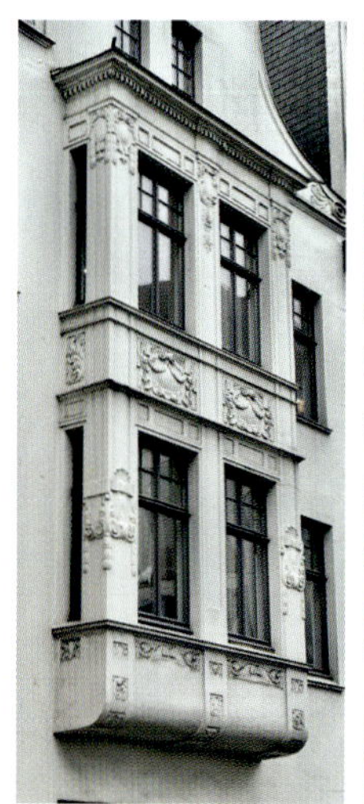

Königstr. 85

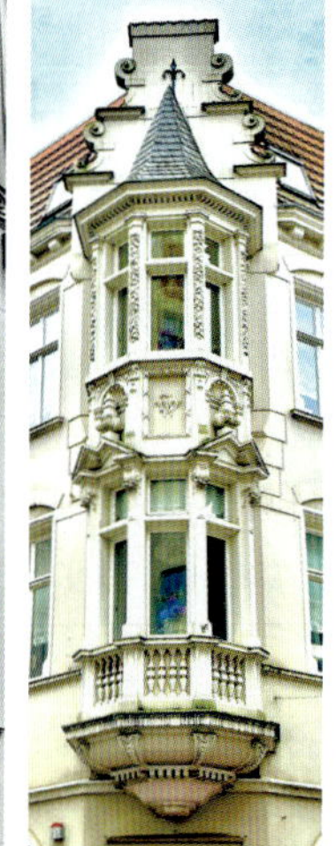

Königstr. 66

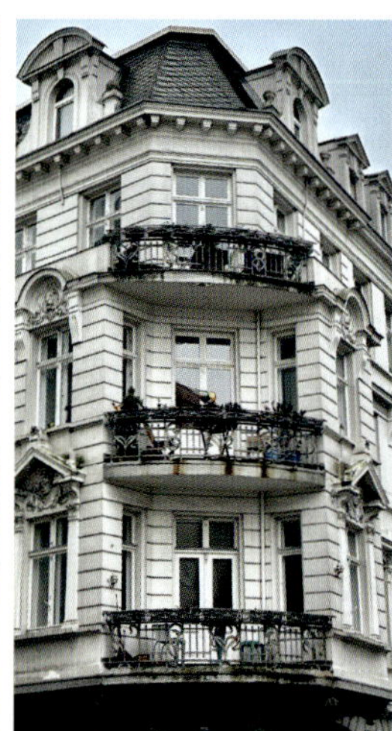

Königstr. 91

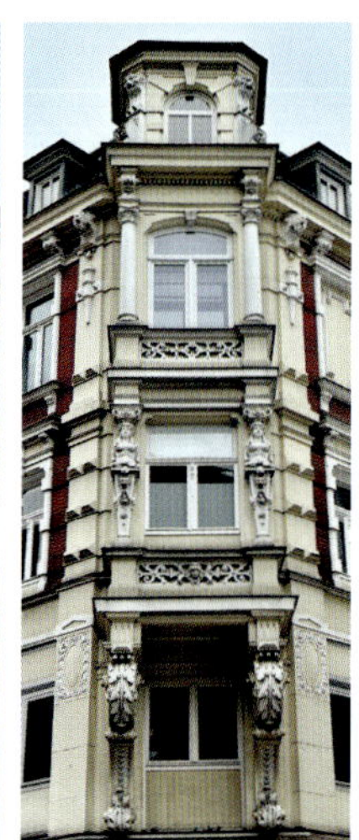

Breite Str. 71

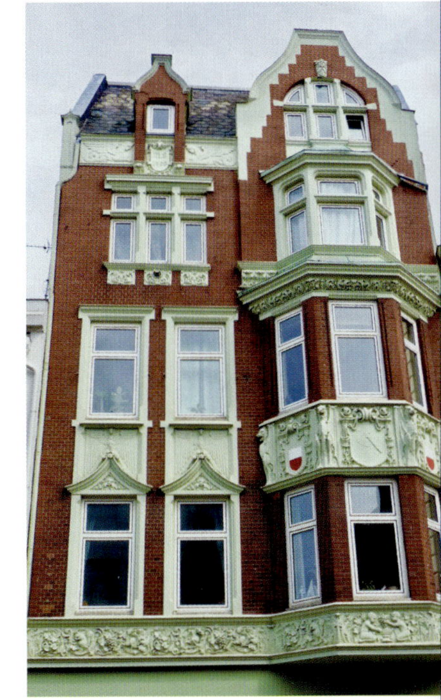

Zum Schluß sei noch auf zwei besonders interessante Gebäude im Stil des Historismus hingewiesen. Das eine steht in der Großen Burgstraße 47 und ist ein Ziegelbau, der jedoch mit reichlich Dekor versehen ist, teil nur Putz, teils auch aus Kunststein gearbeitet. Bemerkenswert vor allem der breite Fries über dem Erdgeschoss mit Weinranken, in die um den Erker herum auch kleine Szenen eingearbeitet sind: Zwei Knaben füllen Wein in eine Schale – so an der Vorderseite – ein geflügelter Drache und eine Art Echse winden sich durch das Weinlaub – so seitlich. Das soll zugleich auf den Zweck des Gebäudes hinweisen: Es wurde für eine Gaststätte mit Weinausschank errichtet. Auch deren Name findet sich im Wappen an der Erkerbrüstung: ‚Zum blauen Beil.' In einem Fries unter der Traufe dann auch die Initialen des Erbauers und die Jahreszahl der Fertigstellung in einer Wappenkartusche: 1900. Zu beachten sind ferner die geschwungenen Giebel über den Fenstern des ersten Stockwerks und das reich verzierte Gesims über dem Erker im zweiten Obergeschoß sowie der Giebel mit der abgetreppten Kunststein-Rahmung. Vor allem die beiden Sphingen seitlich vom Wappenschild erinnern bereits stark an den Jugendstil, der in dieser Zeit zur Mode wurde.

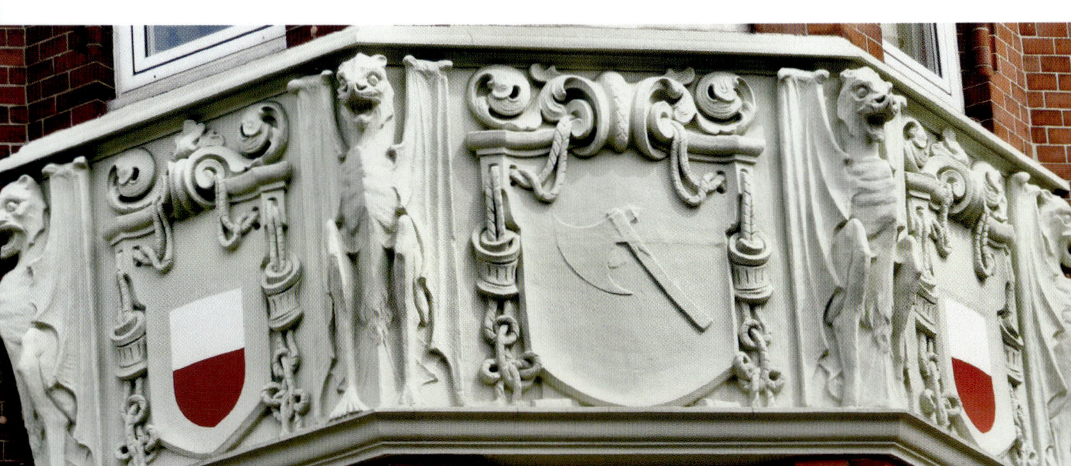

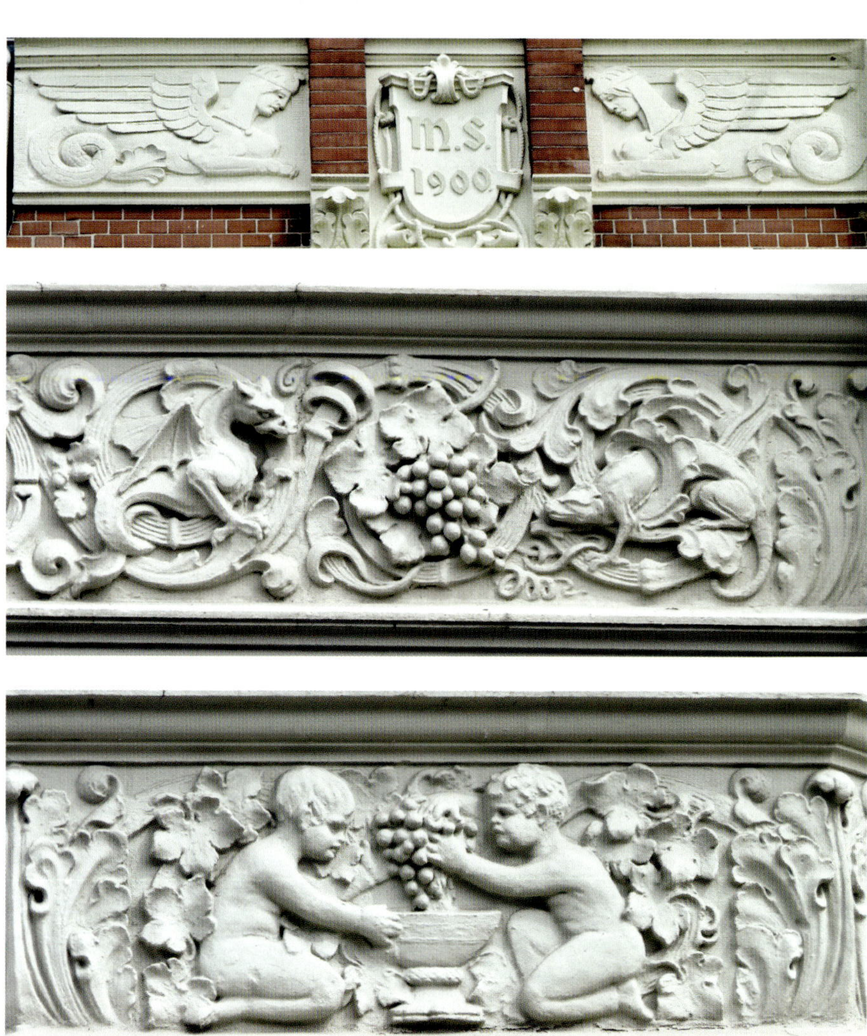

Als letztes Bauwerk betrachten wir das hohe verputzte Gebäude Mühlenbrücke 1, das die Einmündung der Straße ‚An der Mauer' hervorhebt. Dabei wird die Ecke gerade nicht durch einen vorspringenden Turm betont, sondern durch Balkone mit Ziergittern markiert, die zwischen zwei über alle Obergeschosse gehende Erker gestellt sind, die jeweils zu einer Straße hin liegen. Hier ist vieles in Anklang an eine barocke Formsprache

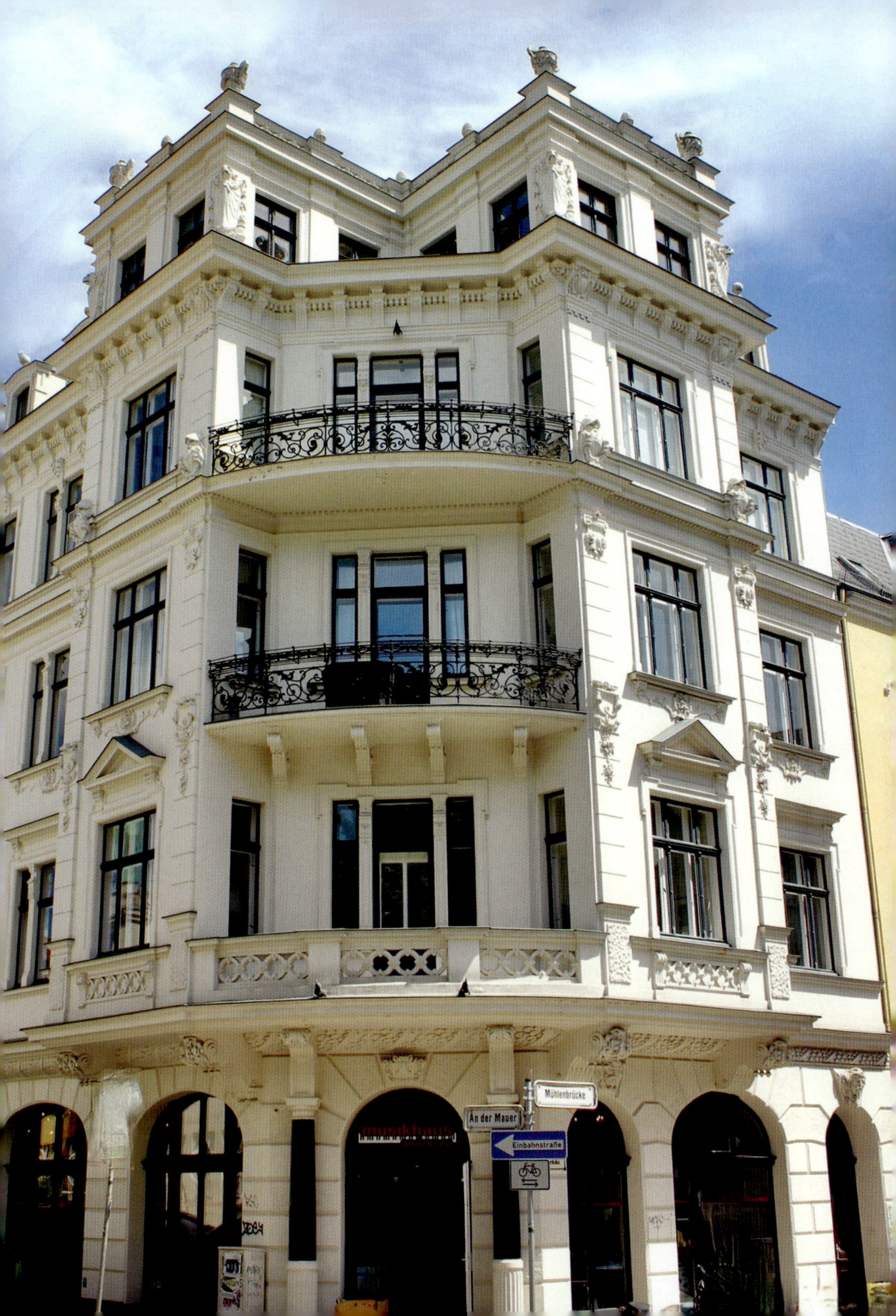
musikhaus
Mühlenbrücke
An der Mauer
Einbahnstraße

zu finden, etwa der Reliefschmuck in Form von Gehängen an den flachen Pilastern, die die Erker begrenzen, oder das stark hervorgehobene Gesims über dem vierten Geschoß mit den tragenden Konsolen, die Vasen auf dem Dach des zurückgesetzten obersten Geschosses und besonders die Adlerskulpturen an dessen Kanten.

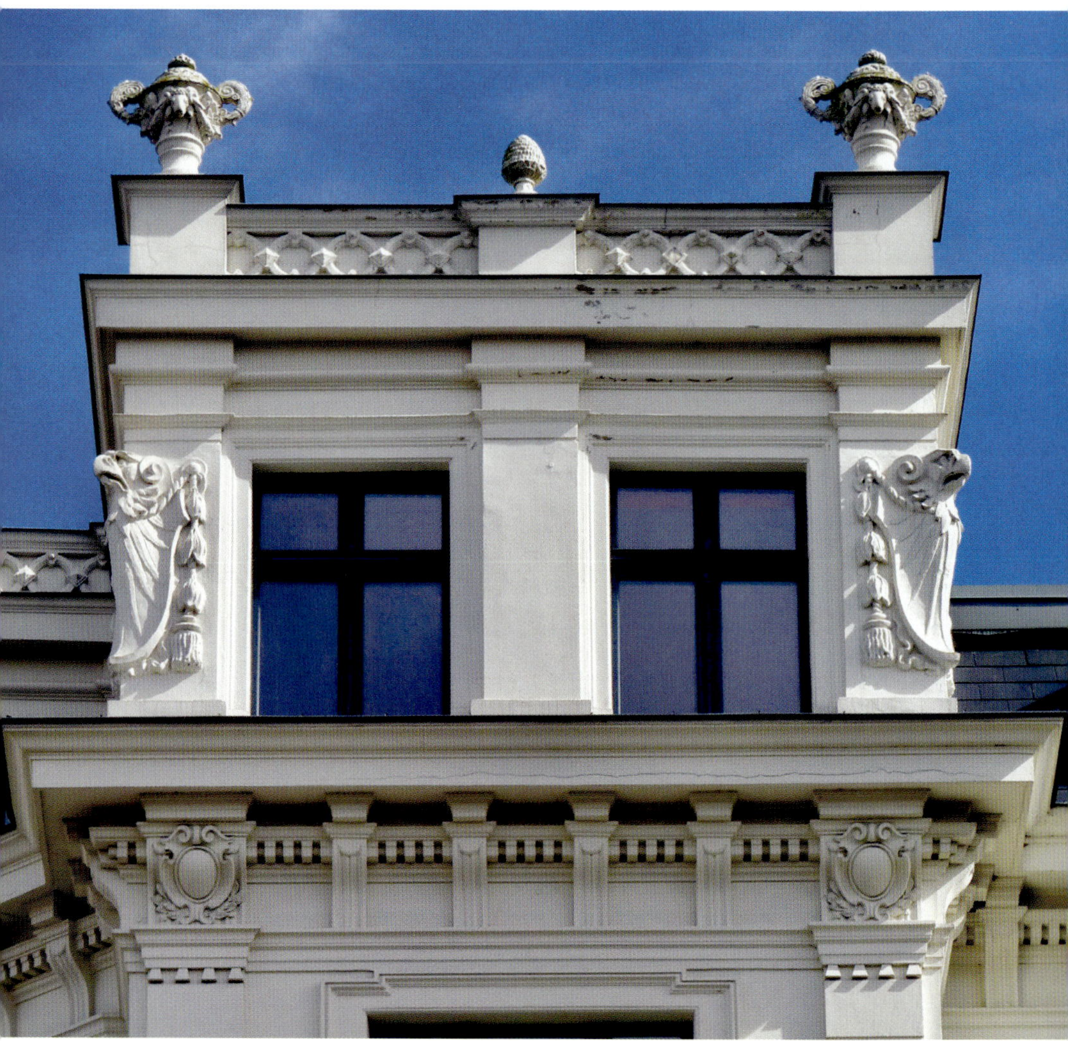

8. Auf Suche nach dem Neuen: Heimatschutz – Jugendstil – Expressionismus

Um die Wende zum 20. Jahrhundert mehren sich die Stimmen, die den Historismus als unzeitgemäß empfinden und nach einer neuen Formensprache suchen. Dabei sind es ganz verschiedene Ansätze, die nicht nur vorgetragen, sondern auch umgesetzt werden. Am weitesten noch orientiert an Vorhandenem ist das, was wir den ***Heimatschutzstil*** nennen. Er will auf bodenständige Formen zurückgreifen, kann aber neobarocke Elemente nicht verleugnen. Damit verbunden ist jedoch, daß nun wieder der Backstein zu Ehren kommt, als sichtbare Hülle oft des gesamten Gebäudes ist er zurück.

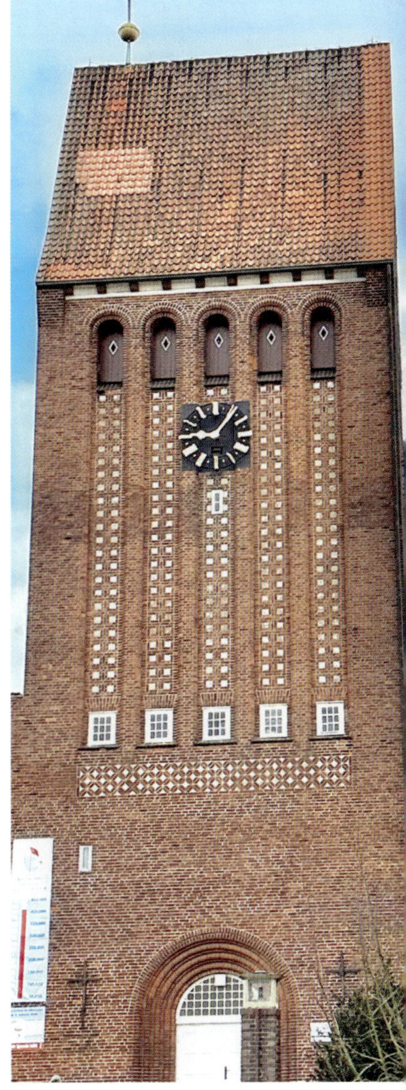

In Lübeck steht ein Name für diese Neuerung. Es ist der städtische Baurat Carl Mühlenpfordt, dem die Stadt eine ganze Reihe von beeindruckenden Bauten verdankt. Wir schauen dabei nur auf jene, die mit dem hervortreten, was wir unter Kunst am Bau verstehen. Heimatschutz-Architekten haben sich meist gerade abgewandt von all dem historistischen Zierrat ohne jegliche Funktion. Deshalb sind es nur zwei Gebäude Mühlenpfordts, die einen Skulpturenschmuck tragen. Und die St. Johannes-Kirche in Kücknitz, deren Turm er mit einer strengen Musterung ausgestattet hat, um die große Fläche zu gliedern: in den hohen Blenden, die oben in den Schallluken enden, und in einem Fries über dem Eingangsportal.

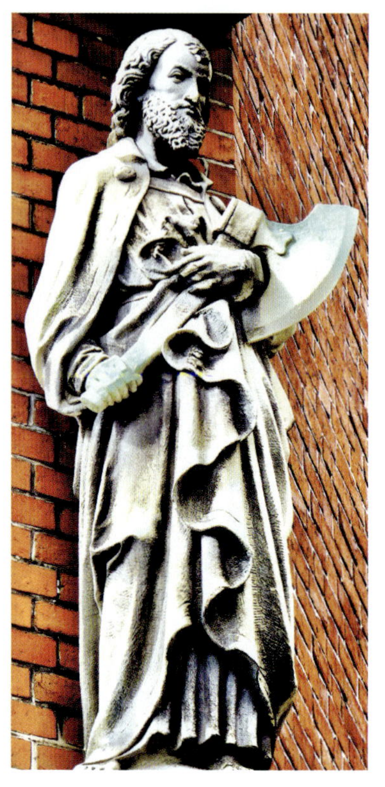

Damals sehr umstritten war sein Entwurf für das katholische Gesellenhaus an der Parade mit seinen minimalistisch schmucklosen Wänden, paßte es doch so gar nicht zu all dem Prunk des nahen Pferdemarktes und zur neogotischen Kirche nebenan. Dafür ist dort eine der wenigen freistehenden Skulpturen angebracht, der heilige Joseph, Schutzpatron der arbeitenden Menschen – an der mächtige Axt in seinen Händen auch deutlich erkennbar. 1910 plant Mühlenpfordt eine Villa für seinen Schwager, den Lübecker Industriellen Behnhard Dräger, Am Finkenberg. Zum Grundstück gehört auch ein Nebengebäude für Angestellte, und dort finden wir direkt unter der Dachtraufe einen breiten Fries aus einem abstrahierenden Gitterwerk vierblättriger Blüten. In diesen Fries sind vier Reliefs von Kindern gestellt, unter anderem ein flötespielender Knabe und ein Mädchen, das Tauben füttert.

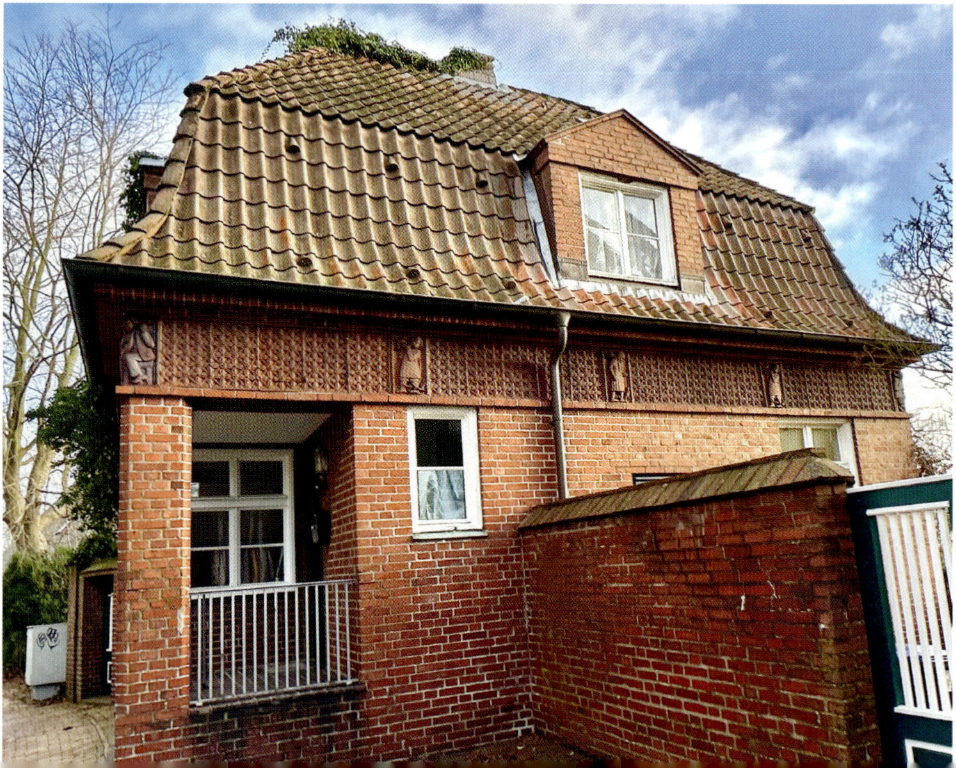

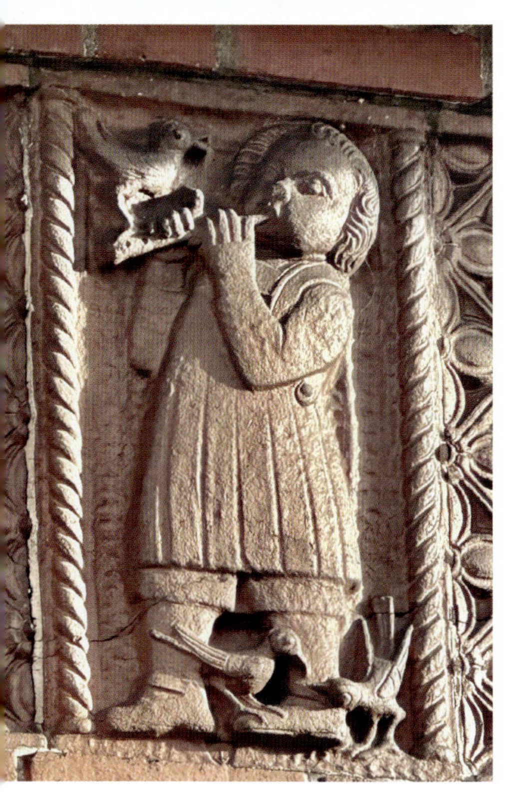

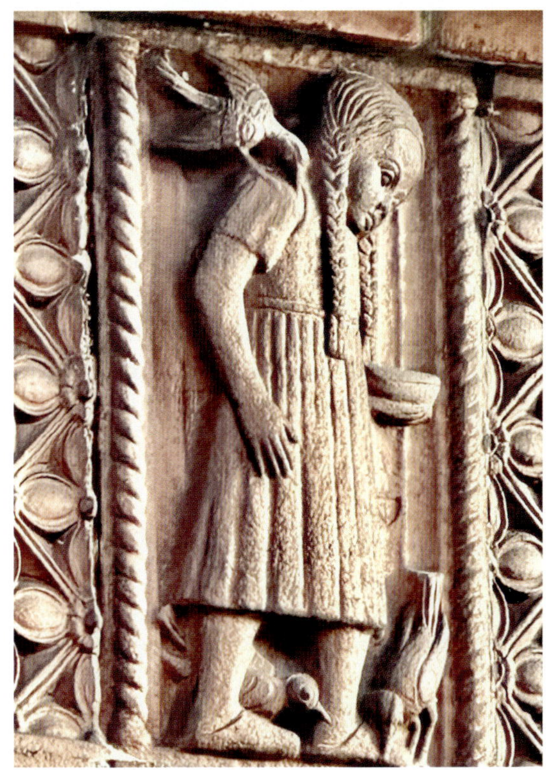

Ebenfalls an der Parade liegt das (ehemalige) Marienkrankenhaus. Über dem Eingangsportal des im Heimatschutzstil errichteten Gebäudes ist im Tympanon ein Hochrelief eingefügt, das Maria mit dem Jesuskind zeigt. Der unbekannte Künstler hat es wahrscheinlich nach italienischen Vorbildern gearbeitet. Es ist hier allerdings nur eingefügt und stammt ursprünglich vom Vorgängerbau, ist daher bereits auf 1888 zu datieren.

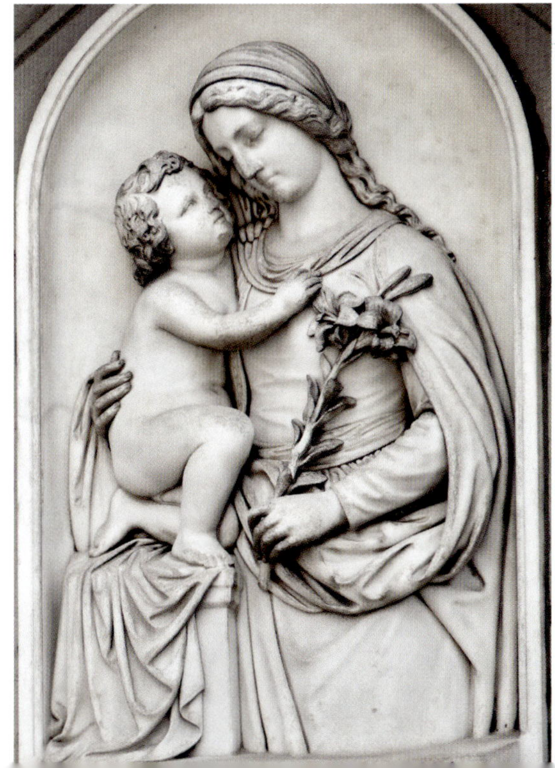

Eine gewisse Fortsetzung findet der Heimatschutzstil dann auch im sogenannten ‚Dritten Reich,' ließ sich doch dessen Idee in gewisser Weise mit den ideologischen Vorstellungen des Nationalsozialismus verbinden. In Lübeck steht dafür die 1937 geweihte Lutherkirche in der Moislinger Allee, in der der Rückgriff auf die traditionelle Backsteinarchitektur mit den Vorstellungen arischer Baukunst in Einklang gebracht werden sollte. Dazu gehört dann auch die Muschelkalkskulptur des Namensgebers Martin Luther. Aus der traditionellen Weise, ihn mit der Heiligen Schrift in der Hand als Reformator darzustellen, wird er hier heldenhaft überhöht mit trotzig hochgerecktem Kinn, die Bibel wie eine Waffe vor sich hertragend dargestellt. Sein Bildhauer Fritz Behn war überzeugter Nationalsozialist.

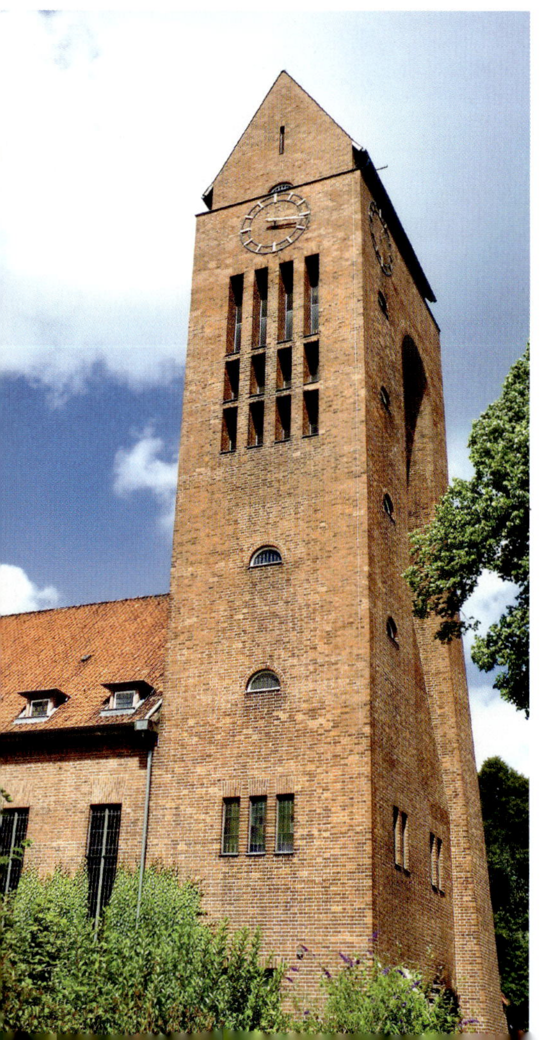

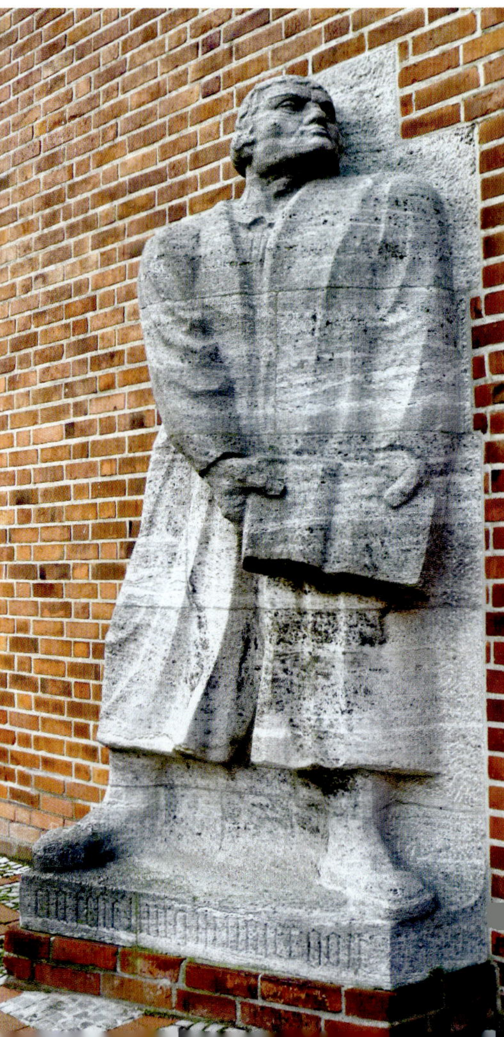

Parallel zum Heimatschutzstil bildete sich der ***Jugendstil*** heraus, eine sämtliche Kunstgattungen umfassende Formgebung. Während die vergangenen Jahrzehnte bei allem schmückenden Beiwerk doch die Strenge von waagerechten und senkrechten Linien als bestimmendes Architekturschema bewahrten, bekennt sich dieser neue Stil zur geschwungenen Linie, zu Bewegung, zum floralen Ornament. Nichts soll statisch wirken, alles soll bewegt und schwingend daherkommen. Manches wirkt dabei – bloß – dekorativ, und nicht umsonst wird dieser Stil auch mit dem französischen Ausdruck ‚Art déco' bezeichnet. Dennoch ist es kein wirklich einheitlicher Stil, sondern hat trotz seiner kurzen Lebenszeit viele differierende Ausformungen erhalten.

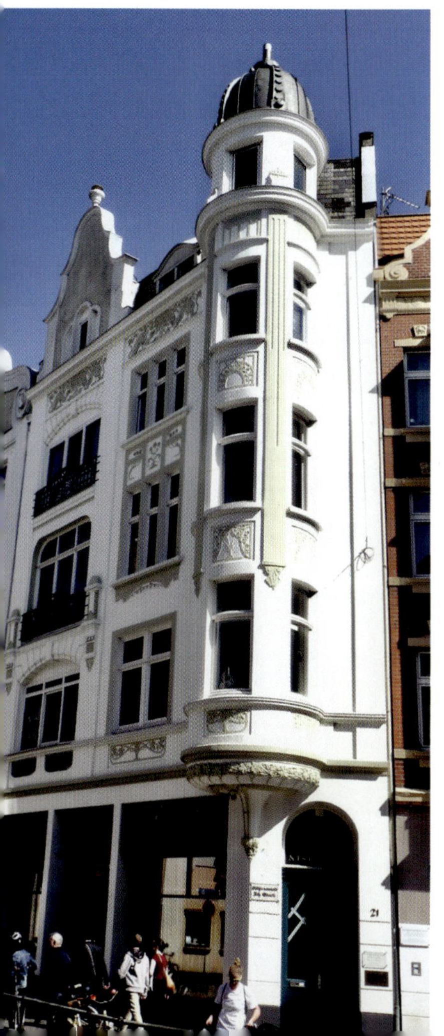

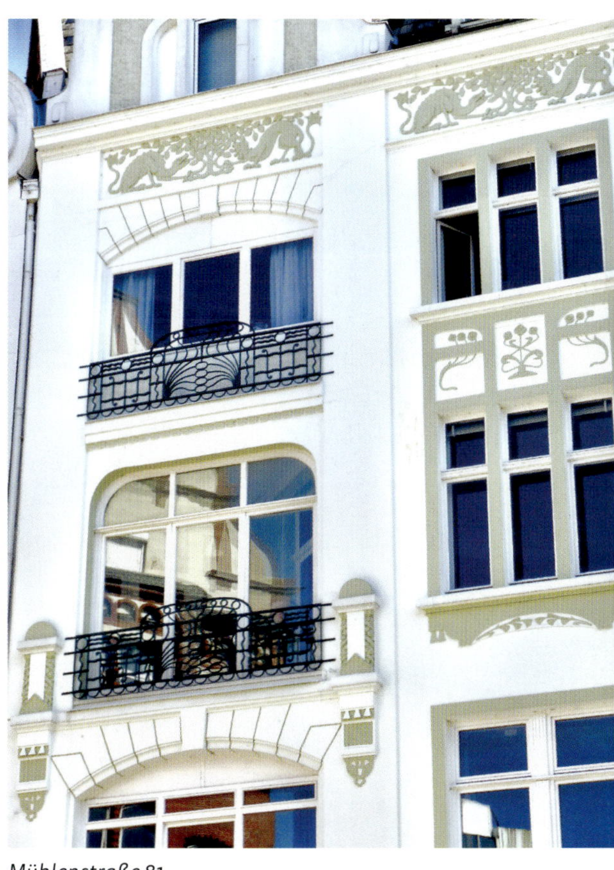

Mühlenstraße 81

In Lübeck allerdings tritt meist nur als Fassadenschmuck auf, wobei die Häuser selbst keineswegs stilgemäß gestaltet sind. Als Beispiele sei zunächst das Haus Mühlenstraße 71 genannt. In seiner äußeren Gestalt unterscheidet sich das Gebäude kaum von jenen, die wir als historistisch kennengelernt haben. Die Ecke wird von einem turmartigen Erker bestimmt, der mit einem Stockwerk auf Dachhöhe und einer Haube über das Gebäude hinausragt. Die Front zur Königstraße hin ist zweiachsig, die linke wird von Balkonen beherrscht und von einem hohe Schweifgiebel abgeschlossen, in der rechten sind die Fenster im zweite und dritten Obergeschoß zusammengefaßt. Dann aber fallen die vielen dekorativen Felder am Bau ins Auge, und die erweisen sich als typisch für den Jugendstil. Das oben abschließende Gesims erstreckt sich über zwei gleichgestaltete Flachreliefs, in denen zwei drachenartige Fabelwesen von einem Baum naschen. Das Feld zwischen den beiden genannten Fenstern zeigt dreimal drei Blumen mit fantasievoll geschwungenen Stängeln, die Brüstungsfelder des ersten Obergeschosses werden durch einen Weinstock geziert und am Erker findet wir in der darüberliegenden Brüstung Felder mit ebenfalls einem floralen Motiv, wobei die Blätter denen eines Ginkgo ähneln. An keinem anderen Haus in Lübeck sind wohl derart viele Jugendstil-Ornamente zu finden.

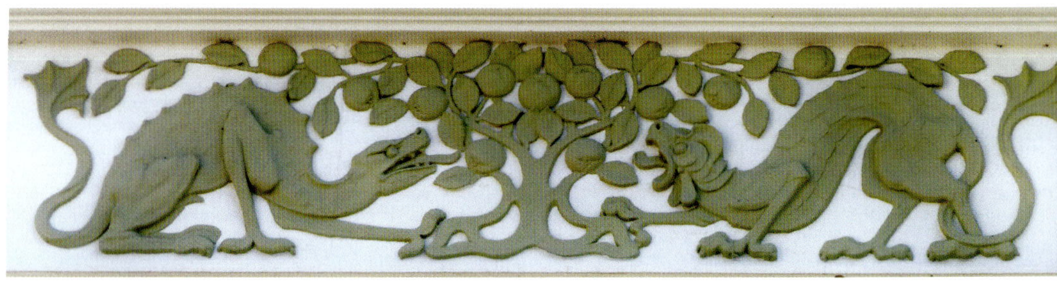

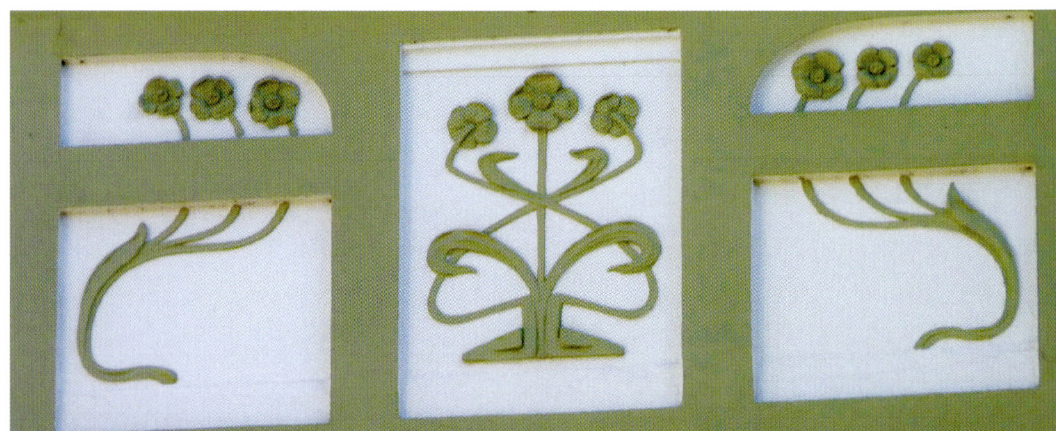

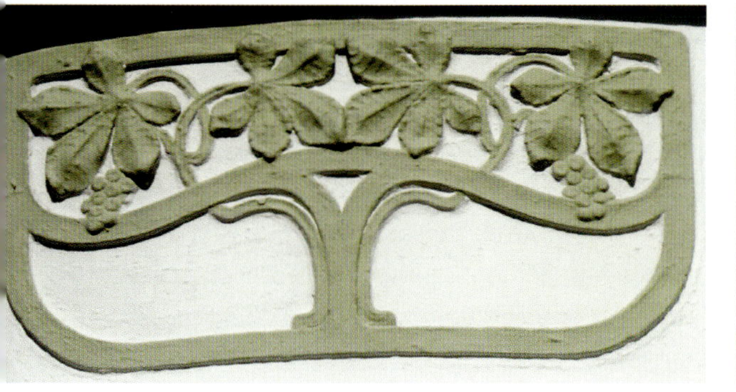

Wandern wir die Mühlenstraße weiter hinunter, können wir auf der rechten Seite ebenfalls zwei Häuser mit solchen Motiven entdecken. Haus Nr. 68 zeigt im geschwungenen Giebel über dem Balkon die Jahreszahl des Baus, umrankt von Blattwerkornamenten. Am Nachbarhaus Nr. 70 besticht eine besondere Darstellung: Aus Rankenwerk erwachsen zwei Rollwerk-Elemente, auf denen antikisierende Frauen ruhen, die einem radschlagenden Pfau zuschauen.

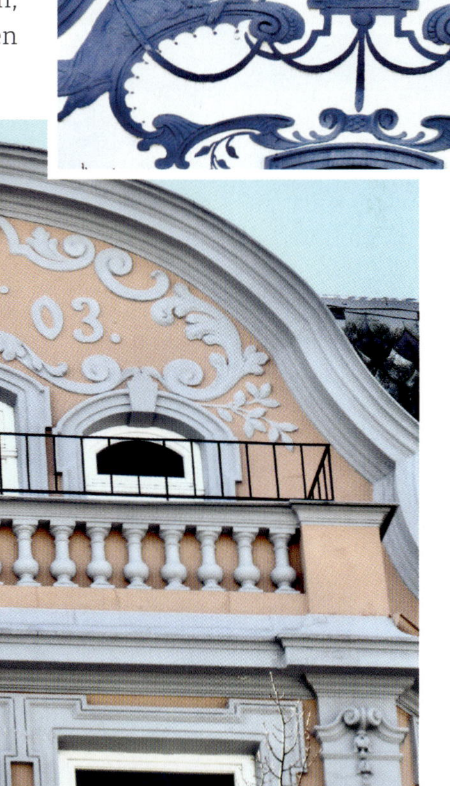

1907 erhielt der damals bedeutende Architekt Martin Dülfer den Auftrag, an Stelle des alten Theaters einen neuen und zeitgemäß ausgestatteten Theaterbau auf dem Grundstück Beckergrube 10-14 zu entwerfen. Und er schenkte der Stadt damit ein wunderbares Beispiel dafür, was der Jugendstil leisten kann. Die gesamte Front besteht aus Tuffstein, der in große Bossensteinen dem Bau eine imponierende Würde verleiht. Die Mitte des Komplexes bildet ein dreiachsiger Risalit, diese getrennt durch vier mächtige Pilaster.

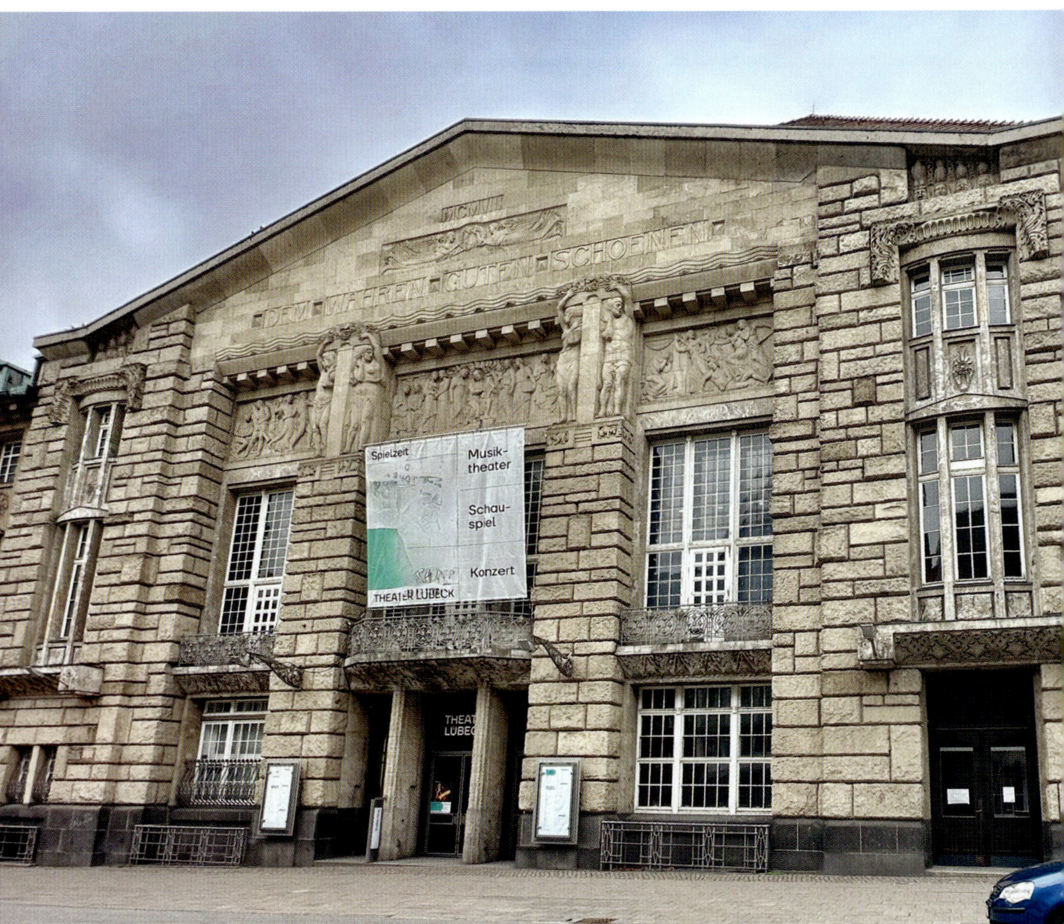

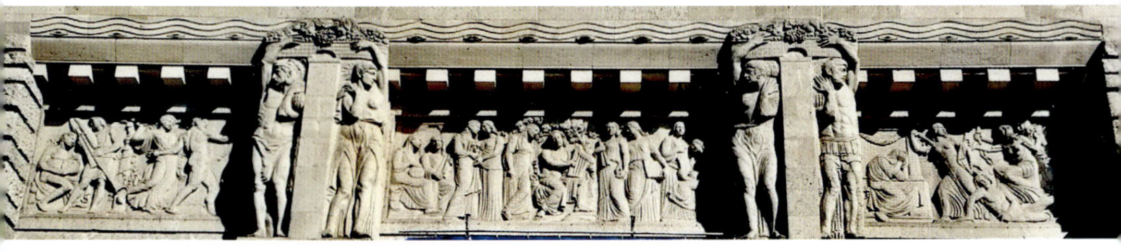

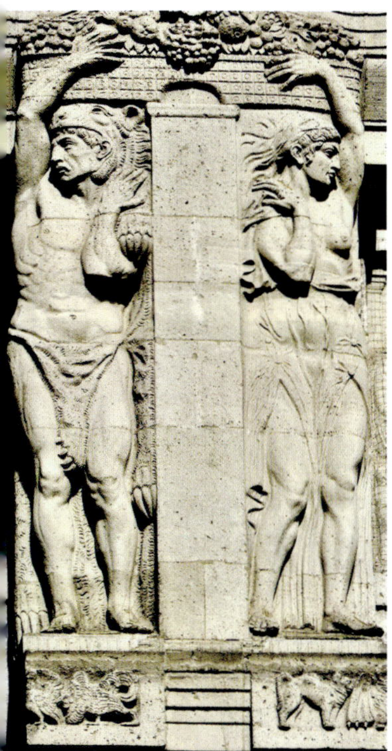

Die beiden mittleren, die im Sockelgeschoß den Publikumseingang rahmen, enden in jeweils zwei großen Skulpturen, die als Karyatide beziehungsweise Atlant das Gesims des Giebels tragen. zwischen ihnen zieht sich ein hoher Fries über die gesamte Front, auf der in der Mitte Apollon, umgeben von den neun Musen, zu sehen ist, während die beiden seitlichen Reliefs vielfigurig die beiden Grundformen des Dramas, Tragödie und Komödie symbolisieren.

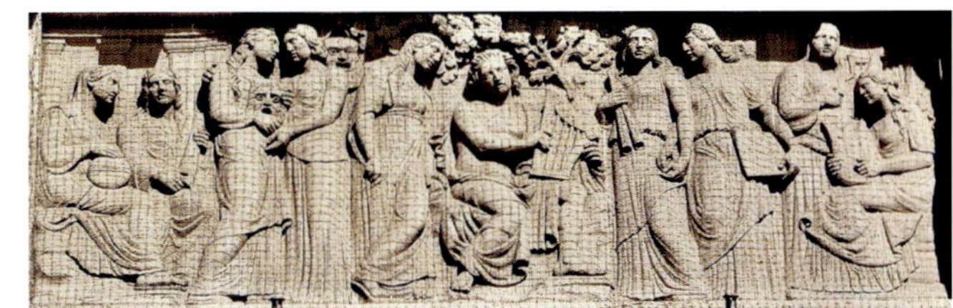

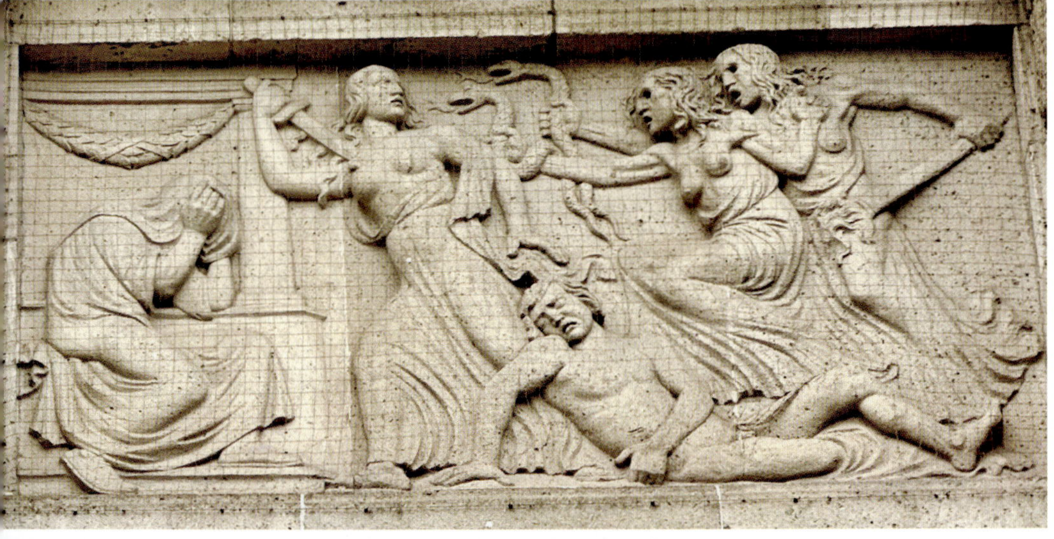

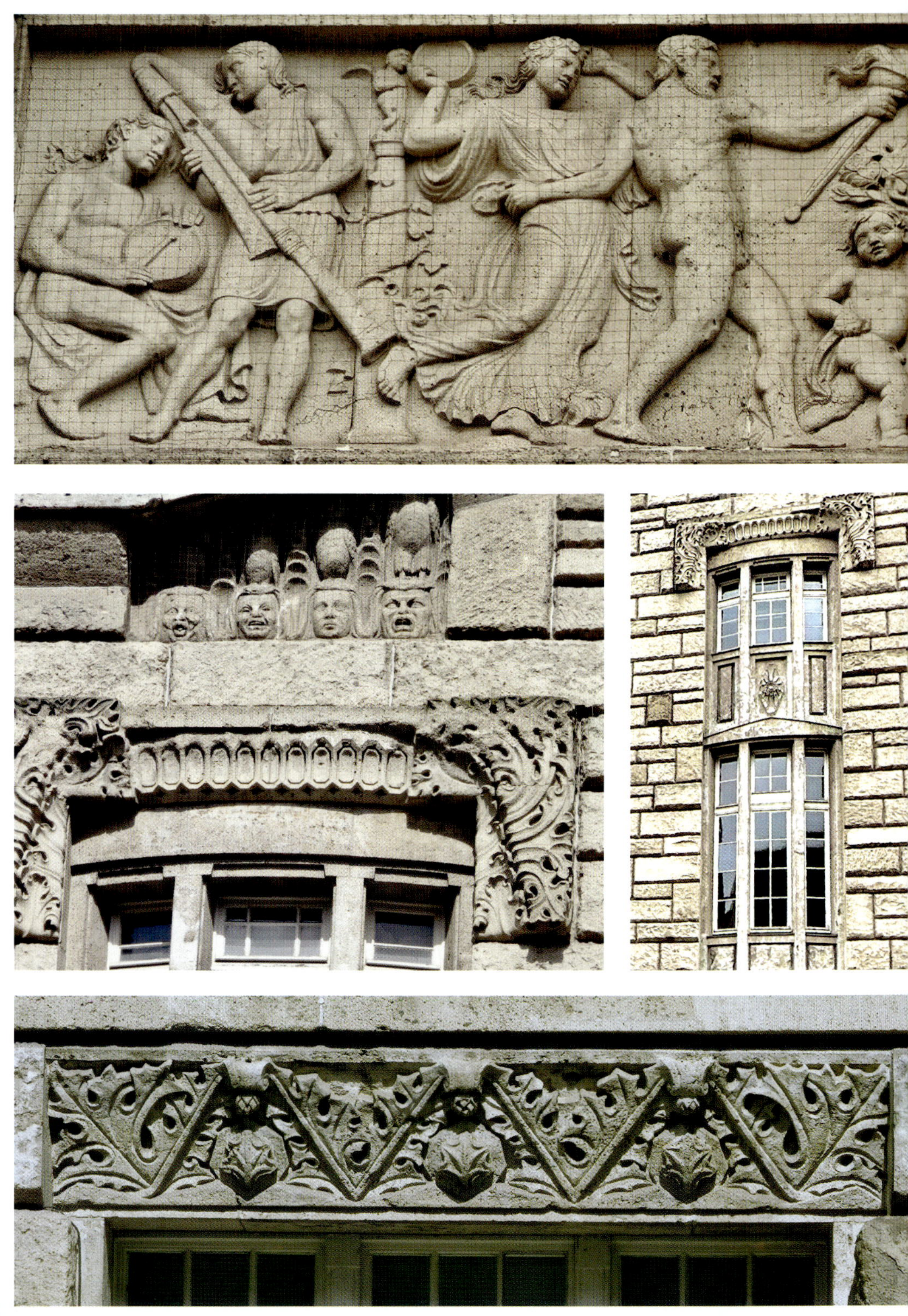

Oben im Giebelfeld unter der Jahreszahl der Einweihung des Baus eingetift ein flaches Relief. Zu beiden Seiten je eine Nike, die geflügelte Siegesgöttin der Griechen. Einander zugewandt, halten sie einen Siegeskranz in Händen. Darunter der Spruch ‚dem Wahren, Guten, Schönen'. Vermutlich geht er auf einige Zeilen des Theologen und Lyrikers Karl Gerok zurück (1815-1890): „Das Wahre und das Schöne lieben, das Gute üben; kein edler Ziel als dieses kann im Leben / ein Mensch erstreben". Doch der Dichter knüpft damit an die Gedanken des großen Philosophen Platon an, der diese drei Ideen als die Grundlage seiner Ideenlehre bezeichnet hat.

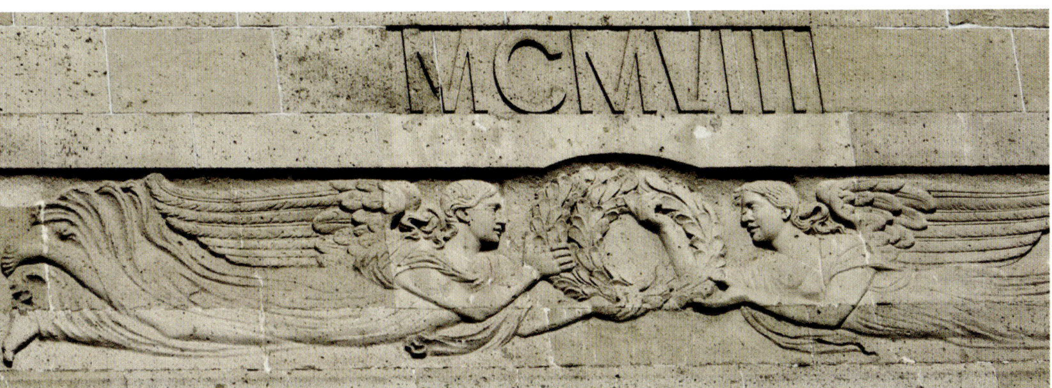

Noch unter dem Dach des Giebels, springt an beiden Seiten je eine weitere Achse vor, in den über dem Sockelgeschoß flache Erker die Geschosse gliedern. Der gesamte Komplex setzt sich dann seitlich mit dreiachsigen Anbauten fort. Auch hier finden wir die unterschiedlichsten Ornamente.

Eher entgegengesetzt zum dekorativen Jugendstil entstanden nach dem ersten Weltkrieg andere Architekturschulen, die für klare Formen und Verzicht auf bloß schmückendes Beiwerk plädierten. Das Bauhaus gehört ebenso dazu wie die neue Sachlichkeit, beides auch in Lübeck vertreten aber eben ohne Kunst am Bau. Eine dritte Richtung war der ***Expressionismus***, genauer der Backstein- oder Klinker-Expressionismus. Auch er hatte nur selten figürlichen Schmuck zu bieten, nutzte aber sein bevorzugtes Material dazu, durch Ziegelsetzungen und meist abstrakte Terrakotta-

Elemente an den Wänden durchaus eine aufgelockerte und ornamentale Gestaltung zu verleihen. Wir wollen uns darum auf die Suche nach solchen Gebäuden machen, die auch Bauschmuck vorweisen können.

Zur Parade hin (Nr. 2) gelegen ist der Giebel der gewerblichen Schulen in der Dankwartsgrube, eine fast fensterlose Wand, nur aufgelockert durch ein Rautenmuster zwischen Eckpilastern, dessen Neigung der des Daches entspricht. Im unteren Bereich ruht es auf Stützen, die sich aus kelchförmigen Elementen zusammensetzen. Dazwischen hat der Bauplastiker Richard Kuöhl zwei Keramik-Skulpturen gesetzt. Junge Männer, die durch ihre Beigaben als Schüler oder Lehrlinge zu bezeichnen sind. Sie verkörpern die beiden Grundrichtungen des Unterrichts: Der Jüngling links mit einem Zirkel die Stärke einer Kugel und soll die planende Architektur darstellen, der Rechte trägt ein Zahnrad als Zeichen des ausführenden Handwerks. Zwischen ihnen der lübische Adler als Hinweis auf den Schulträger.

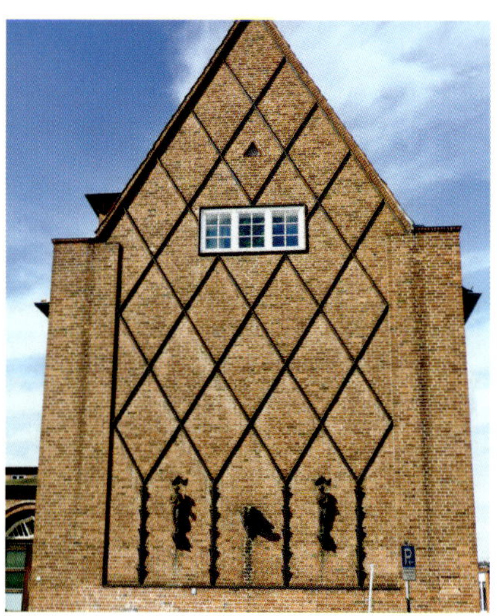

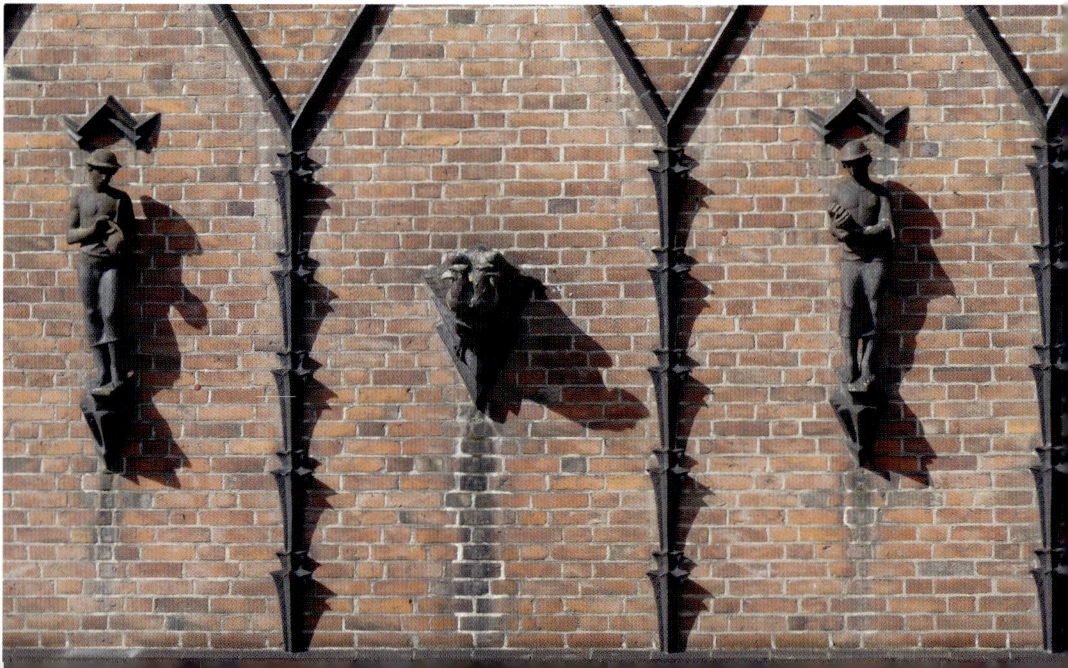

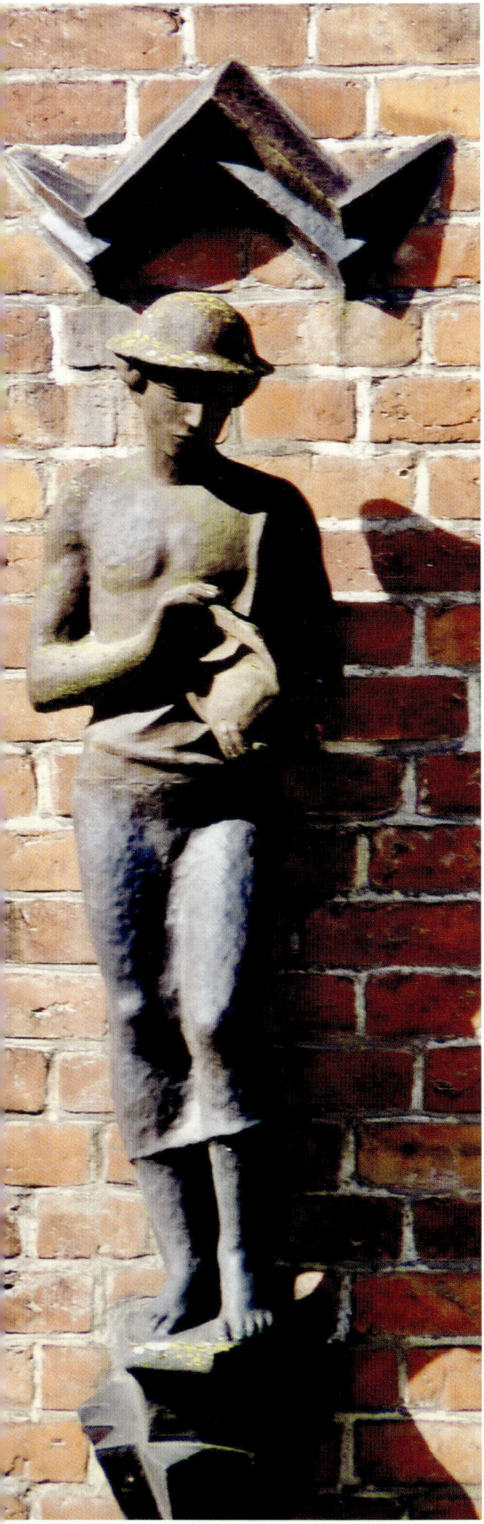

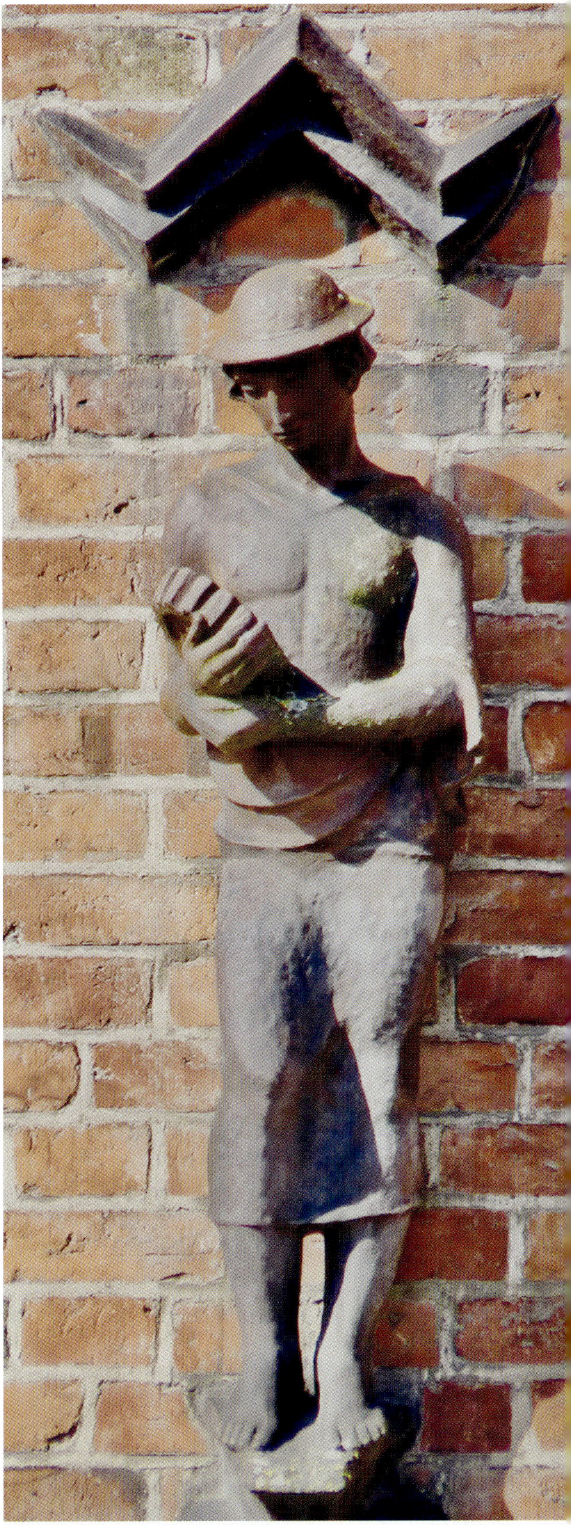

Bei zwei anderen Gebäuden des Expressionismus ist die Ausbeute an Bauschmuck wesentlich geringer. Hier sind es vor allem die Ziegelmuster, die die Flächen gestalten. So am 1924 errichteten Bürogebäude ‚Handelshof' am Bahnhofsvorplatz, dessen breitgelagerte Fassade durch senkrechte Blenden gegliedert wird. Nur kleine Terrakottaelemente in den Fensterbrüstungen lockern die strenge Linienführung etwas auf. Einzig der Eingang im Sockelgeschoß erhielt echte Bauplastik, auch sie von Richard Kuöhl entworfen: Ein Knabe reitet auf einem Panther, der sitzend und mit vorgerecktem Hals auf einer kunstvoll gestalteten Konsole hockt.

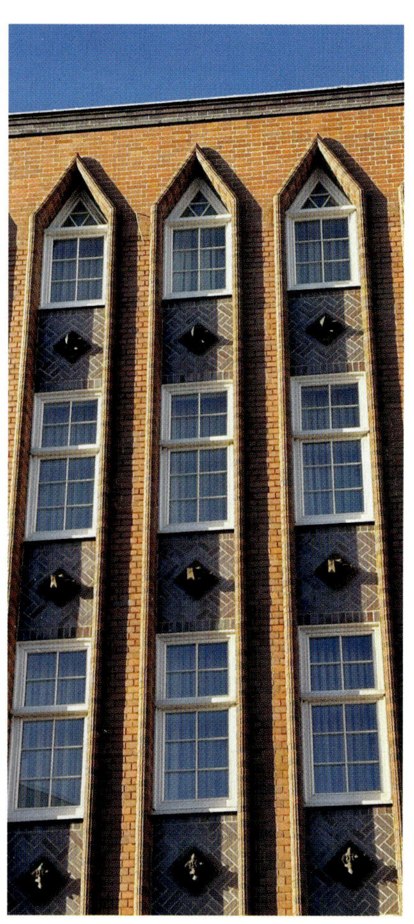

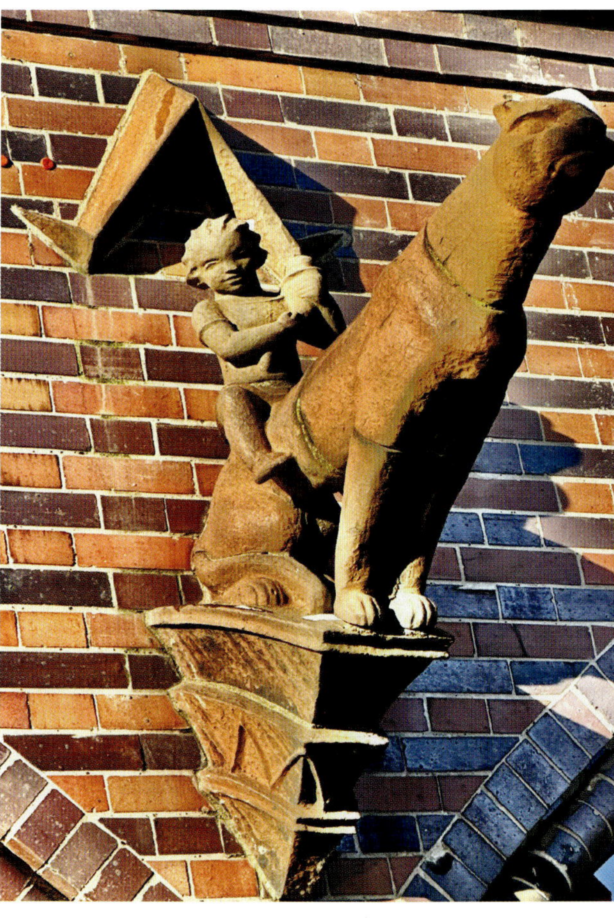

Ein drittes Werk von Richard Kuöhl begegnet uns auf dem Gelände des Universitätsklinikums, und zwar an der sogenannten ‚Hamburger Häusern' (Heinrich Meibohm-Straße). Dort sind am Zugang zu den Treppenhäusern drei Skulpturen angebracht, in der Mitte eine Mutter mit Kind, flankiert von einem jüngeren und einem älteren Mann mit je einem medizinischen Gerät in der Hand.

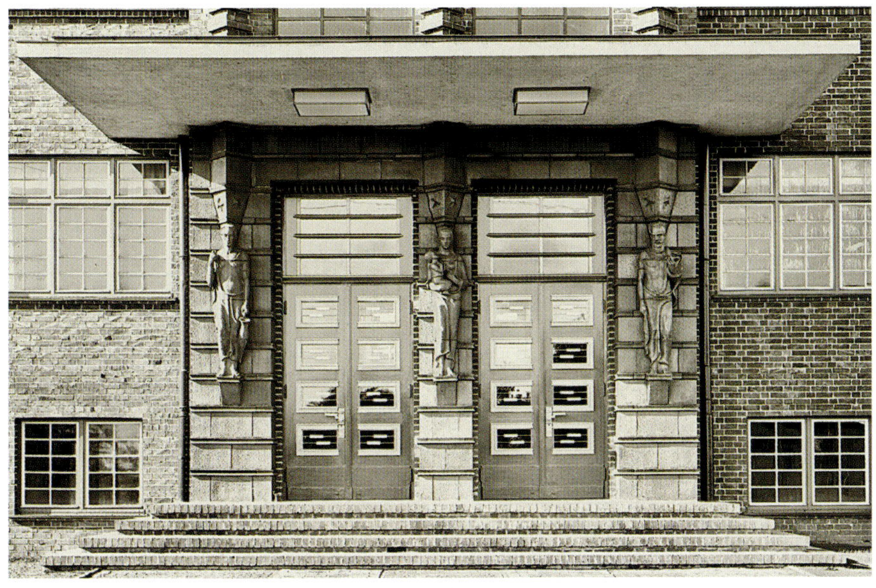

Noch karger ist der Bauschmuck an der Holstentorhalle, die 1926 an der Grünanlage vor dem Tor zur Feier des Jubiläums der Reichsfreiheit Lübecks errichtet wurde. Hier ist es nur ein Fries über dem Eingangsbereich, der stilisiert eine Reihe Lübecker Doppeladler zeigt.

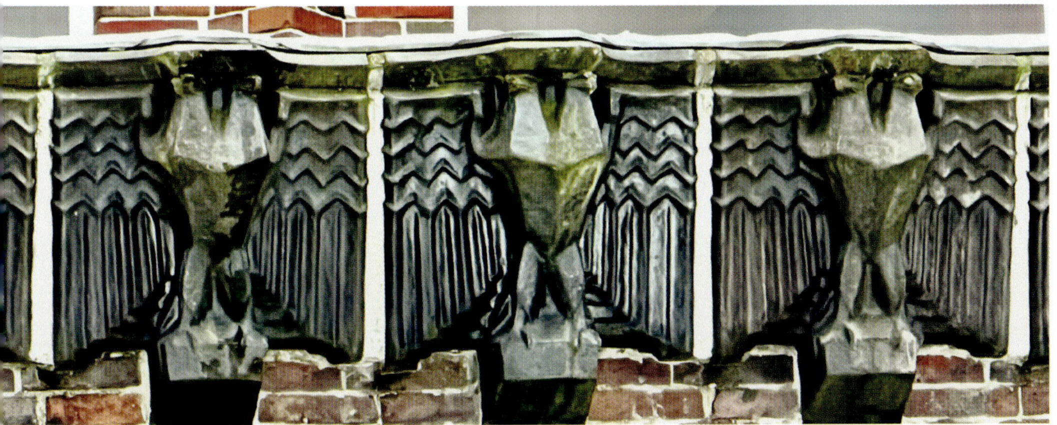

Als letztes sei das Gebäude Falkenstraße/Reiherstieg genannt. Auch dort sonst nur die typischen Gestaltungsformen durch Gesimse, vorspringende Erker und die durchgehenden Fenster der Treppenhäuser. Dort sind im dritte Obergeschoß drei Skulpturen angebracht, die sollen die wichtigsten Berufsgruppen, die am Bau beteiligt waren, darstellen: neben dem Baumeister Maurer und Zimmermann.

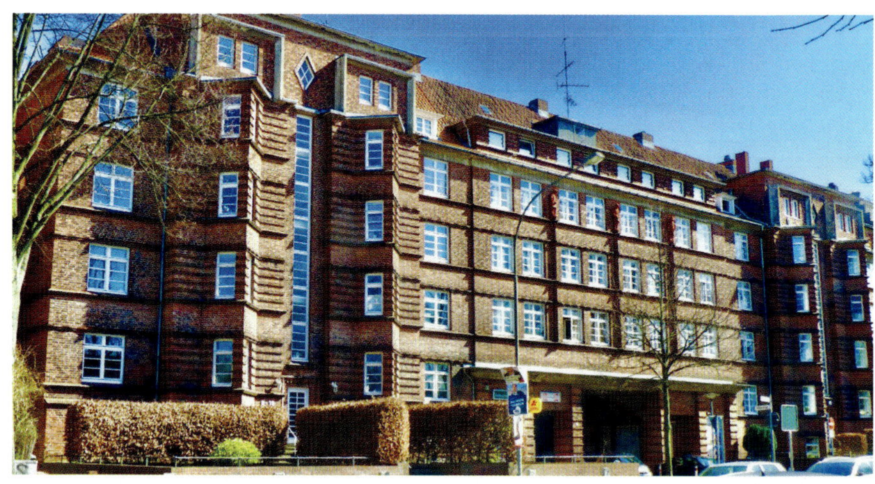

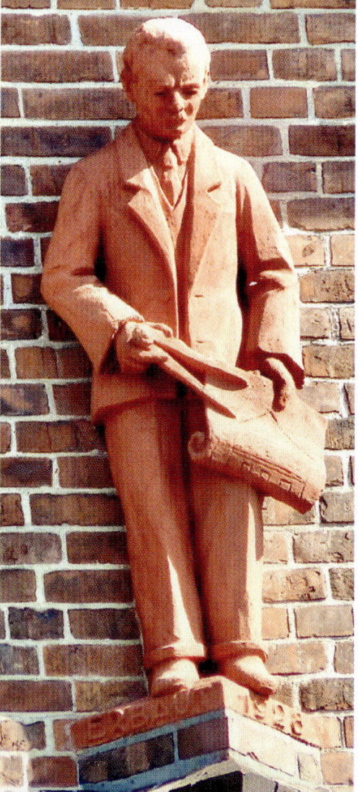

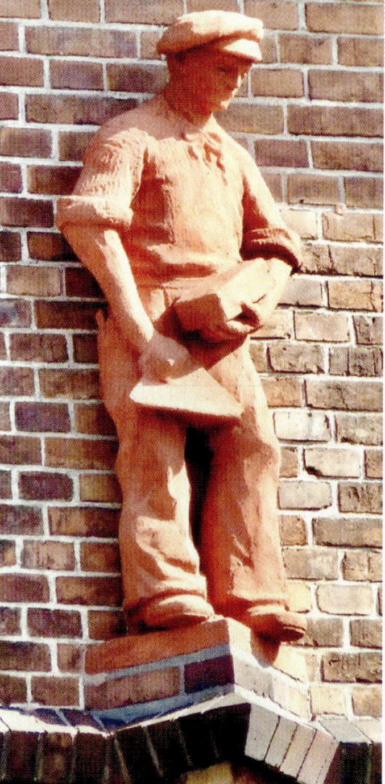

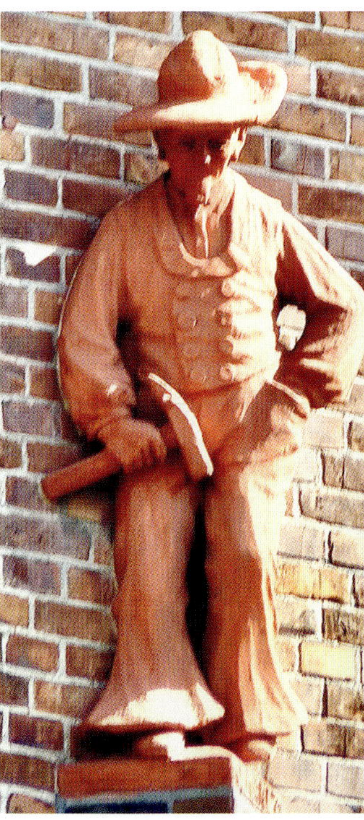

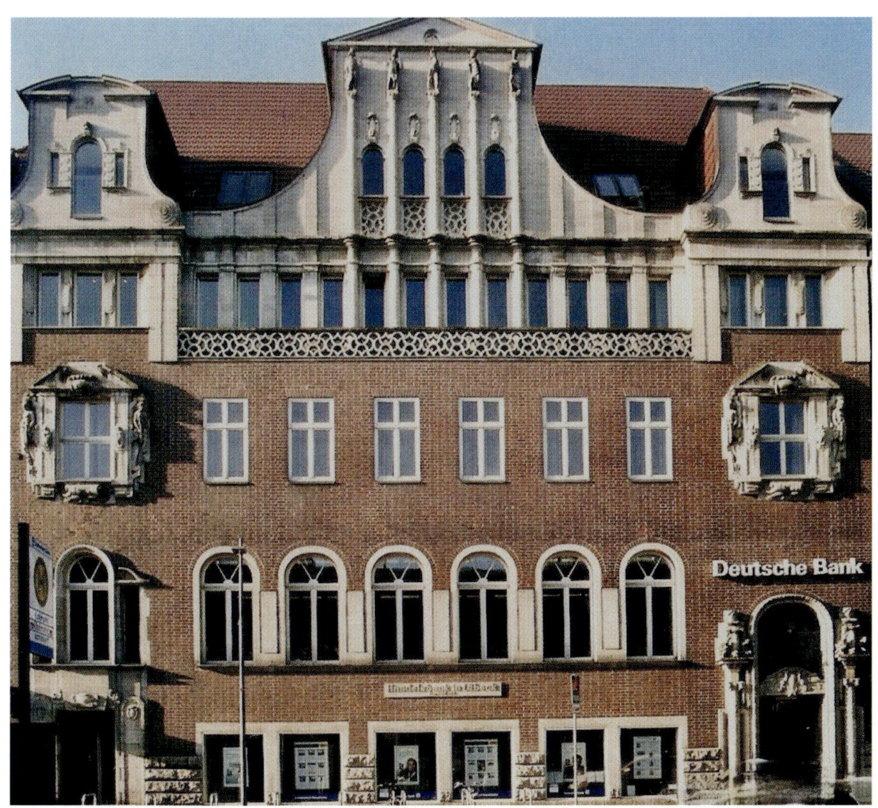

Zum Abschluß dieses Kapitels sei noch auf einige Skulpturen hingewiesen, die ebenfalls in den ersten Jahrzehnten nach 1900 entstanden sind, aber keiner dieser Stilrichtungen zugeordnet werden können. 1910 ließ die damalige Commerzbank in Lübeck sich am Kohlmarkt (Nr. 7-15) ein neues Bankhaus errichten, die spätere Handelsbank, übrigens die einzige Fassade, die dort den Bombenhagel nahezu unbeschadet überstanden hat. Stilistisch ist das Gebäude schwer einzuordnen: Einerseits als Backsteinbau im Heimatschutzstil mit Formen einer Neorenaissance, andererseits finden sich auch Anklänge an den Expressionismus. Der Mittelteil ist in gewisser Anlehnung an die äußere Gestalt eines Vorgängerbaus Kohlmarkt 13 entstanden, aber nach eigenständigem Konzept: Vor die Traufe sind drei Giebel gesetzt, ein großer als zentraler Blickfang und seitlich zwei wesentlich kleinere. Unter ihnen befindet je ein durch besondere Einfassungen herausgehobenes Fenster. Der Mittelgiebel ist konkav geschwungen und endet in einem flachen Dreiecksgiebel. Während das übrige Gebäude weitgehend ziegelsichtig ist, erscheint der obere Teil, der die drei Giebel verbindet, in Haustein. Fünf Säulen gliedern den Mittelteil, die unter dem Giebelsims Figurenschmuck tragen Sie symbolisieren die fünf Erdteile. Die Eingangstür befindet ganz an der echten Seite, auch sie ist von Säulen gerahmt auf denen berankte Kartuschen sitzen.

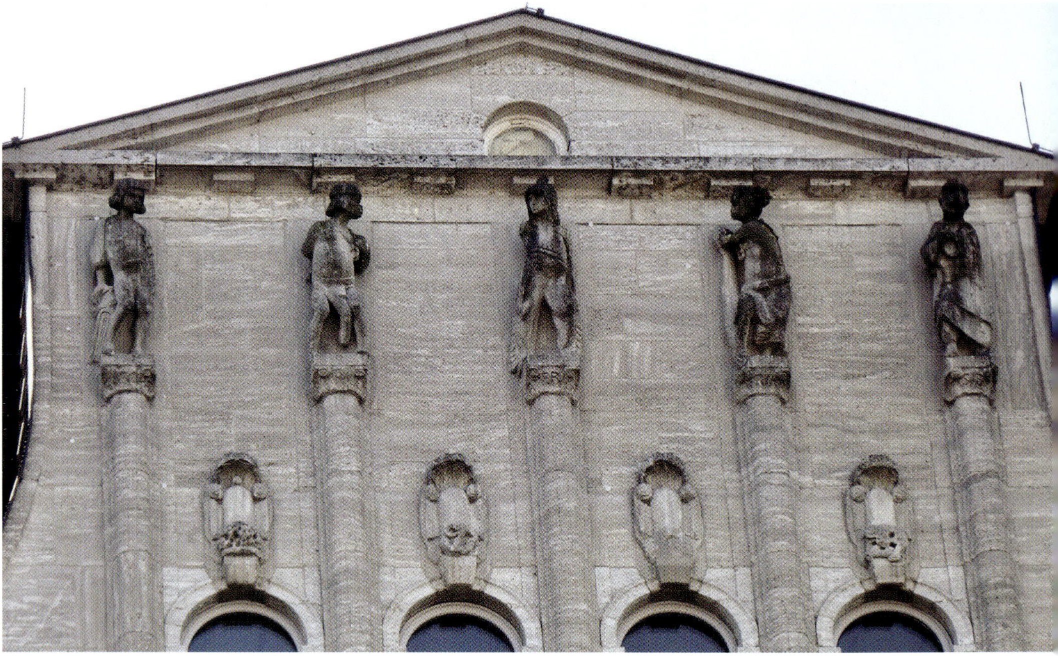

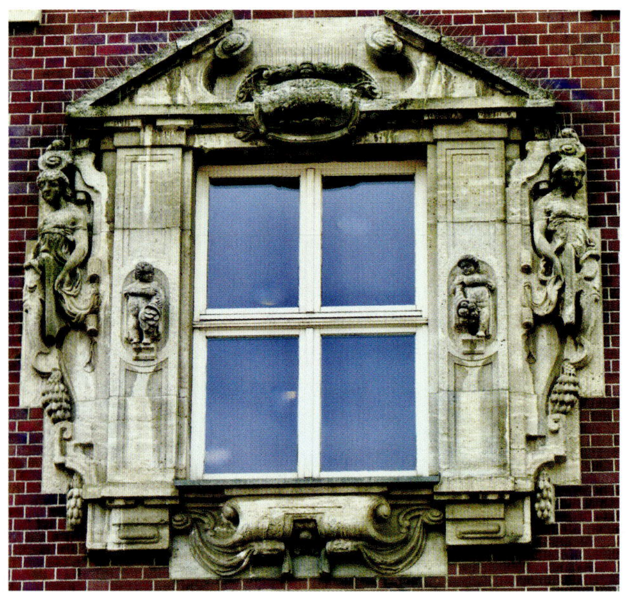

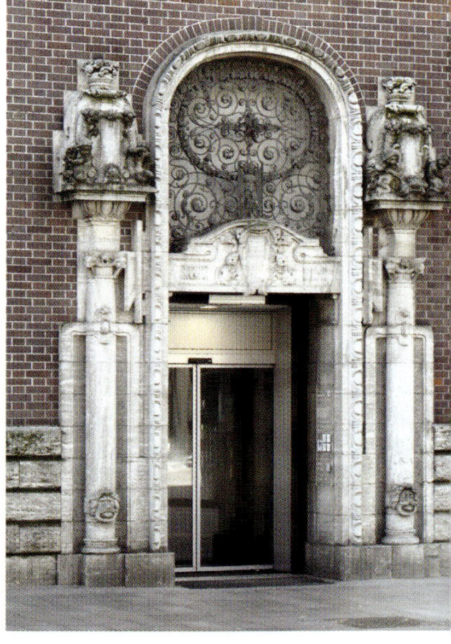

Auf einige weitere Skulpturen sei hier ebenfalls hingewiesen: Am erneuerten Amtshaus der Stecknitzfahrer in der Hartengrube 25-27 wurden zwei Figuren angebracht, die die beiden Berufe darstellen, die bei dieser traditionsreichen Gilde der Binnenschiffer auf dem Kanal eine Rolle spielen: links steht ein Schiffseigner, rechts von ihm ein jugendlicher Fahrensmann mit der notwendigen Stange zum Staken. Dieser Betonguß von 1905 war allerdings derart zerstört, daß man ihn um 2015 neu gestaltet hat, allerdings nicht als detailgetreue Nachguß.

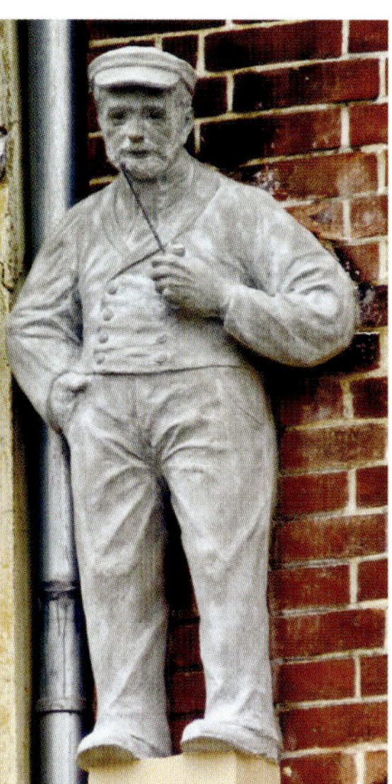

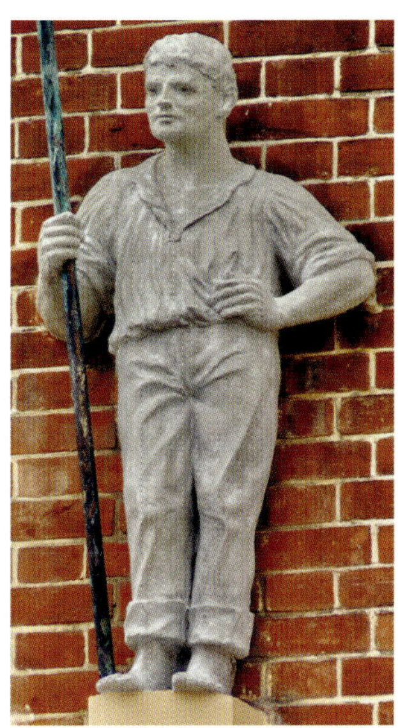

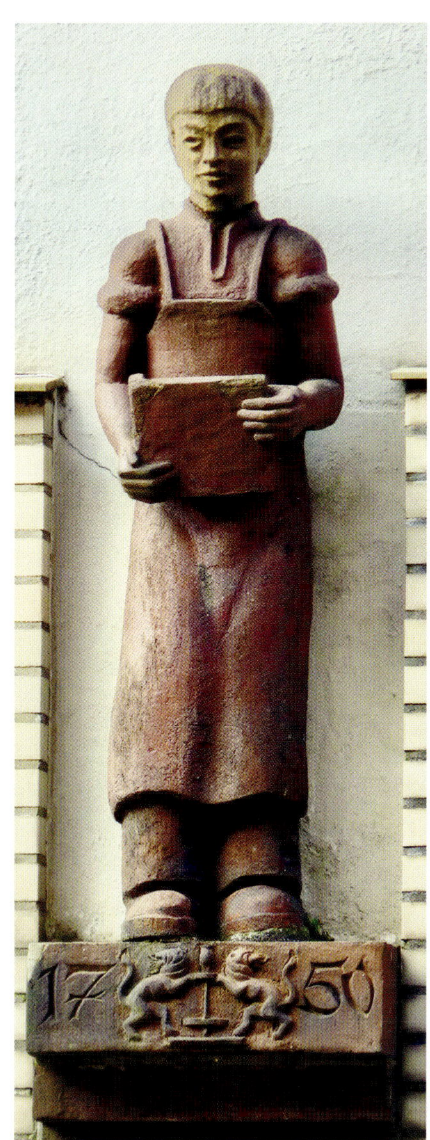

Eine andere, wenn auch künstlerisch unbedeutende Figur mit Bezug auf die Tätigkeit steht an der Fassade des Hauses Fischergrube 22, in dem einst eine Terrakottawerkstatt ansässig war. Ein Knabe hält eine Fliese in der Hand. Auch wenn die Konsole das Jahr 1750 anzeigt, wurde sie 1936 gefertigt und zeigt letzte Anklänge an den Expressionismus.

In der Straße Fünfhausen 21-25 finden wir ein Portal, das neobarocke Züge trägt. Das Haus dahinter wurde 1942 weitgehend zerstört und wieder aufgebaut, das Portal dabei übernommen. Es gehörte zu einem 1909 hier ansässigen Druckhaus und thematisiert die Bedeutung des Buchdrucks. So sind seitlich des Torbogens allerlei Werkzeuge dieses Gewerbes abgebildet, im darüberliegenden Aufsatz halten Greifen eine Wappenkartusche. Zu beiden Seiten, wie das ganze Portal aus Tuffstein, zwei Statuetten, die zwei wichtige Protagonisten dieser Kunst darstellen: Johann Gutenberg als Erfinder der Druckkunst und Aloys Senefelder, der Erfinder der Lithografie.

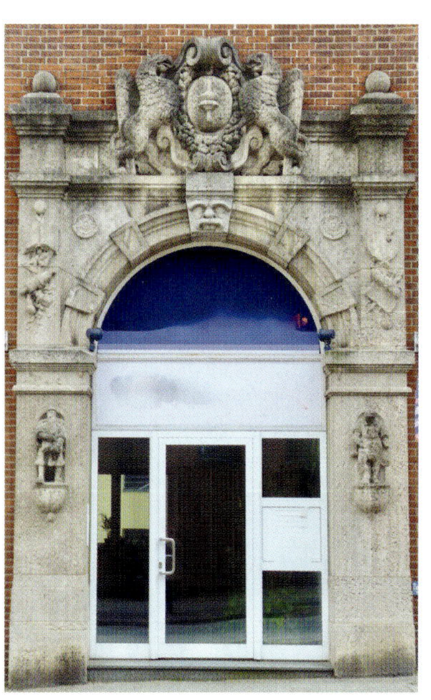

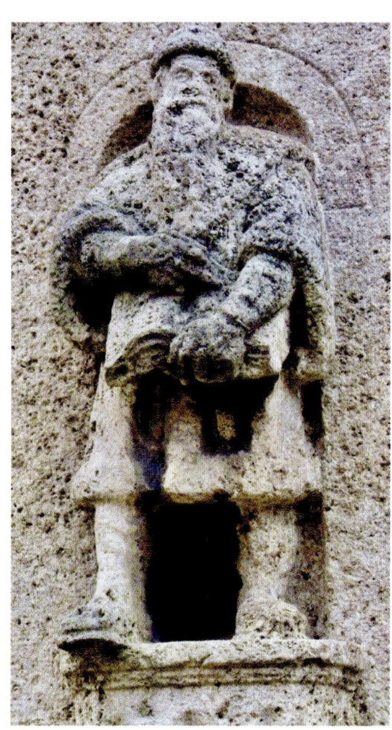

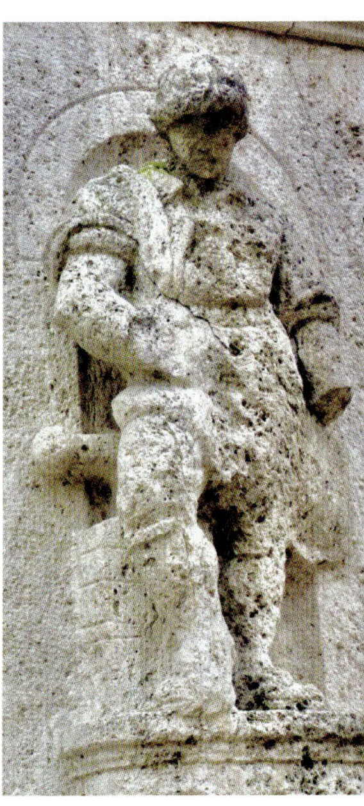

Auch die beiden Skulpturen, die wir am Haus Alfstraße 36 finde, symbolisieren Berufe, die mit der Eisenwarenfabrik zusammenhängen, die hier einmal gewirkt hat: Der eine ist als Kaufmann tätig, der andere als Schmied. Um 1925 wird als Zeit der Anfertigung angegeben. Als Türsturz des links liegenden Portals dient eine Platte mit einem Flachrelief. Schlangenstab und geflügelter Hut zeigen, daß der dort liegende nackte Jüngling der griechische Gott Hermes sei soll.

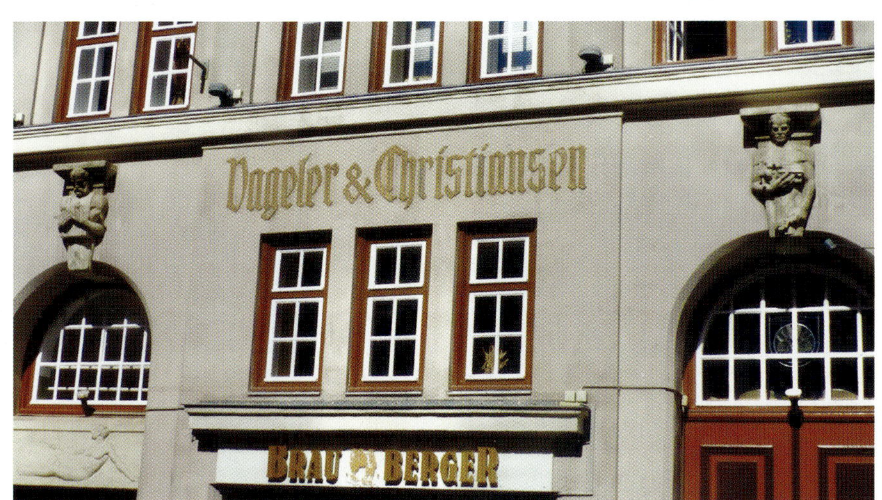
Vageler & Christiansen
BRAU BERGER

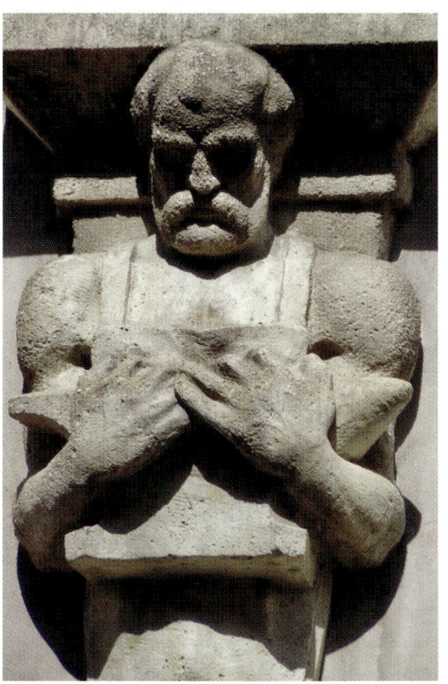

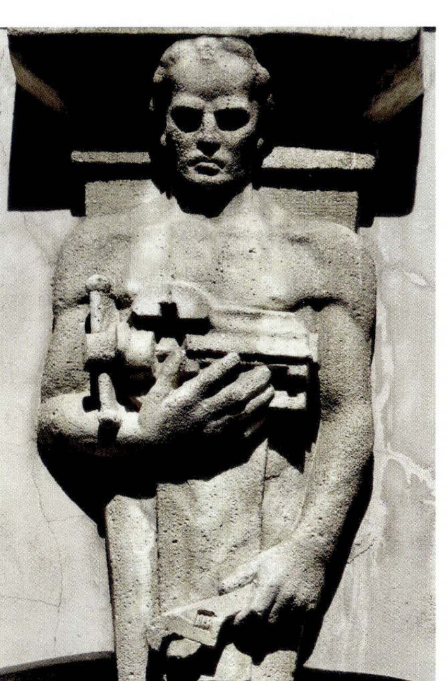

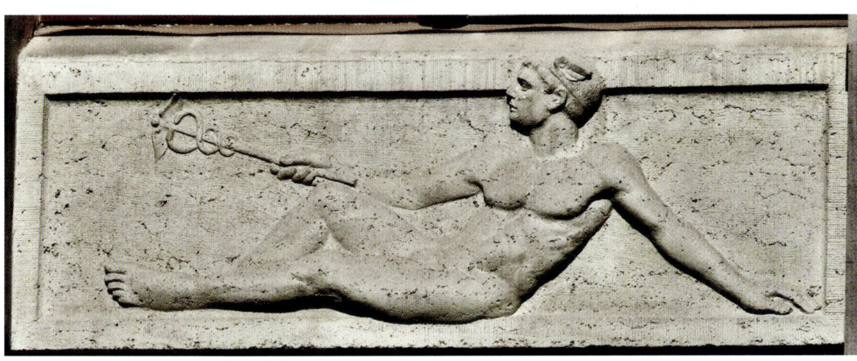

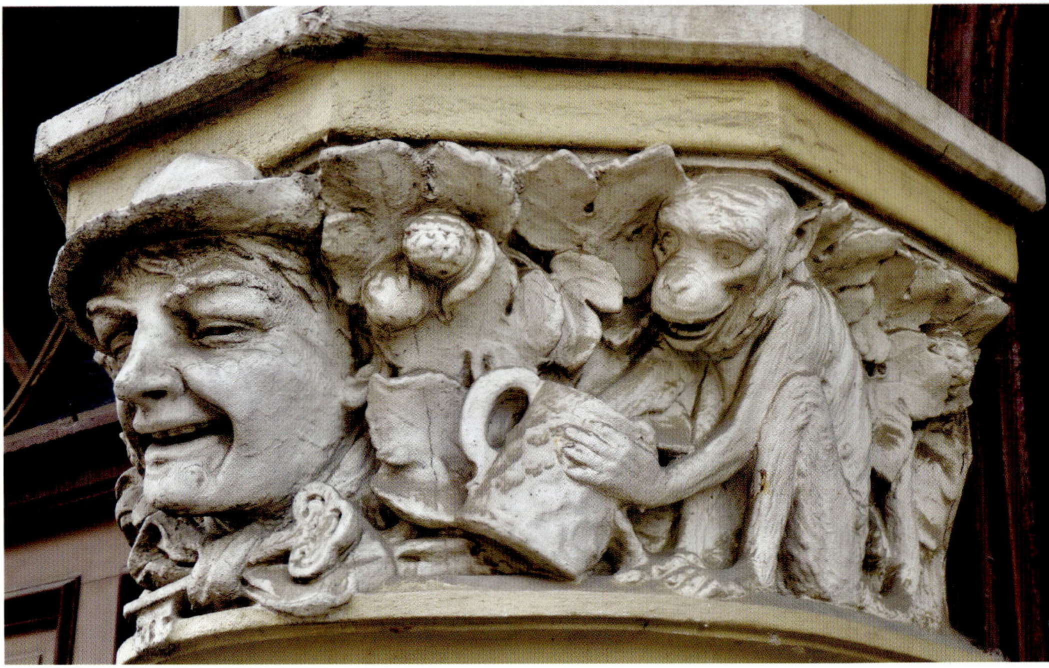

Auch an anderer Stelle wird deutlich, welchen Zwecken ein Haus dienen soll: Fleischhauerstraße 78 – ein völlig mit glasierten Klinkern verkleidetes Gebäude, war seit langem eine Schankwirtschaft. als es 1902 erneuert wurde, hat man im Erdgeschoß drei Rundbogenöffnungen geschaffen, von denen die beiden äußeren als Türen dienen. Vier dicke, ebenfalls glasiert verkleidete Säulen trennen sie, und ihre Kapitelle sind mit burlesken Darstellungen versehen. Bezechte und mißmutige Männergesichter unter

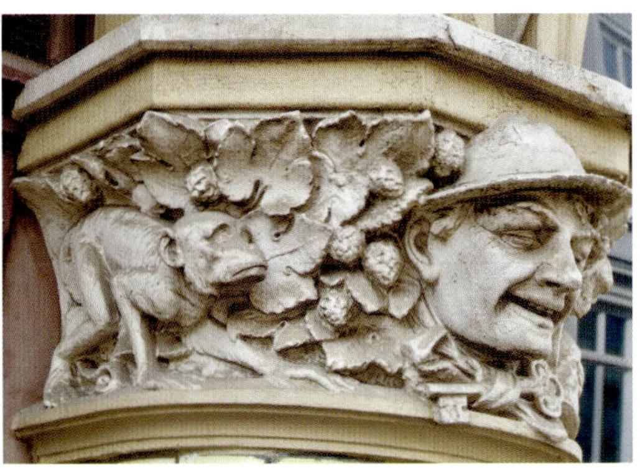

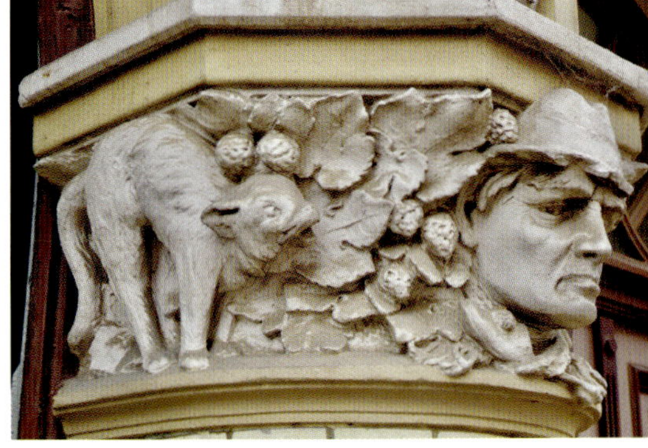

kecken Hüten werden nicht nur von Weinlaub umgeben, sondern in ihm tummelt sich allerlei Äffchen. Einen besonderen Scherz hat sich der unbekannte Künstler mit dem fröhlichen Zecher erlaubt: Er hat sich vorsorglich seinen Hausschlüssel um den Hals gebunden, um ihn auf dem Heimweg nicht zu verlieren.

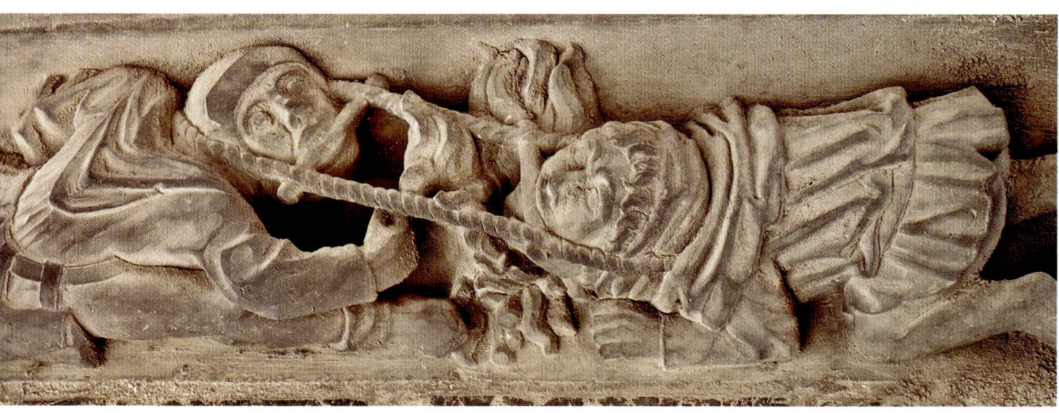

Um Humor anderer Art geht es bei zwei Reliefs in den Kämpfern des Bogens, der den Durchgang zwischen Rathaus und Kanzleigebäude freigibt. Hier gab es zwar Vorlagen (heute im St. Annen-Museum), aber der Bildhauer Otto Mantzel mußte die verwitterten Reliefs 1930 erneuern und hat sich dabei manche Freiheit genommen: Dargestellt werden auf der Rathausseite zwei Männer, die mit Stricken verbunden sich über ein Feuer ziehe wollen, das sogenannte ‚Strebkatzenziehen' Auf der anderen Seite treiten sich zwei Hunde um einen Knochen. Flankiert werden sie von zwei Gesichtern – Zutaten Mantzels – links ein Richter, rechts ein Narr, der sichtlich Spaß an dem Spektakel hat.

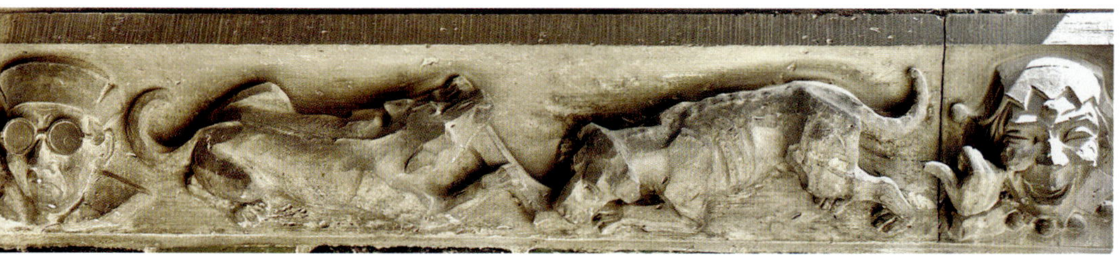

9. Die Gemeinschaft der Heiligen: Ernst Barlach

Wenn ich dieser Figurengruppe im Giebel der Katharinenkirche ein eigenes Kapitel widme, dann aus zwei Gründen: Einmal, weil hier ein Skulpturenensemble, geschaffen von Ernst Barlach und seinem Schüler Gerhard Marcks, entstanden ist, das Kunstfreunde und Kunstkenner aus aller Welt anzieht (im Gegensatz zu den vielen Lübeckern, die täglich achtlos daran vorbeigehen). Zum anderen, weil seine Entstehungsgeschichte weit gespannt ist, von den Zwanziger bis in die fünfziger Jahre des 20. Jahrhunderts reicht.

Es begann mit einem ideenreichen Mann, der Kenner, Liebhaber und auch Sammler der damaligen Avantgarde war: Carl Georg Heise, seit 1920 Leiter der Lübecker Museen. Er hatte die Idee, die leeren Nischen an der ehemaligen Klosterkirche durch Skulpturen zu füllen und bat Ernst Barlach um Entwürfe. Barlach hatte damals bereits viel beachtete Werke geschaffen, wurde allerdings auch wegen ihrer expressiven Darstellung

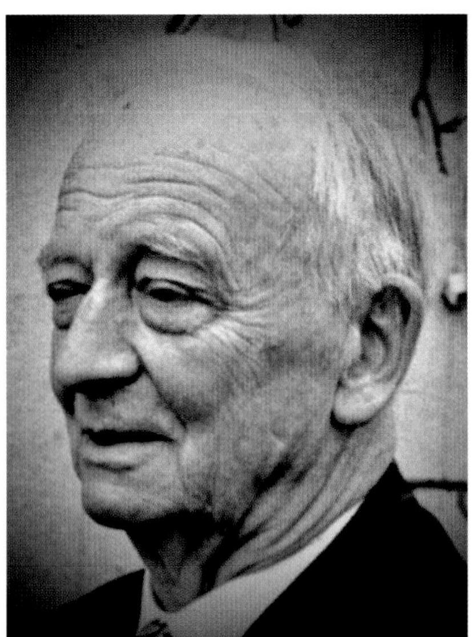

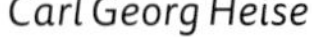

Carl Georg Heise

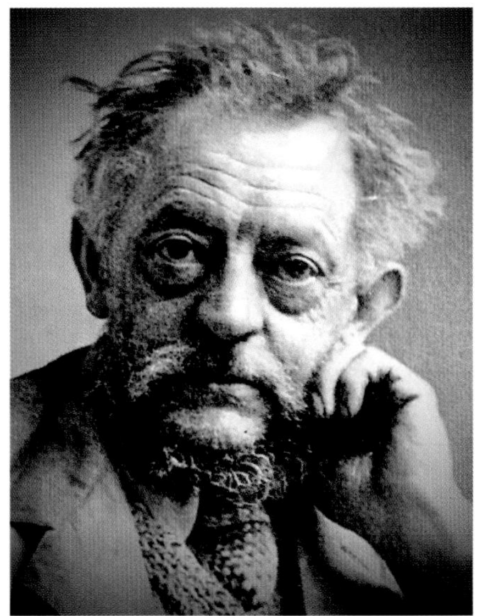

Ernst Barlach

vor allem in konservativen und völkischen Kreisen angefeindet. Ihnen galten die Barlachschen Menschenbilder als unheroisch und dekadent – oder, im späteren NS-Jargon, als ‚entartet'.

Ursprünglich waren insgesamt 16 Statuen geplant, bis 1933 konnte der Künstler allerdings erst drei fertigstellen: Frau im Wind, Bettler und singender Klosterschüler. Barlach nannte die gesamte Figurengruppe ‚Gemeinschaft der Heiligen', dachte dabei allerdings nicht an von der Kirche heiliggesprochene Personen, sondern an alle, die der Heiligung bedurften.

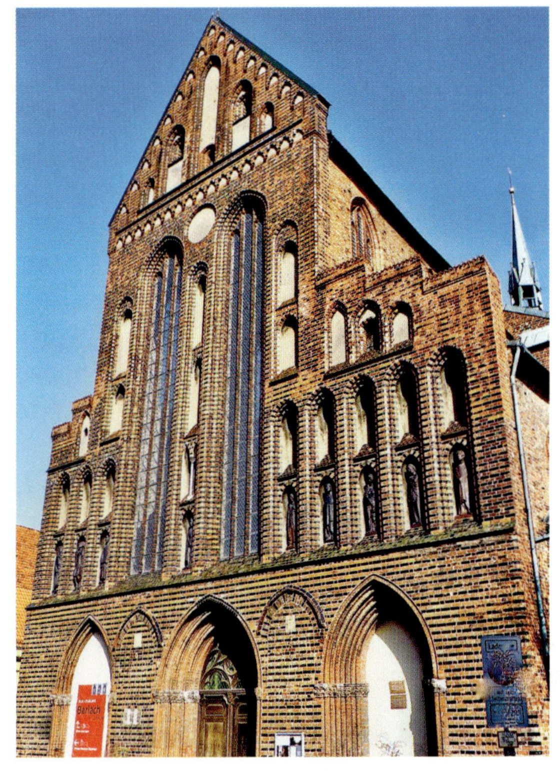

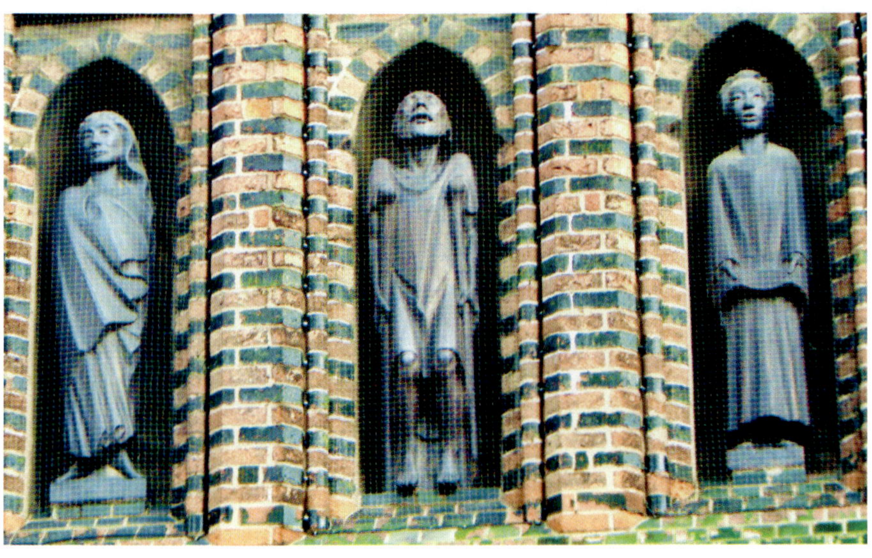

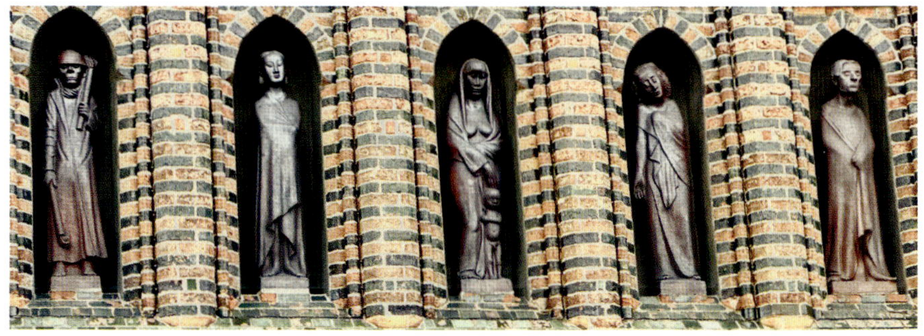

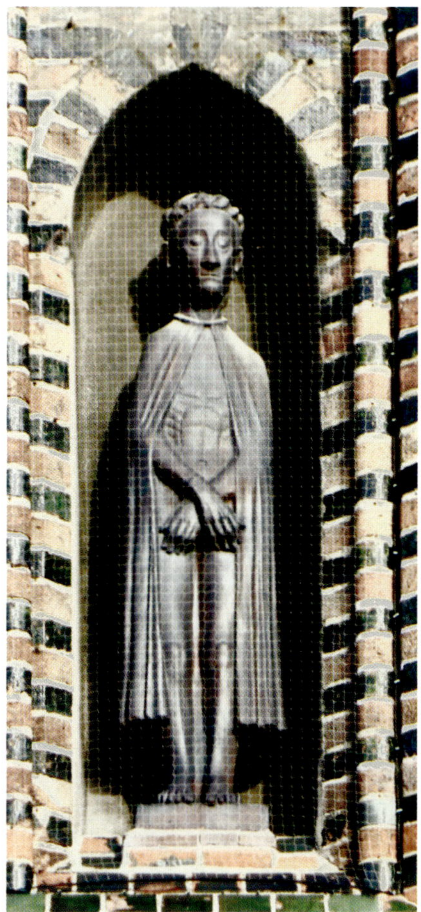

Als auch in Lübeck die Nationalsozialisten den Senat beherrschten, wurde Heise 1933 entlassen, die Figuren Barlachs kamen nicht zur Aufstellung, sondern sollten 1936 als ‚entartete Kunst' nach Berlin abgeliefert werden. Heise gelang es, sie als seinen Privatbesitz zu reklamieren und konnte sie so vor der Zerstörung retten und verstecken. Erst 1947 konnten sie dann ihren Platz an der Kirchenfassade einnehmen – übrigens erneut gegen den heftigen Widerstand der konservativen Parteien im Stadtparlament. Barlach war schon 1938 verstorben, hatte aber Gerhard Marcks als den Künstler benannt, der sein Werk – nach eigenen Entwürfen – vollenden sollte.

Marcks schuf für die sechs Nischen an der linken Seite den Brandstifter, Jungfrau, Mutter und Kind, Kassandra und einen Propheten. Sie wurden im Februar 1949 aufgestellt. Während Barlach die Nische in der mittleren Blende ganz freilassen wollte, hat Marcks die Figur ‚Christus als Schmerzensmann' dort hineingestellt und damit die beiden Gruppen verbunden.

Eigentlich haben beide Künstler ihre Skulpturen so geformt, daß sie aus dem Blickwinkel des untenstehenden Betrachters gesehen werden sollten. Dennoch sind die in Güstrow ausgestellten Kopien nun direkt vor Augen des Besuchers und können ganz aus der Nähe wahrgenommen werden – durchaus ein Vorteil, dem auch diese drei Fotos zu verdanken sind. Die oberen Nischen, die Barlach eigentlich einbeziehen wollte, sind allerdings unbesetzt geblieben.

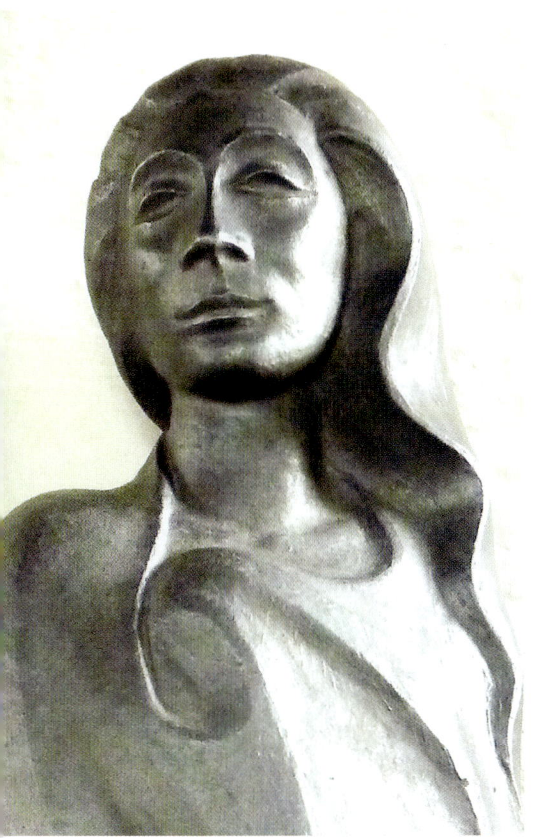

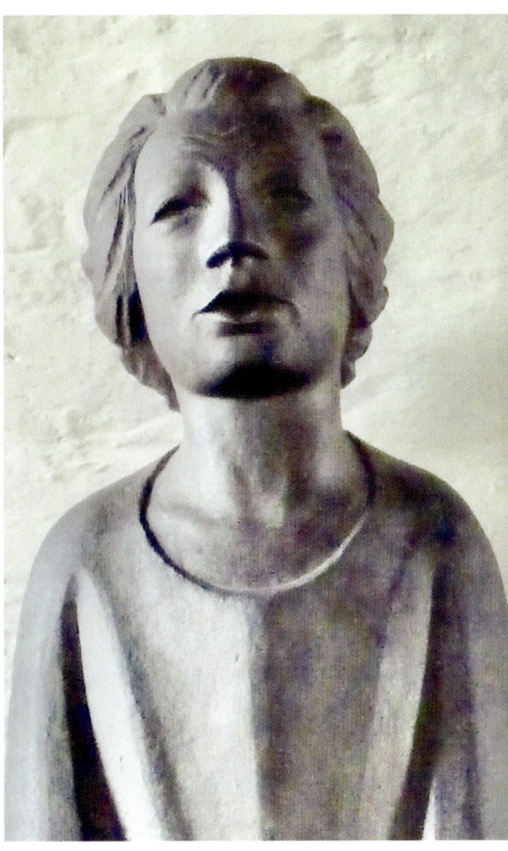

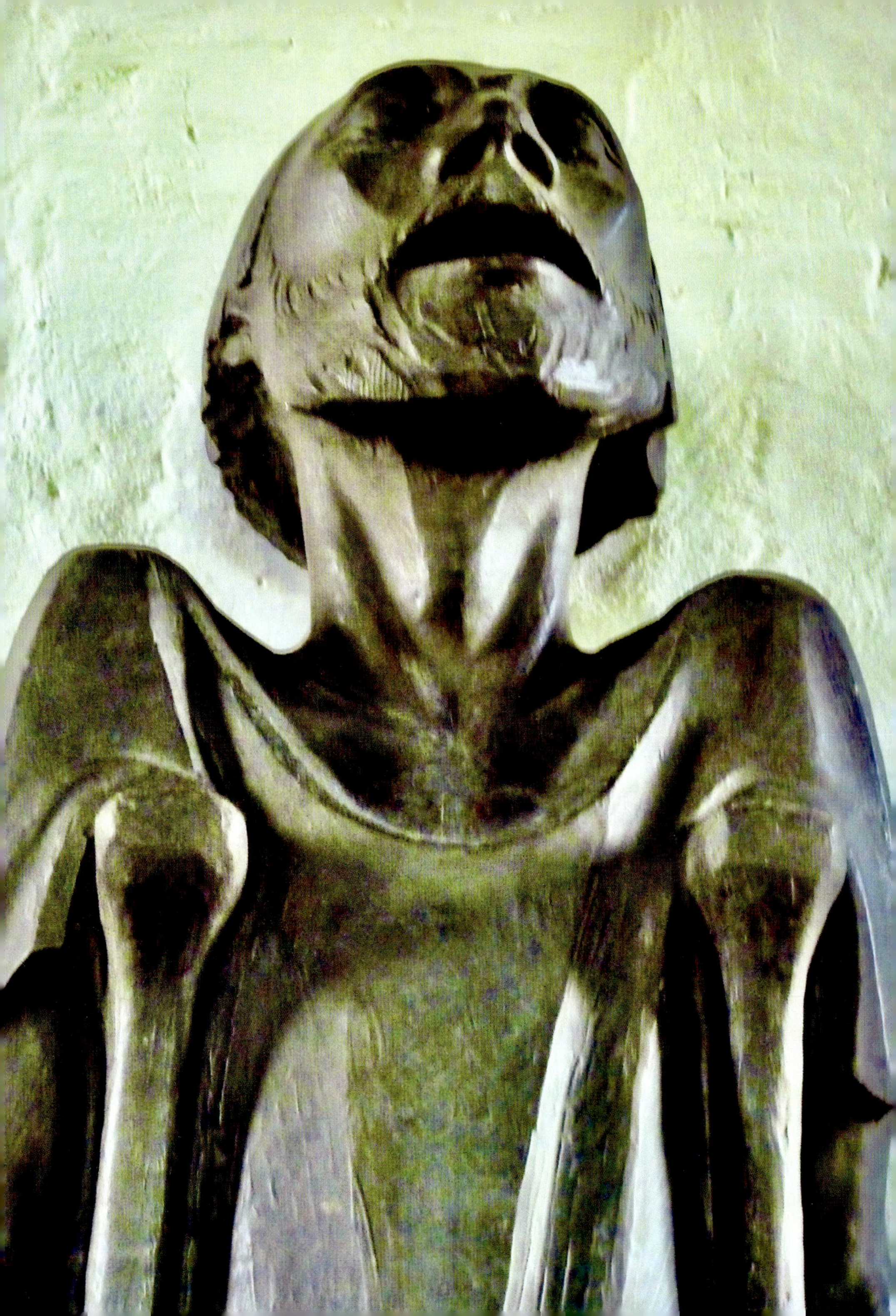

10. Neuanfänge: die Nachkriegsjahre

In der Nacht vom 28. auf den 29. März 1942 fliegen alliierte Bomberverbände Lübeck an. Es sollte das erste Flächenbombardement auf eine deutsche Großstadt werden – mit verheerenden Folgen: 320 Menschen verloren ihr Leben, 783 weitere verwundet. Weite Teile der historischen Altstadt liegen in Trümmern, auch in den Vorstädten gab es teils erhebliche Bombenschäden. Nach offiziellen Angaben wurden 1.468 Gebäude total zerstört, 2.180 schwer und 9.103 leicht beschädigt. Am 8. Mai 1945 schweigen endlich in Europa die Waffen. Die von Hitler eingesetzte letzte deutsche Reichregierung hat die bedingungslose Kapitulation der Wehrmacht unterzeichnet.

Doch die furchtbaren Schäden bleiben, auch in Lübeck. Zwar sind die Ruinen weitgehend abgerissen, die Straßenzüge freigeräumt, docj dioe weiten leergeräumten Trümmerflächen zeigen das Ausmaß der Schäden. Waren schon 1942 über 15.000 Lübeckerinnen und Lübecker obdachlos geworden, so strömten jetzt Zehntausende von Flüchtlingen aus den Ostgebieten in die Stadt. Erstes und wichtigstes Ziel neben der ausreichenden Ernährung war die Unterbringung all dieser Menschen, zunächst in Notunterkünften wie den großen Barackenlagern, dann aber der Wiederaufbau, die Beschaffung von Wohnraum. Verständlich, daß beim Bau neuer Häuser an Kunst an diesen Bauten kein Interesse bestand. Erst allmählich gab es erste bescheidene Versuche, den neuen Häusern etwas Schmuck zuteil werden zu lassen.

Es gibt für die ersten Jahrzehnte nur eine einzige Arbeit an einem Privathaus, alles andere finden wir nur an öffentlichen Gebäuden. Es handelt sich um den Erker Holstenstraße 6. Dort sind in vier Brüstungsfeldern die zwölf Tierkreiszeichen dargestellt. Das unterste Feld dagegen erinnert an die Zerstörung des Hauses in der Brandnacht 1942 mit einer brennenden und einer erlöschenden Fackel.

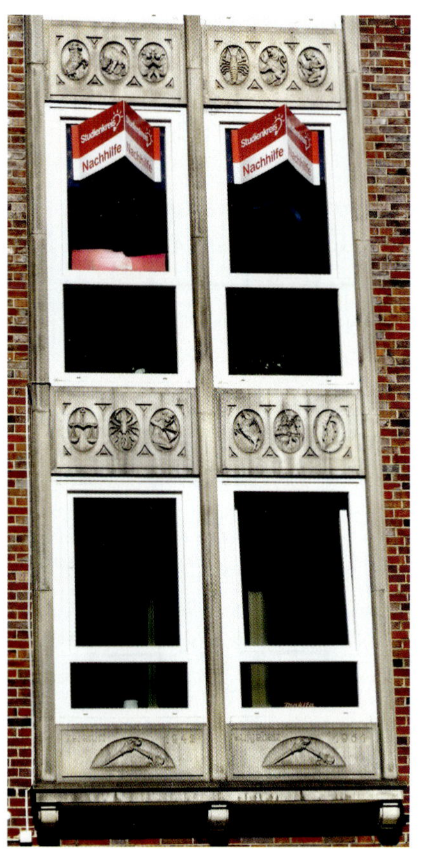

Schon in der Weimarer Republik gab es amtliche Vorschriften zur Förderung der Kunst am Bau, und 1950 beschloß der Deutsche Bundestag, daß bei Bauten des Bundes 1% der Bausumme hierfür vorgehalten werden müssen – die Prozentzahl wurde allerdings mehrfach geändert. Auch die Landesregierung Schleswig-Holsteins regelte diese Frage, laut dem letzten Erlaß vom 10. Januar 2012 hat allerdings nur empfehlenden Charakter für Kreise, Ämter und Gemeinden.

In den beiden Jahrzehnten von 1950 bis 1970 wurden in den Stadtvierteln neben dem Wohnungsbau vor allem auch neue Schulen errichtet, und sie waren fast durchweg durch Kunstwerke geschmückt. Bevorzugt waren dabei Metallgrafiken, die realistische Gestaltung mit einer gewissen Abstraktion der Form verknüpfte. Daneben traten viele Entwürfe in Form von Mosaiken. Es ist allerdings festzustellen, daß viele dieser Kunstwerke inzwischen bereits wie-

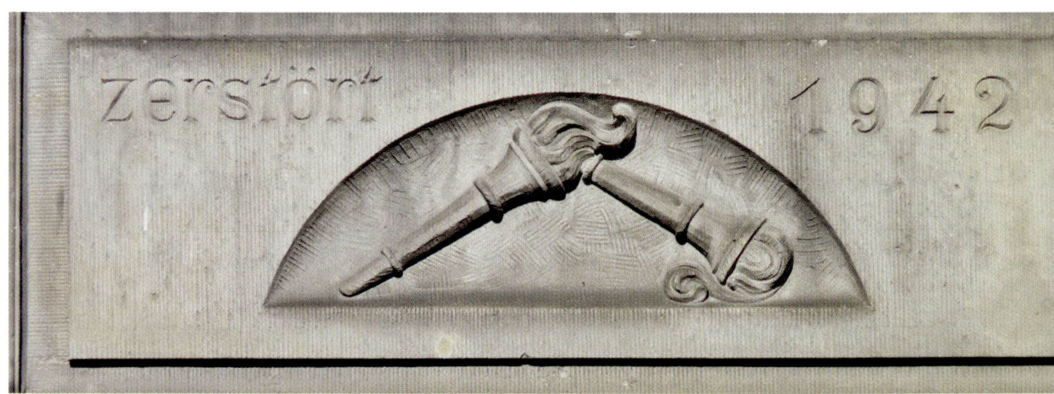

der verschwunden sind: Um- oder sogar Neubauten haben ebenso Kahlschlag gemacht wie Sanierungsarbeiten an den Außenwänden.

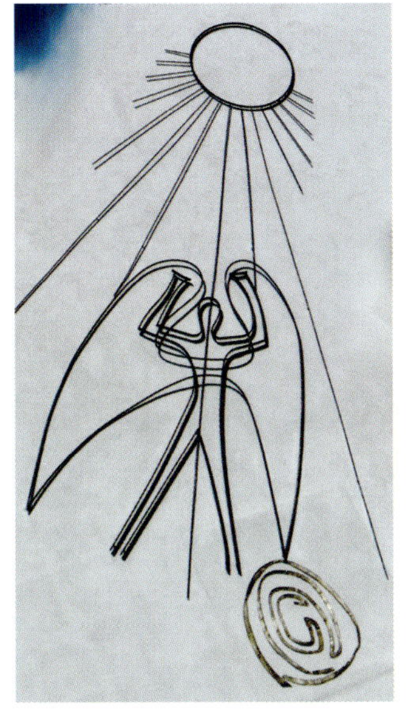

Schauen wir uns zunächst einmal um bei den Schulgebäuden, an denen die Kunstwerke der 50er und 60er Jahre des letzten Jahrhunderts noch erhalten sind. In der Wendische Straße 55liegt die (heutige) Holstentor Gemeinschaftsschule. Trotz neuer Fassadengestaltung blieb die Metallgrafik im Eingangsbereich erhalten. Peter Thienhaus schuf sie Grafik 1954 und gab ihr den Titel ‚Ikarus' – der unglückliche Sohn des geniale Erfinders Dädalus, der nach der griechischen Sage vom Vater Flügel erhielt, die mit Wachs zusammengehalten wurden. Entgegen dessen Warnung aber flog er so hoch, daß die Sonnenstraße das Wachs schmolzen und er in den Tod stürzte. Das Werk wurde aus Metallstreben zusammengeschweißt. Ein Jahr später konzipierte er eine andere Metallgrafik für die Matthias-Leithoff-Schule in Kücknitz. Auch wenn er sie ‚ohne Titel' nannte, ist der Bezug auf den Schiffbau deutlich, der zu damaliger Zeit in Kücknitz-Herrenwyk von Bedeutung war.

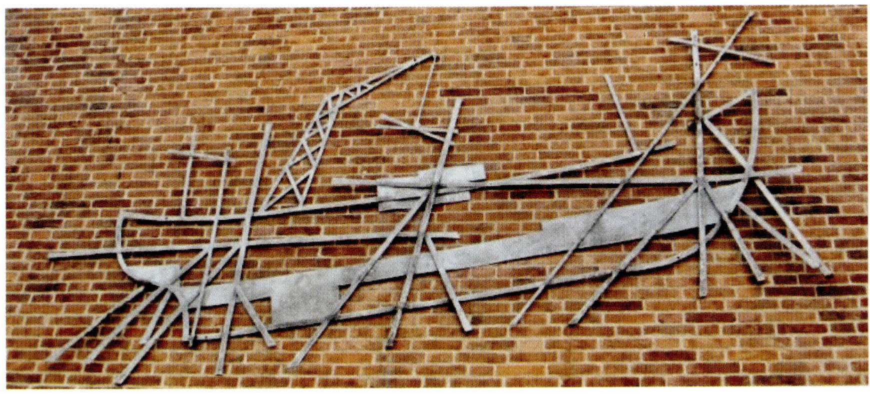

Metallgrafiken als Gestaltungsmittel hat auch Curt Stoermer geschaffen, etwa 1956 an der Albert-Schweitzer-Schule in der gleichnamigen Straße. In fünf Szenen stellt er verschiedene Spiel- und Sportarten vor.

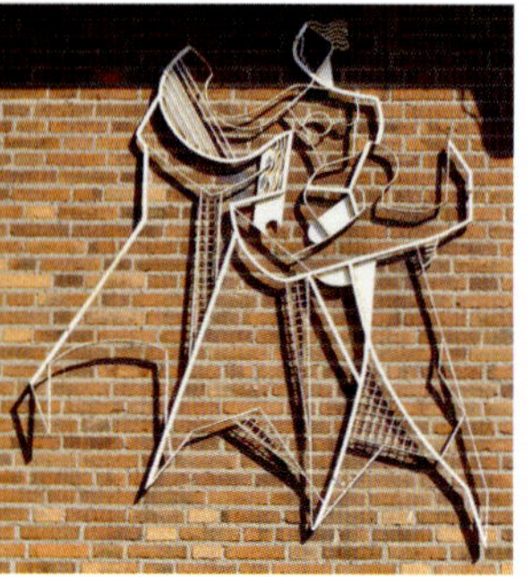

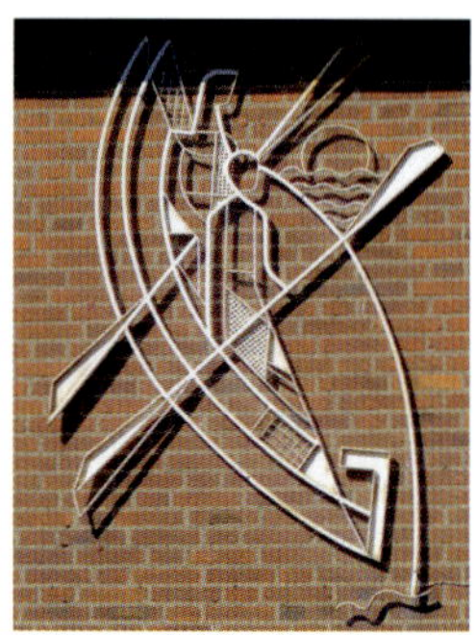

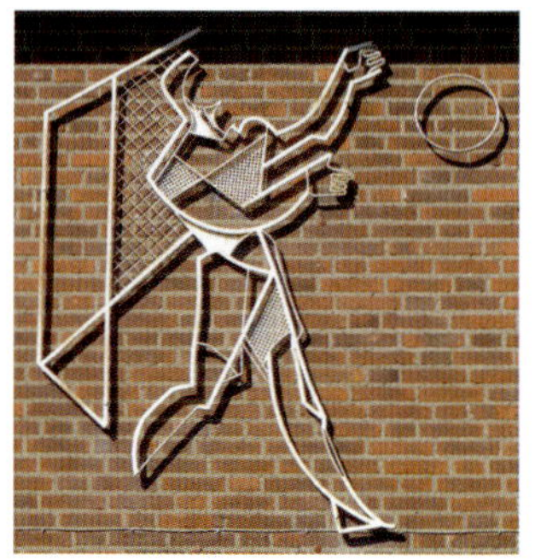

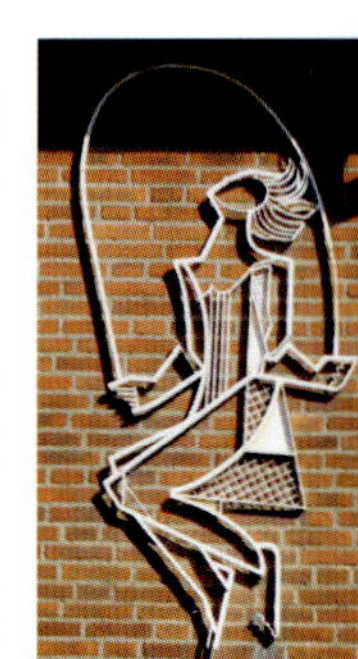

Für die gleiche Schule hat auch Matthias Mathies zwei unterschiedliche Arbeiten geschaffen: Ein abstraktes Mosaik für die Fensterbrüstungen sowie eine Malerei mit dem Titel ‚Küstenmotiv', das oberhalb der Eingangstür die Besuchenden begrüßt.

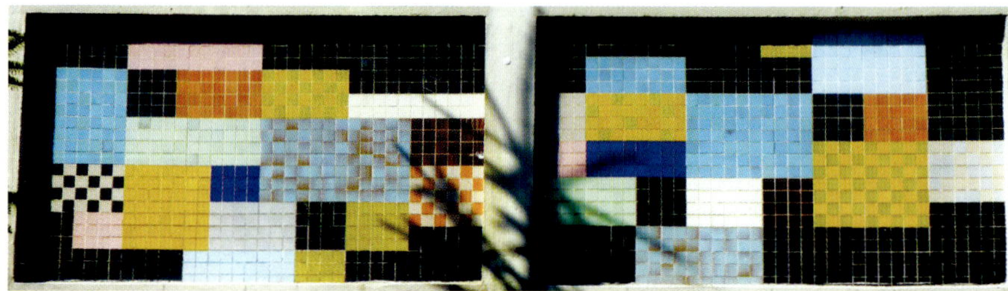

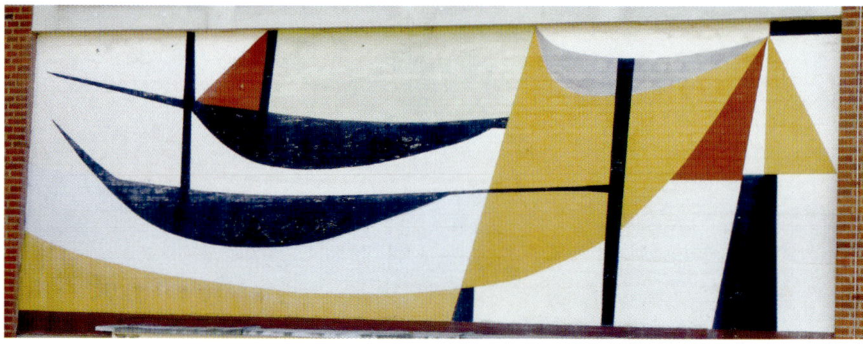

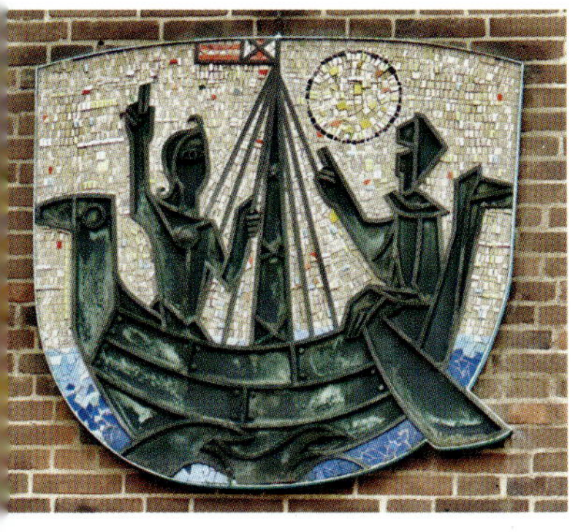

Auch Störmer hat mehrfach Aufträge der Stadt erhalten. So schuf er 1958 für das Innenstadt-Polizeirevier, das im Neubau Mengstraße 18-20 untergebracht ist, einen Wandschmuck, der sich das älteste Stadtsiegel Lübecks zum Vorbild genommen hat. Das Original (1280) zeigt eine geklinkerte und einmastige Kogge, in der sich ein Schiffer und ein Kaufmann gegenübersitzen. Die erhobene Hand des letzteren wird meist als Eidesleistung gedeutet, entsprechend den Schwurgemeinschaften, zu denen sich die Fernreisenden jeweils zusammengeschlossen hatten. Der Künstler abstrahiert die Szene nicht nur, er unterstreicht durch eine entscheidende Veränderung auch das Schwurgeschehen. Anstelle der Siegelform wählt er zudem einen Wappenschild, gefertigt aus Eisen mit eingelegtem Mosaik, auf das er betont plastisch das Motiv aus Eisen formt.

1964 gestaltet Stoermer für die Grundschule Utkiek in Kücknitz auch eine Metallgrafik, die den Giebel schmückt. Unter dem Titel ‚Musizierende' stellt er eine Flötistin und einen Cellisten dar, die offensichtlich eine Gruppe Singender begleiten.

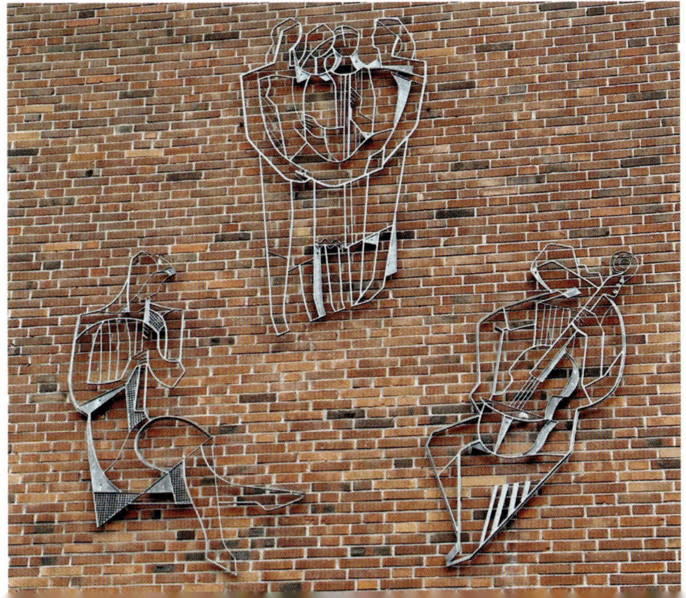

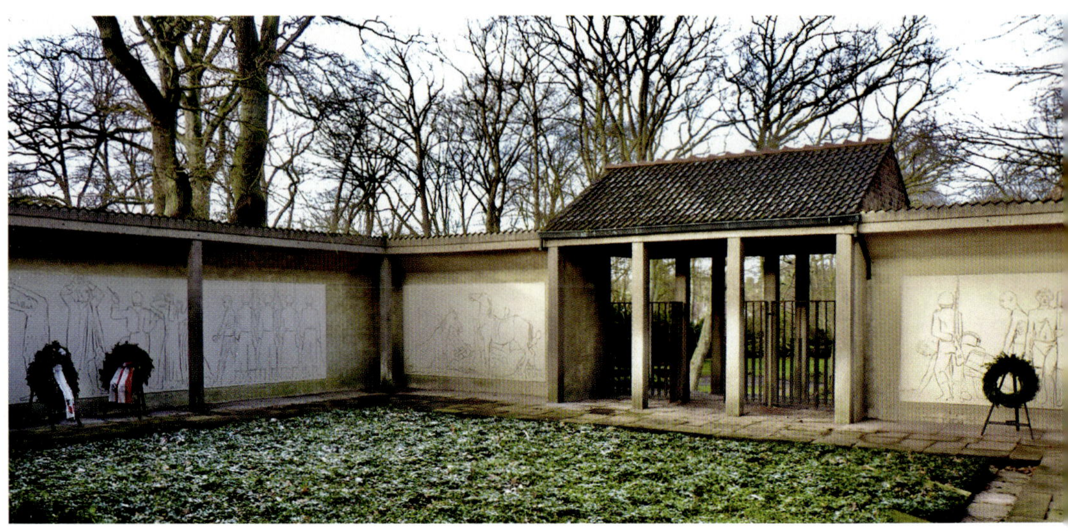

Neben den Schulen hat die Stadtverwaltung auch einige neue Bauten auf den beiden Friedhöfen errichtet. Schon 1950 beschloß der Senat, auf dem Vorwerker Friedhof eine Gedenkstätte für die Opfer von Krieg und Gewalt zu errichten. So entstand ein geschlossener Raum in Form eines Atriums, in dessen Mitte ein mit Immergrün bepflanztes Quadrat liegt. Darin ein erklärender Gedenkstein. Die hellen Wände hat der Künstler Walter Jahn durch mehrere Szenen in Kratzputz gestaltet, um die unterschiedlichen Formen von Gewalt darzustellen. Auch er vermeidet also eine flächenfüllende Darstellung zugunsten einer bloßen Linienführung.

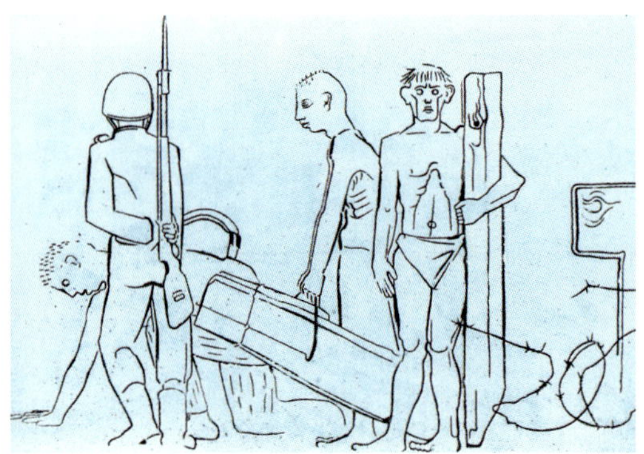

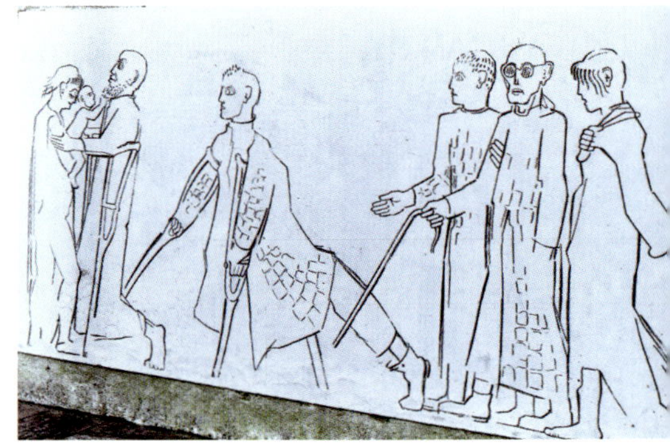

1962 wurde auf dem Waldhusener Friedhof eine zweite Kapelle eingeweiht. Die rasch wachsende Einwohnerzahl nördlich der Trave, vor allem durch den neuen Stadtteil ‚Roter Hahn', erforderte eine Erweiterung des Friedhofs, nun auch jenseits der Bahntrasse. Wieder erhielt Peter Thienhaus den Auftrag für ein Kunstwerk an der Fassade. Diesmal ist es ein aus Schieferteilen gearbeitetes Mosaik, in dem bei aller Abstraktion das Motiv ‚Kreuz' das Bild bestimmt. Er selbst betitelte es mit ‚Ewige Ruhe'.

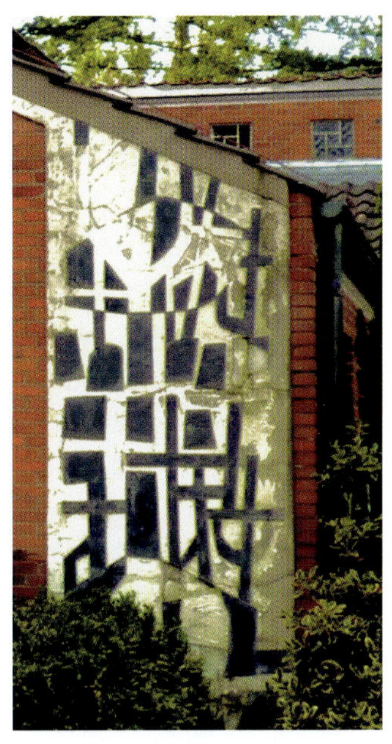

Als letztes sei ein Mosaik erwähnt, das in keinem Verzeichnis über Kunst am Bau auftaucht. Es befindet sich an der südlichen Außenwand des Hauses Breite Straße 31. Als beim Wiederaufbau der zerstörten Straße die Häuserflucht weit zurückverlegt wurde, blieb dieses Gebäude, obwohl stark getroffen, doch in der bestehenden Fluchtlinie und hatte nun eine fensterlose Fläche zu bieten. Das farbige Mosaik zeigt zwei Vasen und eine Schale. Vermutlich hat man das Bild nicht als Kunstwerk, sondern als bloße Werbung betrachtet, denn zu jener Zeit gehörte zu diesem Haus ein Fachgeschäft für Porzellanwaren.

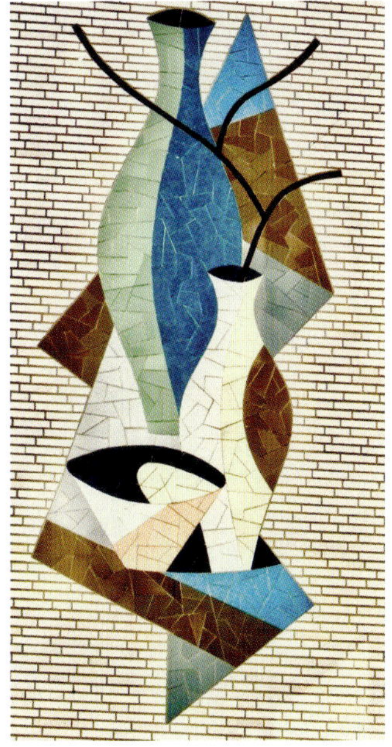

11. Kunst am Bau seit 1965

Natürlich ist es gewagt, mit einem solchen Datum einen Schnitt zu machen, denn sowohl alte Techniken bestehen ja weiter und alles Neue entwickelt sich über einen längeren Zeitraum. Daß wir es dennoch tun, liegt an der Beobachtung, daß wir zunehmend neue Formen vorfinden, die ins Heute überleiten. So kommt jetzt anderes Material hinzu, wie ja schon bei der Waldhusener Friedhofskapelle erkennbar war, es werden statt der reinen Linienzeichnungen wieder mehr ganze Flächen genutzt. Das zeigt die nun anders gestaltete Grafik an der Turmhalle der ehemaligen Luisenhofschule in der Siemser Landstraße, die Gertraud Boelter-Evers um 1970 geschaffen hat: Auf drei farbig glasierten keramischen Platten setzt sie die drei in Ocker gehaltenen fußballspielenden Kinder, durch dunkle Ritzungen deutlich abgesetzt und ähnlich der Glasmaltechnik in Einzelfelder zerlegt.

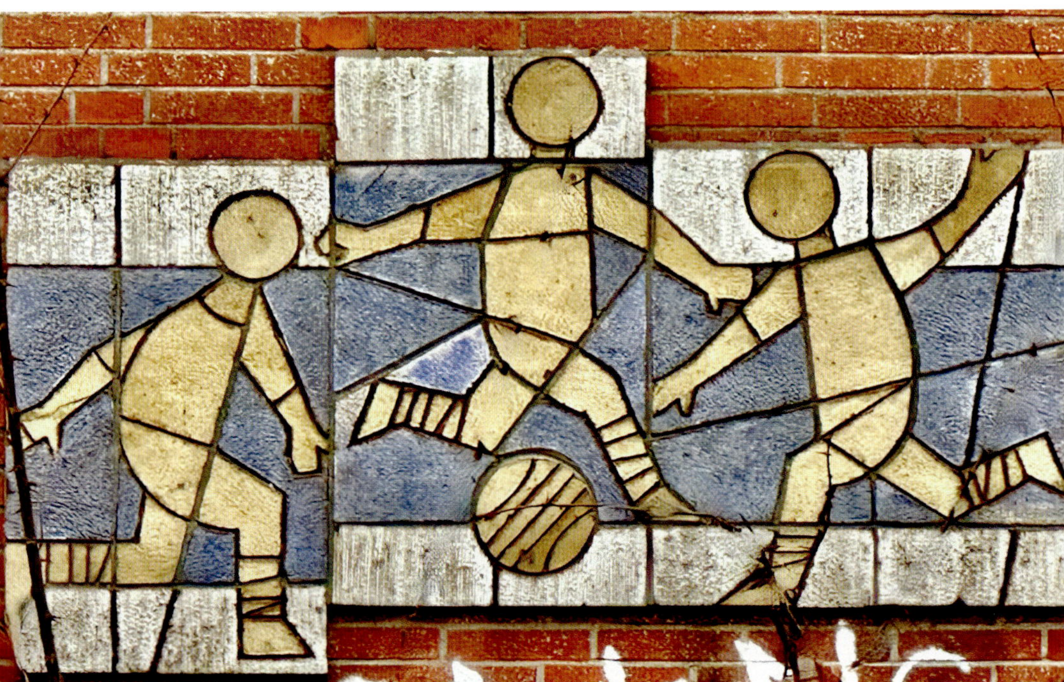

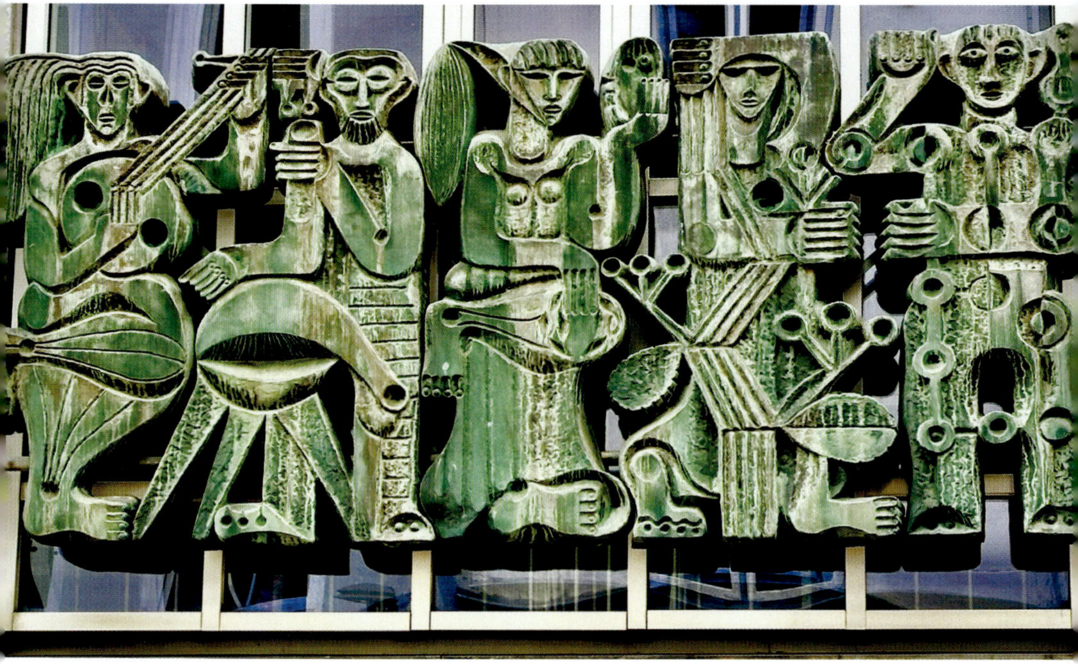

Figürliche Darstellungen werden nun kompakt gestaltet, so das Bronzerelief Hüxstraße 118-120 (Luise-Klinsmann-Haus), das die Volkshochschule beherbergt, angebracht vor der Fensterfront oberhalb des Zugangs. Georg Weiland hat es 1965 gefertigt und wollte mit den fünf sehr stilisierten Figuren jene Natur- und Geisteswissenschaften darstellen, die in den Kursen der Erwachsenenbildung angeboten werden. So nennt er sein Werk dann auch ‚die fünf Fakultäten.'

Völlig abstrakt dagegen gestaltete Franz Reckert seine ‚geometrischen Figuren' an der Rückfront der Schulaula des Carl-Jakob-Burckhardt-Gymnasium Ziegelstraße 38 (Errichtet 1957): Zwei senkrecht gestellte Reliefs sind aus Beton gegossen und teile die Ziegelwand in drei Abschnitte. Es

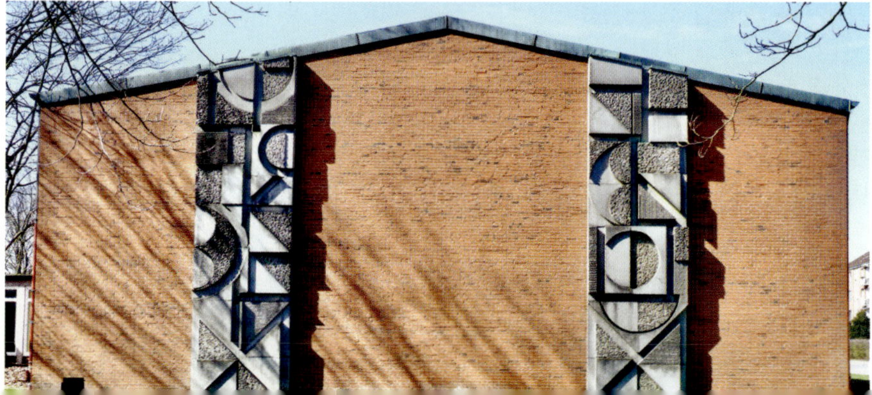

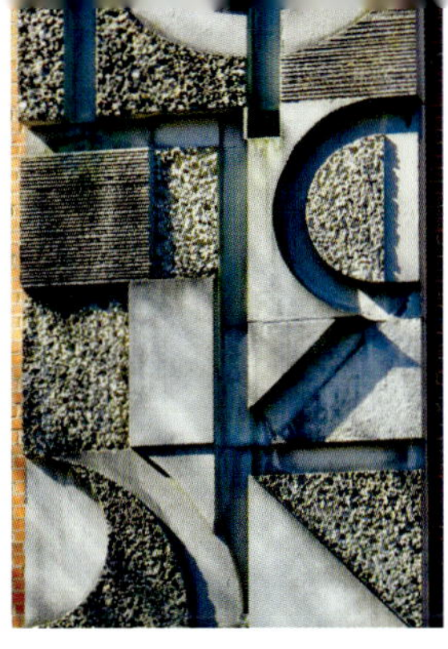

sind vor allem kreisförmige und dreieckige Formen, die meist in Quadrate eingesetzt hier übereinandergetürmt werden. Durch die verschiedenen Bearbeitungen der Oberflächen von glatt über gestreift bis aufgeraut und die verschiedenen Höhen der einzelnen Strukturen ergibt sich dabei ein lebhaftes, plastisches Bild. Das Werk entstand 1968.

Noch einen Schritt weiter in die reine Abstraktion geht Georg Weiland mit seiner Gestaltung der Fassade, die zur Sporthalle der Maria-Montessori-Schule Stellbrinkstraße 1 gehört: Hier besteht das Relief nur noch aus senkrecht verlaufenden Dreieckstäbe aus Beton, in die durch unterschiedlich tiefe Einkerbungen ein Muster gebildet wird. Ein genaues Datum ist nicht bekannt, die Entstehungszeit wird mit um 1970 angegeben. Ebenso abstrakt ist die Edelstahlplastik am Moislinger ‚Haus der Mitte', die Günter Ries 1970 schuf mit dem Titel ‚Fächenraum' Der Künstler läßt zwei Stahlbänder gegeneinander laufen, vor dem Treffen wölben sie sich wellenförmig auf, um sich dann gegenseitig aus der Fläche herauszuschieben, während sie sich verbreitern, als würde der Druck sie weiten. Das Ganze ist vor eine glatte Wandfläche gesetzt, so daß Licht und Schatten die Plastizität noch erhöhen. (2024 ist die Wand allerdings großflächig bemalt)

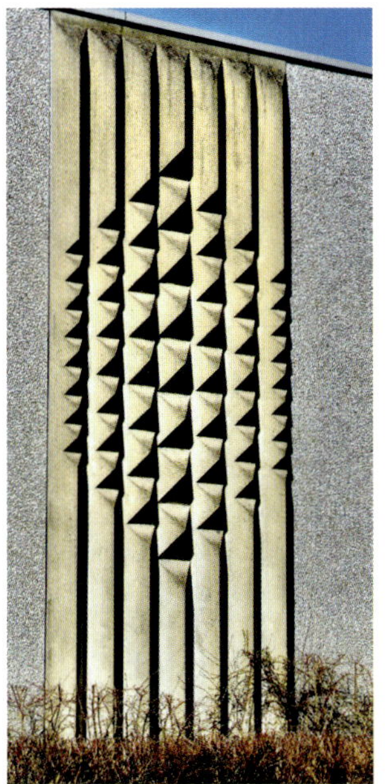

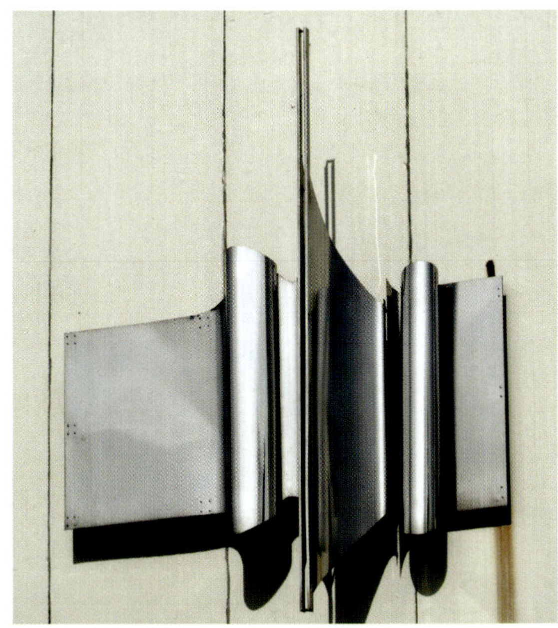

Einen ganz anderen Weg beschritt Ingeborg Bukor, als sie 1976 den Auftrag erhielt, die Türgriffe an der Briefkapelle von St. Marien zu gestalten. Es war ein kleinteiliger Auftrag, und kleinteilig hat sie auch die Gestaltung entworfen – figürlich, realistisch und mit ein wenig Humor hat sie zwei Menschengruppen entworfen, die aus dem Regen ins Trockene streben. Die jeweils acht Personen stehen dichtgedrängt, ihre Schirme bilden eine zusammenhängende Fläche, die zugleich als Handauflage zum Türöffnen dient. Sie alle scheinen ebenfalls Einlaß zu begehren, drängen in die Wärme und Geborgenheit, die ihnen die Kapelle gewähren soll. Insofern scheinen diese auf den ersten Blick ganz unreligiösen Szenen doch hierher zu passen, ohne gleich mit theologischen Aussagen daherzukommen.

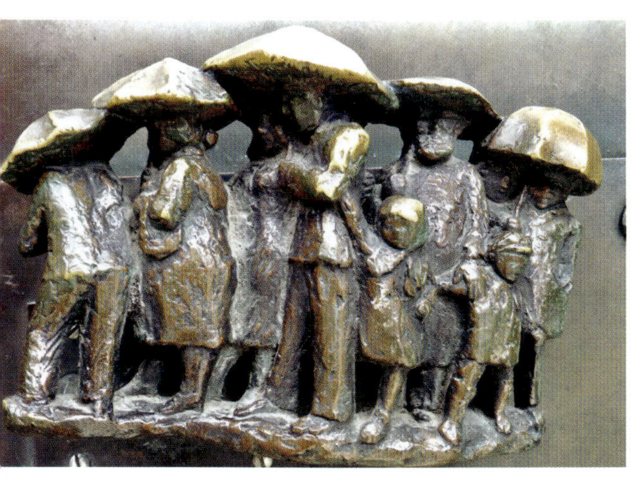

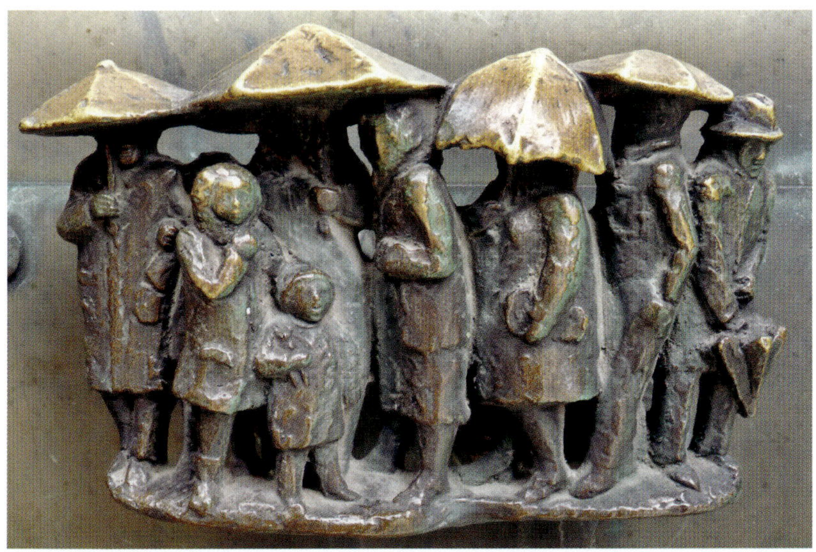

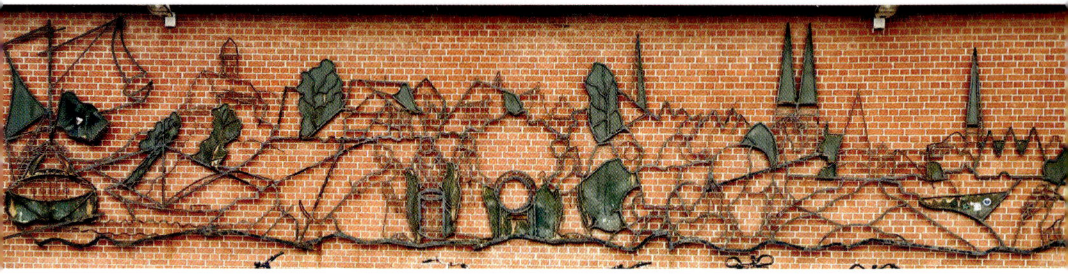

Im gleichen Jahr entstand auf der kahlen Ziegelwand, die einen Supermarkt vom dazugehörenden Parkplatz trennt, ein 15 Meter langes Stahlrelief. Bruno Fischer-Uwe, der für den Mönkhofer Weg 52 diese Gestaltung übernahm, griff dabei auf Früheres zurück. Künstlerisch auf die Metallgrafiken der Nachkriegszeit, inhaltlich auf die mit dem Straßenamen verbundene Geschichte der Stadt: Während rechts die Silhouette Lübecks mit ihren Türmen erscheint und links eine Kogge Segel setzt, sehen wir in der Mitte unter einem Blätterdach eine Gestalt, die sicherlich einen Mönch darstellen soll vor dem Hintergrund eines ländlichen Gehöfts. Auch wenn die Strukturen aus schmalen Metallstäben geformt sind, hat der Künstler doch größere Teile – wie etwa die Blätter – flächig gestaltet. Es lohnt sich, angesichts der Länge der Arbeit auch auf die einzelnen Details acht zu haben.

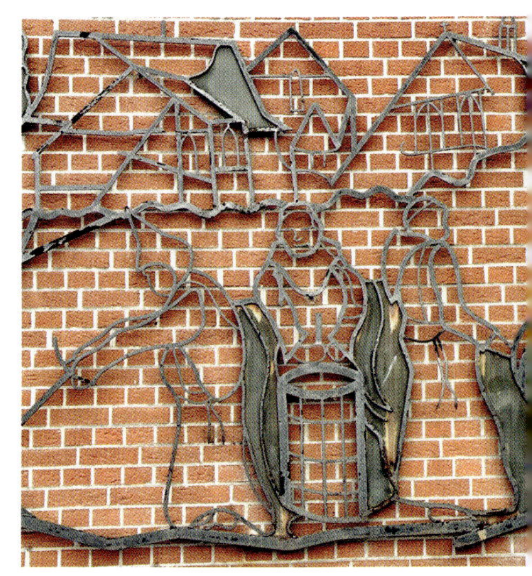

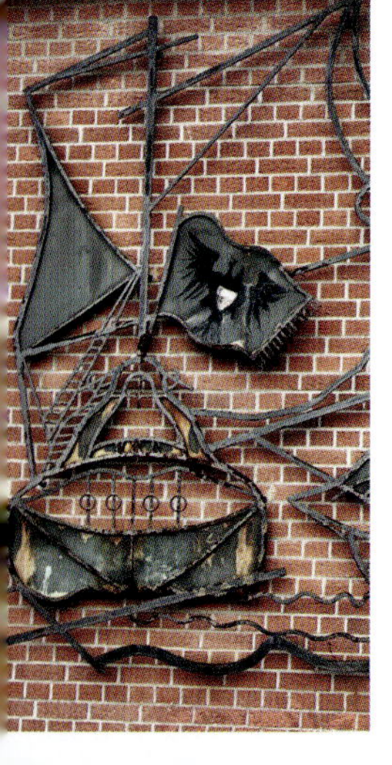

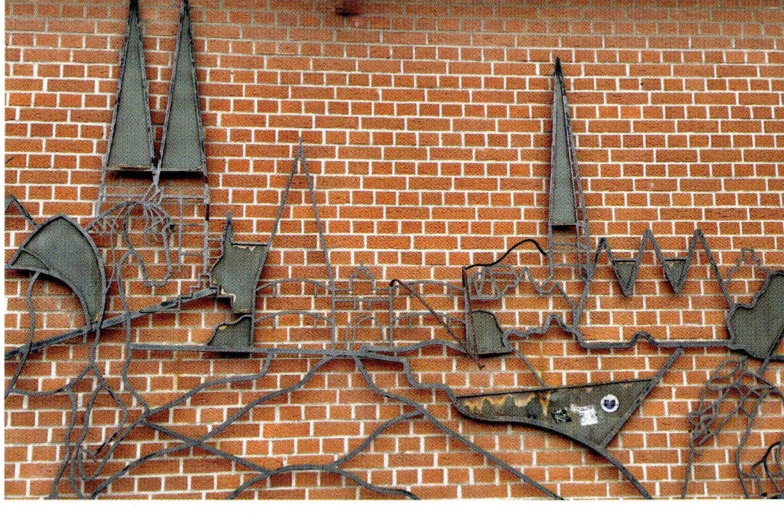

An den Fensterbrüstungen des Neubaus Braunstraße 21 hat Uta Falter-Baugarten 1981 sechs Flachreliefs gestaltet, die in ihrer eher expressionistischen Form so gar nicht dem Zeitgeist entsprechen. Jede Bild zeigt eine besondere Thematik, von links aus betrachtet lauten die Themen: ‚die Familie', ‚die Gemeinschaft', ‚die schönen Stadt Lübeck', ‚die Zeit', ‚das blinde Glück' , ‚die Gerechtigkeit'.

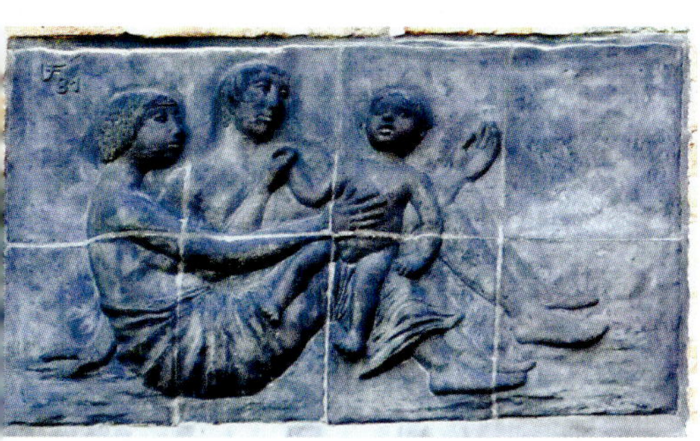
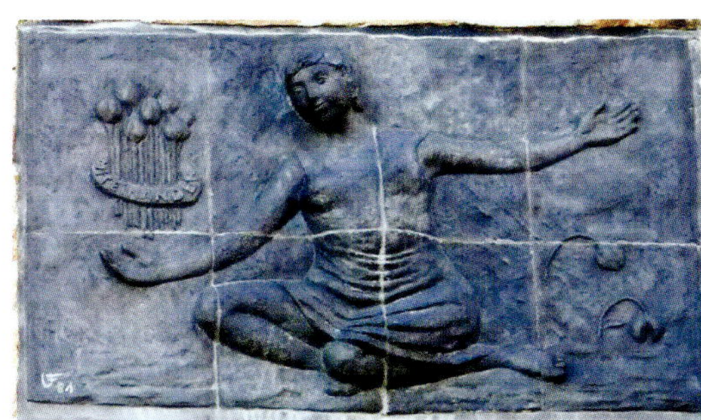
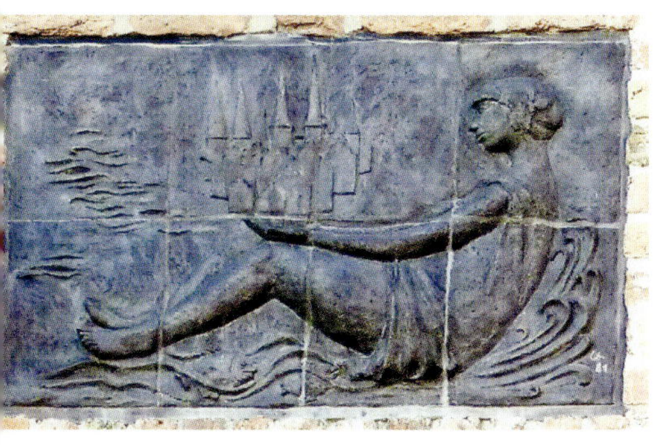
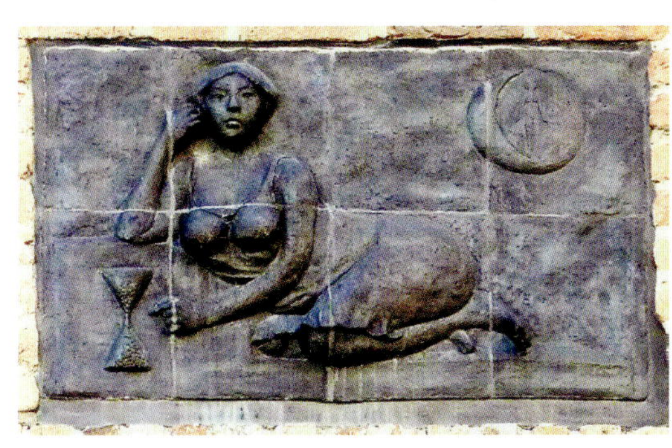
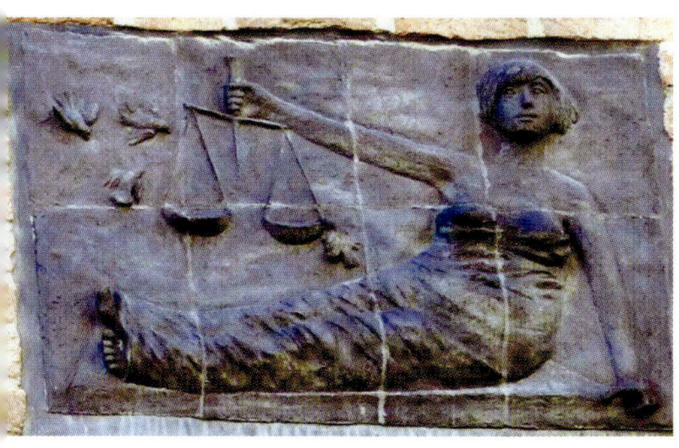
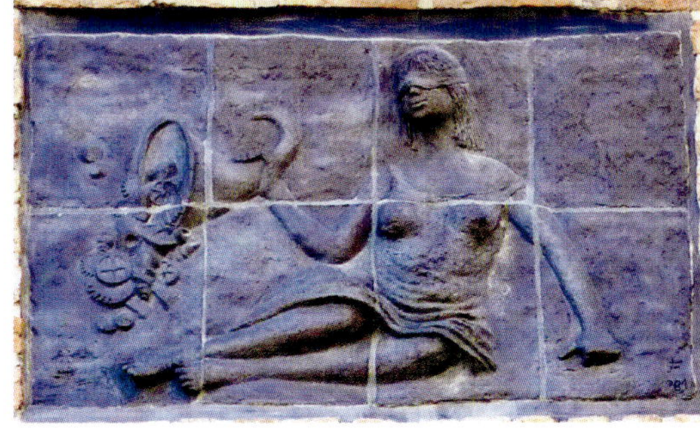

Wir hatten bereits eine Interpretation des ersten Lübecker Siegels betrachten. 2006 stiftete der Kiwanis Club eine Erinnerungstafel an den Gründer Lübecks, Graf Adolf II von Schauenburg, die nun unter der Rathaustreppe angebracht ist. Oberhalb der Inschrift sind zwei Reliefs zu sehen, das eine zeigt eben dieses Lübeck-Siegel, nun allerdings korrekt wiedergegeben, das andere das Familienwappen der Schauenburger. Also zwar ein Stück Fassadenschmuck, aber keine besondere künstlerische Gestaltung.

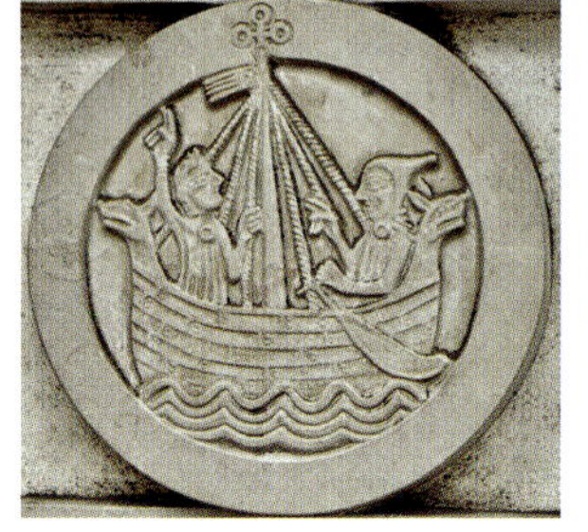

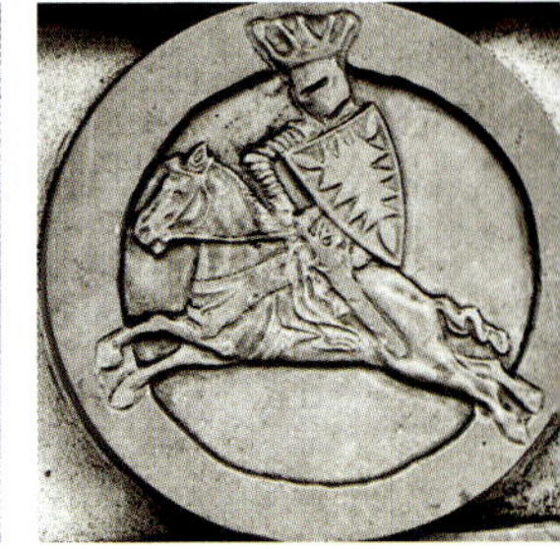

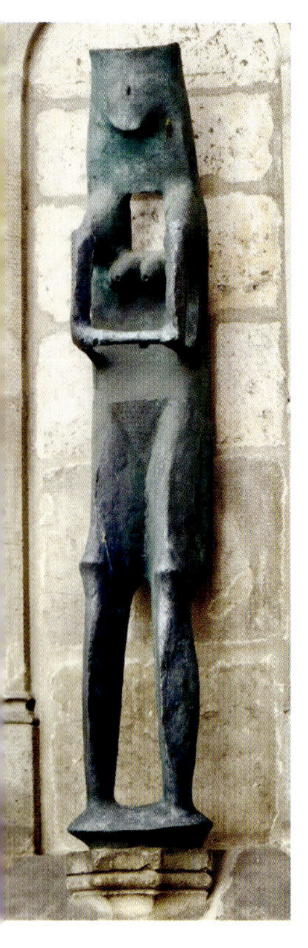

Wesentlich umstrittener dürfte für viele dagegen ein Figurenpaar sein, das seit 2003 in zwei Nischen zu sehen ist, die oberhalb des Tores zum Museumsquartier St. Annen die Skulptur der Anna selbdritt flankieren. Der Künstler Lothar Fischer hatte ebenfalls Personen der biblischen Tradition darstellen wollen mit seinen Bronzefiguren, doch werden die meisten sie dort nicht wiedererkennen – nämlich Adam und Eva. Erkennbar ist, daß eine weibliche und eine männliche Gestalt sich gegenüberstehen, doch schon die völlig verfremdeten Kopfformen wirken befremdlich. Es hat den Anschein, als ob auf dem Hals sich jeweils eine angedeutete Tierskulptur niedergelassen hat. Daß die Leitung der Lübecker Museen beide Skulpturen an so prominenter Stelle dennoch aufgestellt haben, spricht für ihren Mut, auch der Avantgarde Raum für ihr Schaffen zu geben.

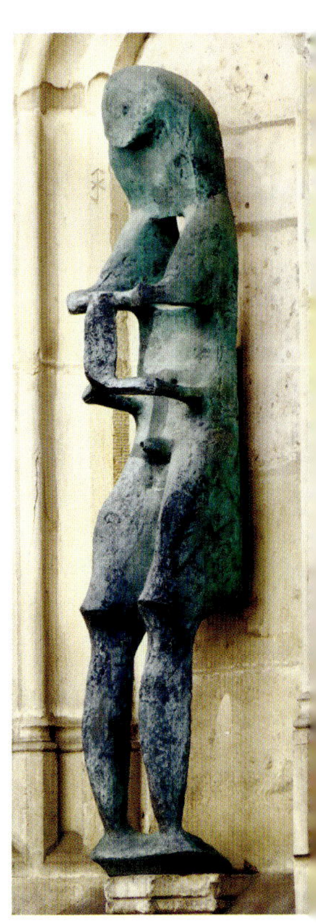

Manche Menschendarstellungen dagegen haben auf andere Weise ihre Aussagekraft. An zwei Orten in Lübeck ist dabei aus der Kunst *am* Bau eine *auf dem* Bau geworden: Sie grüßen vom Flachdach herab. Seit 1995 stehen ‚die Fremden' auf der Musik- und Kongreßhalle in der Willi-Brandt-Allee 10. Doch dies ist weder ihr ursprünglicher Platz noch ist die Gruppe vollständig. Denn Thomas Schütte hat sie 1992 für die Kasseler Dokumenta geschaffen; dort wurde die – größere – Gruppe seinerzeit ausgestellt. Nach Ende der Dokumenta wurde sie dagegen dreigeteilt, und mit Stiftungsgeldern konnte Lübeck die jetzt hier aufgestellten Skulpturen erwerben. Während ihre Körper eher gedrechselten Figuren ähneln, sind ihre Gesichter ausdrucksstark gestaltet. Zwischen den vier Menschen stehen allerlei Gegenstände, manche erinern an Gepäckstücke, andere an Vasen. Keiner von ihnen ist der anderen zugewandt, trotz körperlicher Nähe erscheinen sie isoliert und einsam. Und eben dies wollte Schütte darstellen: daß die Fremden unter uns auch fremd geblieben sind – uns und einander. Es ist also vor allem diese gesellschaftskritische Aussage, die wir in seinem Kunstwerk erkennen sollen.

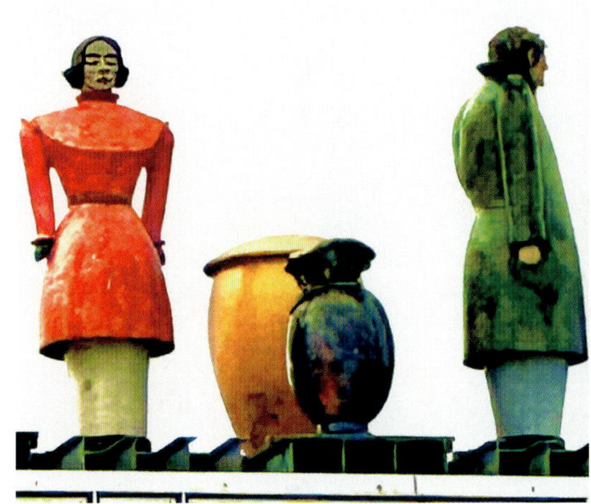

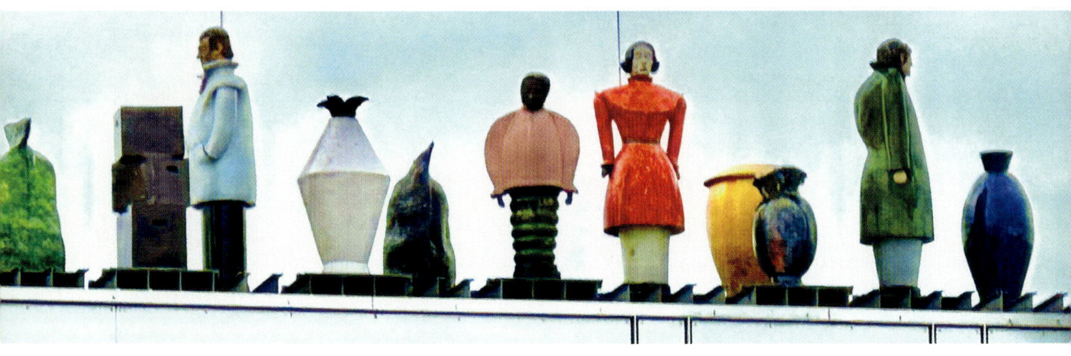

Auf andere Weise hat auch die zweite Figurengruppe eine – allerdings eher positive – Aussage. Sie steht auf dem Dach des Gebäudes Heinzelmännchengasse 1-3 in Moisling, und so hat auf ihre Schöpferin Bettina Thierig sie genannt: ‚Moislinger Gesellschaft.' Auch hier sind es vier Personen: Zwei Frauen nehmen einen Mann und ein Kind in ihre Mitte. Es sind Figuren aus französischem Muschelkalk, in vereinfachter Formgebung herausgearbeitet und weitgehend weiß lasiert. Nur spärlich ist Farbe eingesetzt, in Streifen oder geometrischen Mustern. Mit dem Titel soll auf das Zusammenleben ganz unterschiedlicher Menschen und Gruppen in diesem Stadtteil hingewiesen werden.

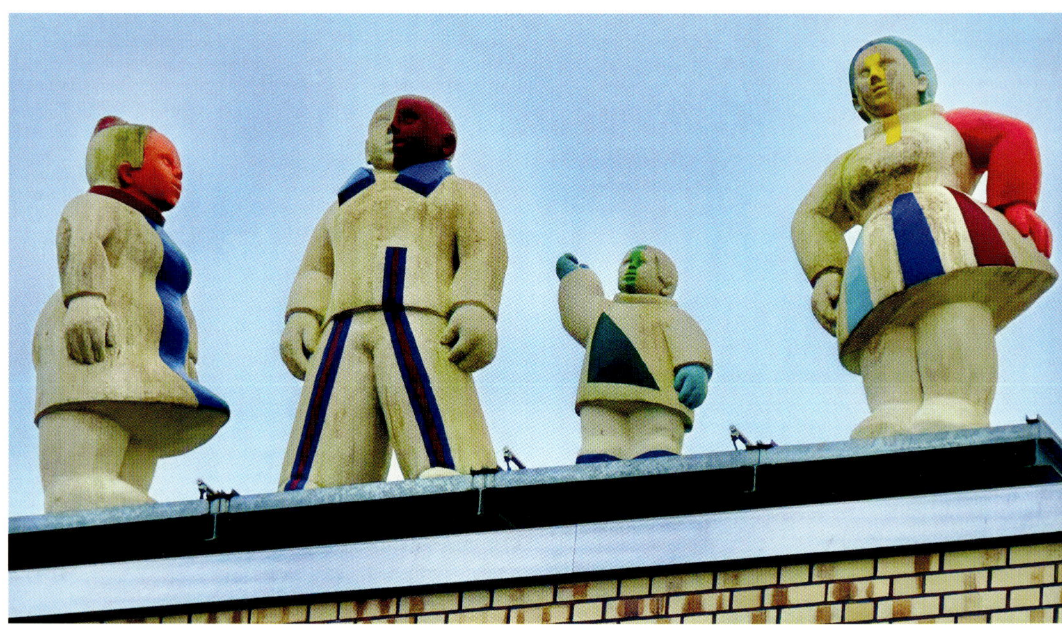

Zum Abschluß sei noch auf zwei Mahnmale hingewiesen, die zwar an einer Gebäudewand platziert sind, aber weniger als Bauschmuck dienen, sondern Erinnerungsstätten bezeichnen. Neben dem ehemaligen Zeughaus an der Parade, das in der Zeit der nationalsozialistischen Gewaltherrschaft Gestapo-Gefängnis und zugleich Folterstätte war, soll der Opfer des

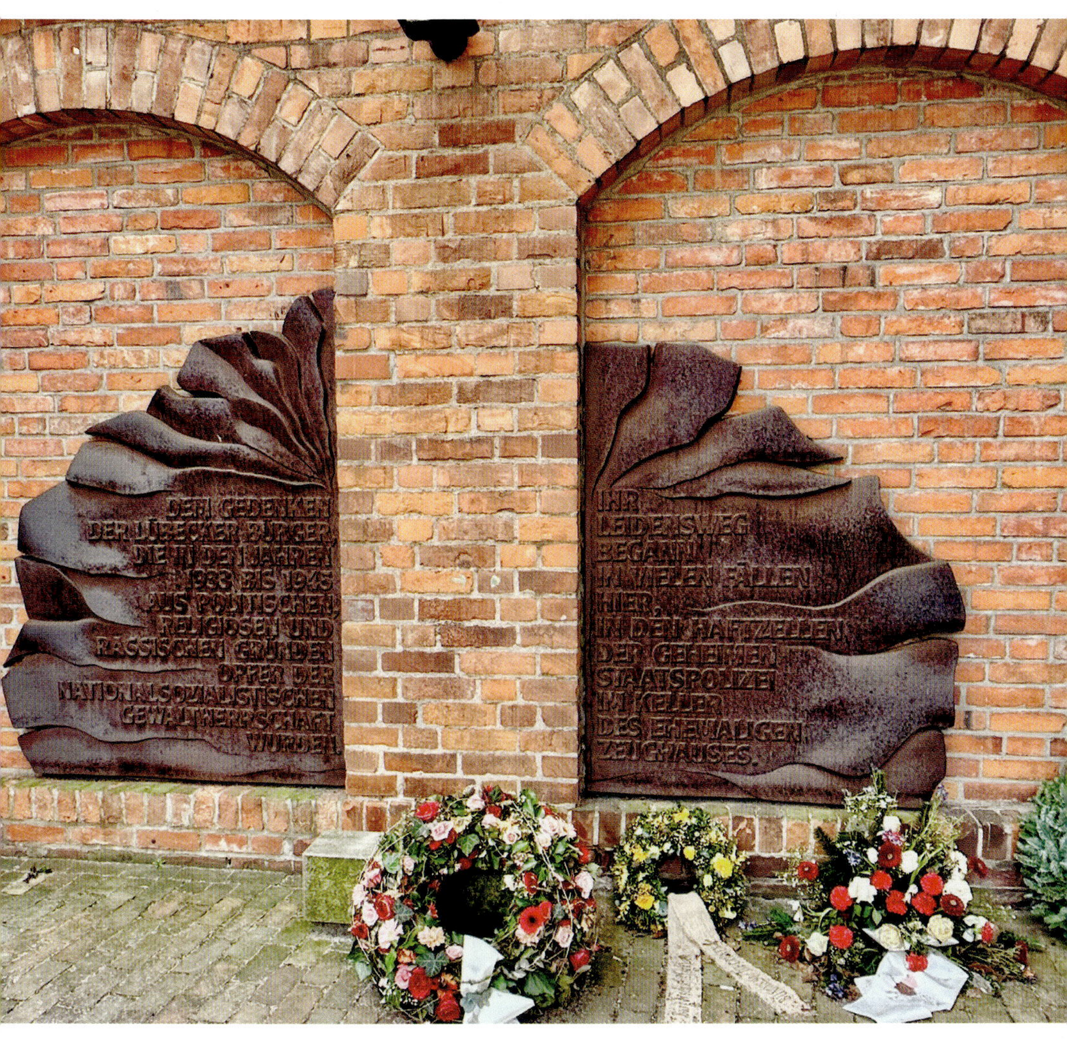

Terrors gedacht werden. In die Doppelnische der Mauer, die das Zeughaus mit einem Nebengebäude verbindet, hat Erich Lethgau 1986 ein zweiteiliges Eisenrelief gesetzt, die gemeinsam einen Halbkreis bilden. Wellenförmige Ränder umschließen die Texte, die den größten Teil der Platte einnehmen.

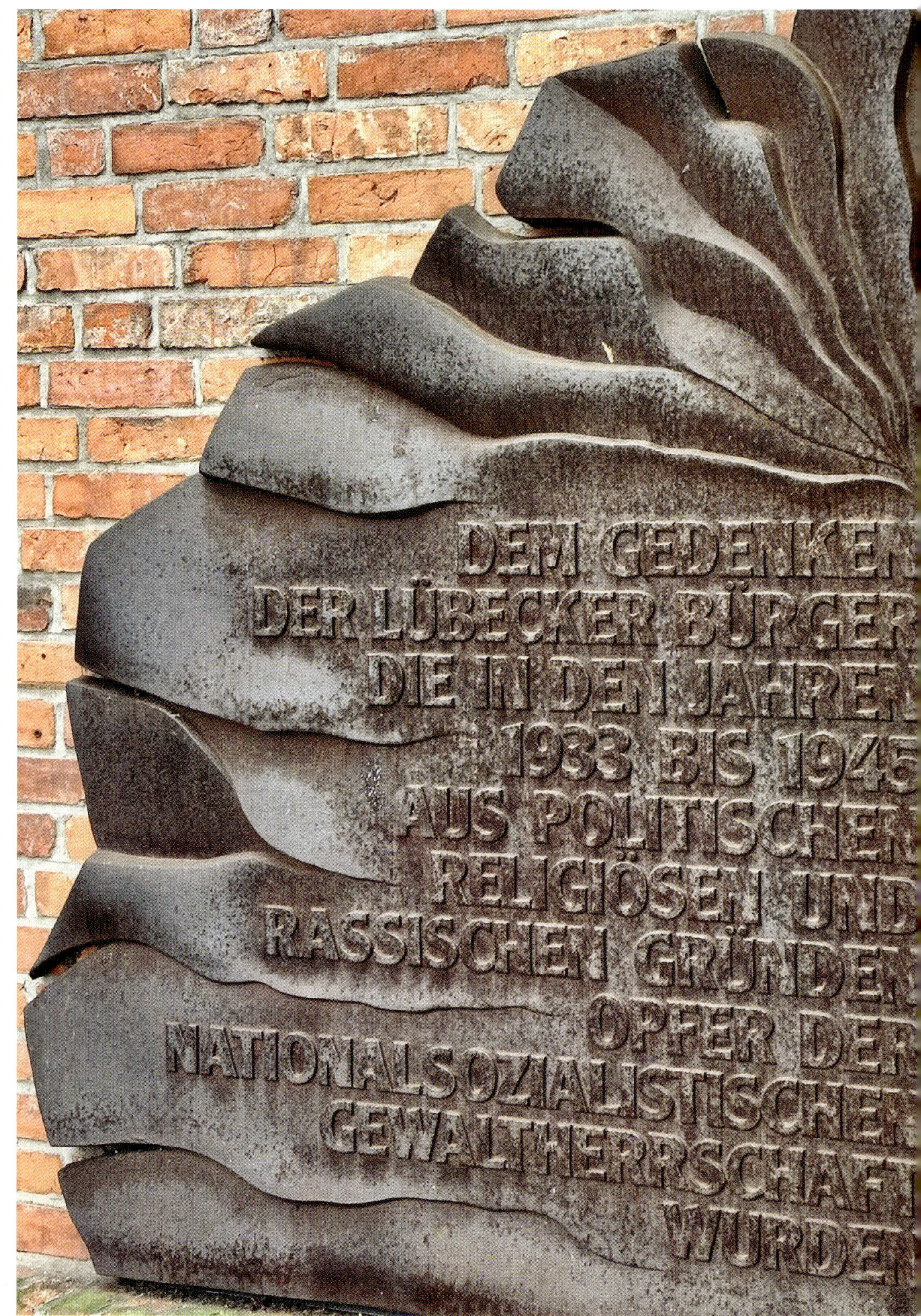
DEM GEDENKEN
DER LÜBECKER BÜRGER
DIE IN DEN JAHREN
1933 BIS 1945
AUS POLITISCHEN
RELIGIÖSEN UND
RASSISCHEN GRÜNDEN
OPFER DER
NATIONALSOZIALISTISCHEN
GEWALTHERRSCHAFT
WURDEN

Das zweite Erinnerungsmal befindet sich im westlichen Durchgang des Burgtors und verbindet zwei sehr unterschiedliche Traditionen. Zum einen nimmt es den mittelalterlichen Kreuzweg wieder auf, dessen dritte Station hier einmal lag, zum anderen gehört er zu einem neuentstandenen Märtyrerweg, der an den Leidensweg der vier Geistlichen erinnern soll, die im Dritten Reich 1943 hingerichtet wurden. Daher auch der Name und die Gestaltung des Mahnmals als ‚vier Türme' – denn als solche sollen die vier Glaubenszeugen verstanden werden. Ein Relief aus Cortenstahl, geschaffen 2013 von Winni Schaak, zeigt vier turmähnliche Gebäude mit gotischem Spitzbogen und spielt zugleich auf den Standort – den Turm des Burgtors, an.

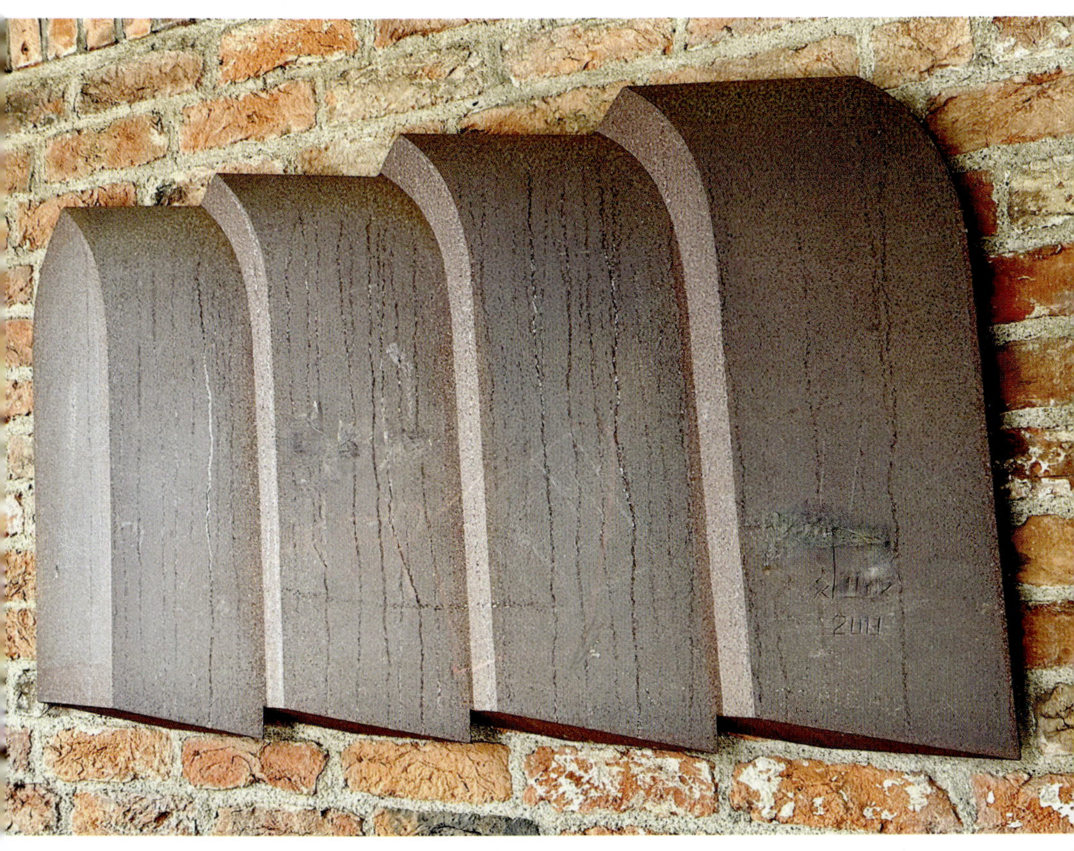

12. Einige Anmerkungen zu weniger bekannten Fachausdrücken

Archivolte: Innenseite eines Bogens, meist besonders gestaltet und dekoriert

Architrav: ein horizontaler Balken, der von Säulen oder ähnlichem gestützt wird

Atlant: Männliche Gestalt, die ein Gesims, einen Architrav oder einen Erker stützt

Attika: eine gemauerte Brüstung über dem obersten Gesims

Balustrade: steinernes Geländer mit besonders gestalteten Stützen

Beschlagwerk: rollenförmiges Ornament aus Stein, das ein symmetrisches Gegenstück hat

Bossenstein: ein Natur- oder Kunststein, der unbearbeitet erscheinen soll

Hermenpilaster: ein Wandpfeiler, der oben in eine menschliche Gestalt übergeht

Joch: ein Abschnitt in einem Gewölbe, der durch Bögen von den anderen getrennt ist

Kämpfer: ein besonderer Teil einer Mauer, auf dem ein Bogen aufsitzt

Kannelierung: Senkrechte Rillen in einer Säule oder einem Pilaster

Kartusche: Rahmung mit Ornamenten um eine Inschrift oder ein Wappen

Kapitell: meist künstlerisch gestalteter Baukörper, der Säulen oder Pfeiler oben abschließt

Karyatide: weibliche Gegenform eines Atlanten

Knorpelwerk: fantastisch geformte Ornamente, in die oft Masken eingearbeitet sind

Pilaster: eine Wandvorlage, die wie ein (verkürzter) Pfeiler gestaltet ist

Risalit: Vorspringender Gebäudeteil, meist in der Mitte, oft auch an den beiden Ecken

Rollwerk: plastische Steinbänder als Ornament, die aufgerollt erscheinen

Tympanon: Fläche zwischen einem Türsturz und einem Bogen oder Giebel darüber

Volute: ein zur Spirale aufgerolltes Ornament

Vom gleichen Verfasser: Vier Bücher über Lübeck:

Eckhard Lange:
Lübeck ganz in Grün – ein Wegbegleiter durch 50 Parks und Grünanlagen
Taschenbuch: ISBN 978 3795 052621 (128 Seiten, € 12,90)

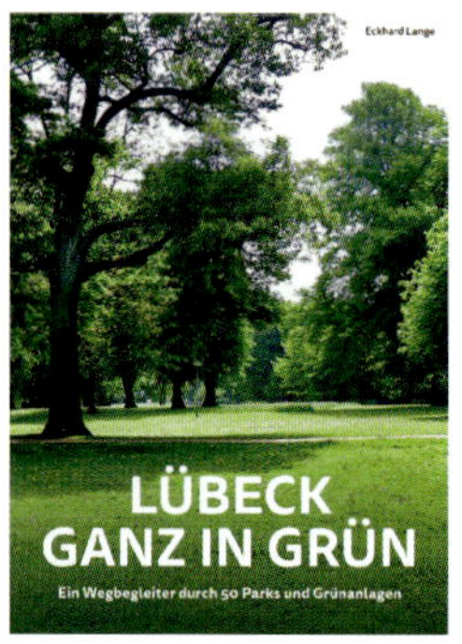

Es soll kein botanisches Fachbuch sein, sondern ein „grüner" Wanderführer für Naturfreunde und Erholungssuchende mit zahlreichen Bildern zugleich von manchem Kunstwerk, das dort anzutreffen ist. Aber auch die oft reizvolle Geschichte dieser grünen Oasen wird erzählt.

Eckhard Lange:
Lübecks Friedhöfe – Geschichte, Grabmäler, Grünanlagen
Taschenbuch: ISBN 978 3795 052706 (160 Seiten, € 16,80)

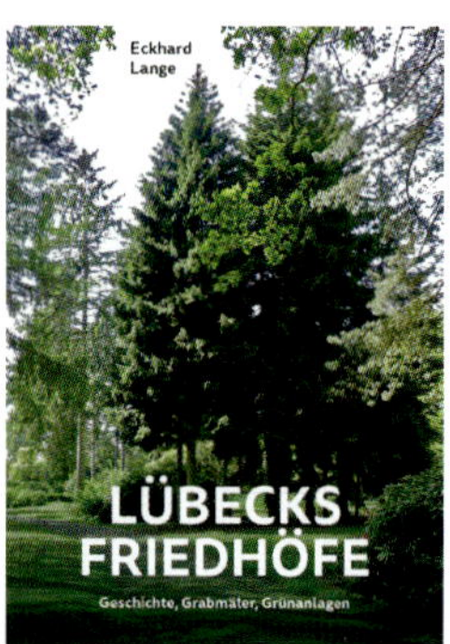

Friedhöfe sind zunächst einmal Orte der Trauer, Orte zum Abschiednehmen und zum Gedenken an Verstorbene. Aber wir finden auf ihnen zugleich Denkmäler und Mahnmale, die nicht nur künstlerisch bedeutsam sind, sondern die uns viel über vergangene Zeiten erzählen. Und viele dieser Friedhöfe sind zugleich Parklandschaften, die manche botanische Kostbarkeit beherbergen.

Eckhard Lange: Lübeck ausgeplaudert

Taschenbuch: ISBN 978-3-7541-166 (268 Seiten, € 9,99)
ebook: ISBN 978-3-7531-89666 (273 Seiten, € 3,99)

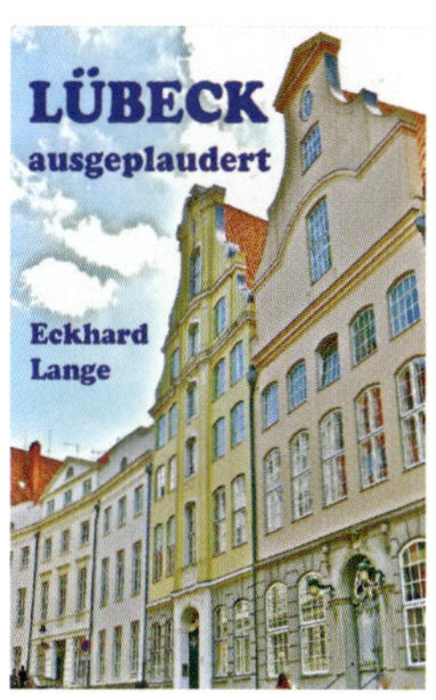

Geschichte will erzählt sein, wenn sie lebendig werden soll. Nüchterne Zahlen, bloße Fakten – das würde uns diese Stadt nicht näherbringen. Also werden hier die fast neunhundert Jahre, die Lübeck nun schon auf dem Buckel hat, im Plauderton aus der Vergangenheit geholt.

Eckhard Lange: Die Faehlings, eine Lübecker Familie. Roman einer mittelalterlichen Stadt

Taschenbuch: ISBN 978-3-748512-87-5 (782 Seiten, € 18,99)
e-book: ISBN 978-3-7380-8204-3 (577 Seiten, € 5,49)

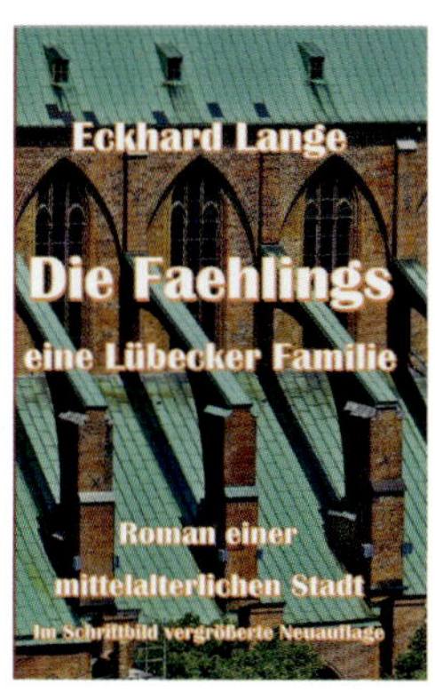

Vier Jahrhunderte Stadtgeschichte hat die Familie Faehling mitgestaltet oder auch mitdurchlitten. Auch wenn es sie nie wirklich gegeben hat: Sie macht die Vergangenheit lebendig. All die Menschen aber, die ihnen dabei begegnen – sie haben wirklich gelebt.